BIBLIOTHEK KATHOLISCHER KLASSIK

Herausgegeben von Peter Seewald

Band 5

edition credo

Die Bibliothek katholischer Klassik in der *edition credo* ist ein Projekt zur Wiederentdeckung vergessener Schätze christlicher Literatur. Sie präsentiert eine Auswahl der besten Autorinnen und Autoren ihrer Zeit. Als bedeutende Dichter und Denker haben sie Millionen von Menschen inspiriert und durch ihren Beitrag zur großen Erzählung des Christentums die Welt verändert.

Leicht gekürzte Ausgabe der Übertragung aus dem Norwegischen von Alexander Baldus.
Das Werk erschien 1951 posthum. Die deutsche Erstausgabe besorgte 1953 der Verlag Bruno Cassirer in Berlin. Orthographie und Interpunktion folgen der Erstausgabe.

Bibliografische Information der Deutschen Nationalbibliothek
Die Deutsche Nationalbibliothek verzeichnet diese Publikation in der Deutschen Nationalbibliografie; detaillierte bibliografische Daten sind im Internet über http://dnb.d-nb.de abrufbar.

www.edition-credo.de

1. Auflage November 2022
© Credo Medien GmbH, München
Umschlaggestaltung: Wilhelm Raffelsberger
Satz: Wilhelm Raffelsberger
Gesetzt aus der Classical Garamond
Druck und Bindung: Friedrich Pustet, Regensburg
Printed in Germany 2022

MIX
Papier
FSC FSC® C014889

ISBN 978-3-949947-01-8

SIGRID UNDSET

Katharina Benincasa

Die Geschichte
der heiligen Färberstochter von Siena

credo biografie

INHALT

Vorwort

Als Sigrid Undset in ihrer protestantischen norwegischen Heimat 1924 in die katholische Kirche übertrat, war das ein Skandal erster Ordnung. Vier Jahre nach ihrer Konversion erhielt sie den Nobelpreis für Literatur – für einen zutiefst katholischen Roman: ihre Trilogie *Kristin Lavranstochter*, ein monumentales Epos über das Leben in einer mittelalterlichen Welt, in der es nur den »orbis catholicus« gab, ob in Rom, London, Paris oder Oslo. »Die Ehrung gilt einem poetischen Genie«, hieß es in der Begründung des Nobelpreises, »das seine Wurzeln nur in einem wahrhaft großen und mit ungewöhnlicher Kraft ausgestatteten Geist haben kann.«

Die 1882 geborene Sigrid Undset ist die Erstgeborene von drei Töchtern eines international renommierten Archäologen und einer Aquarellmalerin. Sie interessiert sich bereits als Kind für alt-nordische Sprachen und mittelalterliche Lebensformen. Nach dem frühen Tod des geliebten Vaters muss sie zum Lebensunterhalt der Familie beitragen. Zehn Jahre lang arbeitet sie tagsüber als Sekretärin im Büro, nachts liest und schreibt sie. Mit dem tragischen Roman *Jenny* gelingt ihr 1911 der Durchbruch. Ganz Skandinavien liegt ihr zu Füßen. Es folgen große Erfolge in den angelsächsischen Ländern und in Deutschland, wo *Kristin Lavranstochter* bereits vor der Verleihung des Nobelpreises eine Auflage von einer Viertelmillion Exemplaren erreicht. Als skandinavische Schriftstellerin kann nur Selma Lagerlöf ähnliche Verkaufszahlen erzielen.

Während eines Aufenthaltes in Rom lernt Undset den norwegischen Maler Anders Castus Svarstad kennen, dem sie nach London folgt. Doch die Ehe scheitert. Die drei Kinder aus dieser Verbindung zieht Undset in ihrem Anwesen in Lillehammer auf. Bereits zu Beginn der 1930er Jahre engagiert sich die Essayistin und Frauenrechtlerin in der Widerstandsbewegung gegen Hitler. Als die Nazis 1940 Norwegen besetzen, muss sie mit ihrem jüngsten Sohn Hans in die USA fliehen. Ihr ältester Sohn Anders war im Krieg gefallen, kurz zuvor hatte Undset bereits ihre Tochter verloren. Im August 1945 kehrt sie in ihre Heimat zurück, wo sie vier Jahre später stirbt – nicht bevor sie, inzwischen Laien-Dominikanerin, mit letzter Kraft ihr Werk über eine andere Dominikanerin zu Ende bringt, Katharina Benincasa, die Färberstochter von Siena.

Sigrid Undset zählt zu den größten Autorinnen ihrer Zeit. Ihre Werke befassen sich mit der norwegischen Tradition, der europäischen Krise, dem katholischen Glauben und der Frauenemanzipation, wobei die reifen und aufgeklärten Protagonistinnen ihrer Romane stets ein Plädoyer für die Hinwendung zu Familie und Kindern abgeben. Ihre Konversion verarbeitete Undset in ihren Büchern *Gymnadenia* (1929), *Der brennende Busch* (1930), dem Essayband *Begegnungen und Trennungen* (1931) sowie dem Werk *Katharina Benincasa*, das erst nach ihrem Tod erscheinen konnte. Mit ausschlaggebend für den Übertritt in die römisch-katholische Kirche war ihre Begegnung mit Jacques Maritain in Paris, einem führenden Vertreter der katholischen Philosophie im 20. Jahrhundert, der später maßgeblich die Charta der Menschenreche der Vereinten Nationen formulierte.

In einem der Hauptfiguren ihrer Konversions-Romane, Paul Selmer, ein moderner Freidenker, finden sich autobiografische Züge der Autorin. Wie Undset selbst steht Selmer für eine Mischung aus kühler Vernunft und Realitätssinn, aber auch der Sehnsucht nach zeitlos gültigen Werten. Selmer ist zunächst davon überzeugt, dass nichts so sehr dem Fortschritt im Wege steht als die Kirche. Schließlich wird ihm klar, dass, »wenn die Menschen sich nicht auf eine metaphysische Grundlage stützen können, ihnen nichts anderes übrigbleibt, als sich der Tyrannei des Fortschritts auszuliefern.«

Gerade Undsets Skeptizismus trug dazu bei, sich wieder dem Christentum zu nähern. Sie hinterfragte die säkularen Glaubensbekenntnisse ihrer Zeit und erkannte alternativ in der Botschaft Jesu nicht nur eine subjektive Mitteilung, sondern eine objektive Realität, die Geschichte prägt. Angeödet von einer völlig verweltlichten Gesellschaft, die den Ewigkeitsgedanken verworfen hatte, ging Undset mit *Kristin Lavranstocher* gewissermaßen zurück ins Mittelalter, um aus jener Epoche heraus das Christentum gerade den Menschen der Moderne wieder näherzubringen. »Die Sitten und Gewohnheiten ändern sich alle Tage«, war sie überzeugt, »nicht aber die Herzen der Menschen«.

Undset sah es nachgerade als Auftrag an, nach ihren Mittelalter-Romanen noch das ungewöhnliche Leben einer Frau zu zeichnen, die sich vollkommen auf Christus einließ und in ihren 33 Lebensjahren zu einer der bedeutendsten Gestalten der Kirchengeschichte wurde. Ihr Werk über Katharina von Siena ist dabei alles andere als eine der vielen gutgemeinten, aber häufig auch idealisierten Heiligen-Biographien. Mit historischem Detailwissen schildert Undset das ungewöhnliche Leben der Mystikerin so realistisch, ja zum Teil so brutal offen, dass der Leser gleichzeitig ergriffen und irritiert ist. Die große Dichterin unternimmt nichts, um dem religiös unkundigen Menschen das Verständnis der seltsamen Erscheinungen im Leben Katharinas zu erleichtern. Vor allem verzichtet sie auf den üblichen Psychologismus zur Deutung der späteren Kirchenlehrerin. Auf diese Weise gelingt ihr die unretouchierte Darstellung der mittelalterlichen Lebens-, Gefühls- und Glaubenswelt in ihrem geschlossenen Kosmos zwischen Erbsünde und Erlösung. Verstörend und faszinierend zugleich, weil der metaphysische Realismus dieser Epoche stets über die Banalität des Gewöhnlichen hinausreicht – und letztlich das ursprünglich Katholische in seiner umfassenden Größe in Erinnerung ruft.

Undset schrieb mit letzter Kraft. Manchen Schwächen des Textes steht dabei stets das Einfühlungsvermögen der Nobelpreisträgerin gegenüber, ihr Mut, die Glaubenswelt des 14. Jahrhunderts unverblümt zum Ausdruck zu bringen – insbesondere in der Mitteilung von Visionen Christi und der unzähligen durch Katharina vollbrachten Wunder, die für die Menschen jener Zeit nicht das Absonderliche, sondern – da es den lebenden Gott wirklich gibt – das fast schon alltägliche sind.

Die religiöse Idee und der Blick auf die Ewigkeit wurden die wichtigsten Merkmale von Undsets Schaffen. Ihre Romane sind auf dem Gegensatz zweier unterschiedlicher Weltanschauungen aufgebaut. Einer, die im Menschen nur den Bürger sieht, dessen Existenz kaum länger währt wie die einer Eintagsfliege, und einer anderen, die über das rein Irdische hinausgeht und damit auf das unzerstörbare Transzendenzbedürfnis des Menschen antwortet. In diesem Spannungsverhältnis liegt das Bewusstsein, dass die Menschheit, wenn sie mit ihrem Schöpfer zu brechen und sich selbst zu genügen versucht, in Wirklichkeit jene Quelle verliert, die ihr irdisches Leben ernährt und stabil macht.

Peter Seewald

Die kleine Katharina

In den toskanischen Stadtstaaten hatten die Bürger, die »Popolani«, schon im Mittelalter das Recht, zusammen mit dem Adel, den »Gentiluomini«, an der Leitung der Republik teilzuhaben. In Siena besaßen sie bereits im 12. Jahrhundert ein Drittel aller Ratssitze. Obschon die rivalisierenden Gruppen in fast ununterbrochenem Streit lagen und der Kleinstaat häufig Krieg gegen Florenz führte, dem Nachbarn und mächtigsten Konkurrenten, blühte Wohlstand innerhalb der Stadtmauern.

Die Sieneser waren reich und stolz auf ihre Stadt, die sie mit schönen Kirchen und öffentlichen Bauten schmückten. Baumeistern und Bildhauern, Malern und Schmieden, welch letztere die ausnehmend schönen Eisengitter und Laternen schufen, fehlte es selten an Arbeit. Das Leben glich einem bunten Gewebe, in dem Gewalt und Eitelkeit, Begierde und heißes Verlangen nach Sinnenlust, Machtrausch und Ruhmsucht in einer Mannigfaltigkeit von Mustern zusammenstrebten.

Aber durch das Gewebe liefen auch die Silberfäden christlicher Liebe, einer tiefen und ehrlichen Frömmigkeit in den Klöstern und bei guten Klerikern, bei Bruder- und Schwesternschaften, die ihr Leben der Sorge um den Nächsten geweiht hatten. Große und kleine Leute hatten, so gut sie konnten, für kranke, arme und einsame Menschen mit großzügiger Freigebigkeit gesorgt. In allen Gesellschaftsschichten fanden sich gute Menschen, die, still und wenig beachtet, in Reinheit und Frömmigkeit ein schönes Familienleben führten.

So lebte auch die Familie des Jacopo Benincasa. Er war Wollfärber von Beruf und arbeitete zusammen mit seinen ältesten Söhnen und Gesellen, während seine Frau Lapa di Puccio di Piagente geschickt und tüchtig dem großen Haushalt vorstand, obschon ihr Leben eine ununterbrochene Folge von Schwangerschaften und Geburten war, wenn sie andererseits auch die Hälfte ihrer Kinder schon in frühester Jugend verloren hatte. Wie viele am Leben blieben, ist ungewiß. Aber in einem alten Stammbaum der Familie Benincasa sind immerhin die Namen von dreizehn lebenden Kindern verzeichnet.

So unheimlich groß auch die Kindersterblichkeit in dieser Stadt war, so scheinen doch Jacopo und Lapa Glück gehabt zu haben. Mehr als die Hälfte der Kinder, die sie in die Welt gesetzt hatten, blieben am Leben. Jacopo Benincasa war ein wohlhabender Mann, als er 1346 ein Haus in der Via dei Tintori mietete, gleich bei der Fonte Branda, einem jener schön überbauten Brunnen, die der Stadt eine reichliche Zufuhr von Frischwasser sicherten.

Das alte Haus der Benincasa, das noch einigermaßen in seinem damaligen Zustand erhalten ist, scheint nach unseren Begriffen zu klein für eine solch große Familie. Aber die Leute waren im Mittelalter mit Wohnraum nicht sonderlich verwöhnt, am wenigsten die Bürger der befestigten Städte, in denen man sich innerhalb der Mauerwehren zusammenpferchen mußte, so gut es eben ging. Der Raum war knapp, da die Stadt ja ihre offenen Märkte, ihre Kirchen und kommunalen Bauten haben mußte, die theoretisch jedenfalls, der ganzen Bürgerschaft gehörten. Die Wohnhäuser schmiegten sich in den schmalen, krummen Gassen eng aneinander. Nach den Begriffen der damaligen Zeit war das neue Heim der Benincasas ein gutes und stattliches Haus.

Lapa hatte schon zweiundzwanzig Kinder geboren, als sie am 25. März 1347, am Tage Mariä Verkündigung, Zwillinge bekam, zwei Mädchen, die Katharina und Giovanna getauft wurden. Madonna Lapa konnte nur mehr einem der beiden Zwillinge die Brust geben, so daß die kleine Giovanna einer

Amme überlassen, während Katharina von der eigenen Mutter gestillt wurde. Nie zuvor hatte sich Lapa die Freude gönnen können, ihre eigenen Kinder zu stillen. Immer hatte sie eine neue Schwangerschaft gezwungen, ihr Kind einer anderen Frau zu überlassen. Aber Katharina bekam ihre eigene Muttermilch, bis sie so groß war, daß sie ihrer entwöhnt werden sollte.

Es war natürlich, daß Lapa, die nicht mehr jung war, eben dieses Kind mit einer begehrenden, herrschsüchtigen Mutterliebe liebte, die später, als es erwachsen war, das Verhältnis zwischen der wackeren einfältigen Lapa und ihrer adlerhaften Tochter zu einer langen Geschichte von herzzerreißenden Mißverständnissen führte. Lapa liebte Katharina unsagbar heiß und verstand sie im Grunde doch nicht.

Katharina blieb das kleinste und am meisten verhätschelte Kind der ganzen Familie, denn die kleine Giovanna starb in frühester Jugend. Und eine neue Giovanna, die ein paar Jahre später zur Welt kam, folgte ihrer Namensschwester alsbald ins Grab. Zum Trost hatten die Eltern ihren festen Glauben bewahrt, daß diese unschuldigen kleinen Kinder sich von der Wiege unmittelbar ins Paradies aufgeschwungen hatten, während Katharina, wie Raimondo von Capua schreibt, indem er mit einem etwas an den Haaren herbeigezogenen Wortspiel auf ihren Namen und das lateinische Wort catena (= die Kette) zurückgreift, auf der Erde hart arbeiten mußte, bis sie eine ganze Ketten-Reihe von erlösten Seelen mit sich in den Himmel führen konnte.

Als der selige Raimondo von Capua das Material zu seiner Biographie der heiligen Katharina sammelte, bewog er Monna Lapa, von der Jugend der Heiligen zu erzählen. Inzwischen war Lapa eine alte Witwe von achtzig Jahren. Aus Raimondos Erzählung gewinnen wir den Eindruck, daß Lapa die ganze Geschichte immer wieder erzählen wollte, wenn sie nur annehmen konnte, dafür einen teilnehmenden und verständnisvollen Zuhörer zu haben. Sie erzählte von den alten Tagen, in denen sie die stets beschäftigte Mutter inmitten der ganzen Schar von Kindern, Schwieger- und Enkelkindern, von Freunden und Nachbarn war und Katharina das vergötterte jüngste Kind eines Ehepaares, das schon im vorgerücktem Alter stand.

Von ihrem Manne erzählte Lapa, Jacopo sei ein durchaus gütiger, frommer und gerechter Mann gewesen. Raimondo schreibt, Lapa selbst hätte »nicht das geringste mit jenen Lastern zu tun, die man gegenwärtig bei den Leuten findet«. Sie sei eine durchaus unschuldige und einfältige Seele und gänzlich außerstande, unwahre Geschichten zu erfinden. Aber weil die Verantwortung für das Wohl so vieler Menschen bei ihr lag, habe sie gar nicht die Möglichkeit gehabt, so weltfremd, gut und so geduldig wie ihr Mann zu sein. Vielleicht war auch Jacopo wirklich zu gut für diese Welt, so daß seine Frau entschieden praktischer sein und es bisweilen als ihre Pflicht betrachten mußte, ein vernünftiges Wort zu sagen, um die Interessen der Familie zu wahren. Jacopo sagte nie ein unpassendes oder hartes Wort, mochte er auch noch so geplagt und schlecht behandelt worden sein. Und wenn andere Hausbewohner ihrer schlechten Laune die Zügel schießen ließen und bittere und gehässige Worte gebrauchten, versuchte er immer wieder, sie zu beruhigen: »Hör doch, schon deinetwegen solltest du ruhig sein und nicht so ungeziemend reden.«

Einmal wollte ihn ein Mitbürger zwingen, eine größere Summe Geldes zu bezahlen, die ihm Jacopo überhaupt nicht schuldete. Durch diese Verleumdung des bösen Mannes und seiner mächtigen Freunde wurde der ehrliche Färber derart geplagt und verfolgt, bis er fast ruiniert war. Aber trotzdem duldete Jacopo nicht, daß jemand ein häßliches Wort über den Mann sagte oder ihm fluchte. Lapa tat es. Aber ihr Mann sagte zu ihr: »Laß ihn in Frieden! Du wirst noch sehen, daß Gott ihn seine Fehler einsehen läßt und uns beschützt.« Und kurze Zeit darauf geschah es wirklich so, berichtete Lapa.

Rohe Worte und schmutziges Gerede gab es im Hause des Färbers nicht. Als seine Tochter Bonaventura sich mit Nicola, einem jungen Sienesen, verheiratete, schmerzte es sie, wenn ihr Mann und seine Freunde leichtfertig redeten und schlechte Witze machten, so sehr, daß sie zusehends abnahm und richtig krank wurde. Der Mann, der in Wirklichkeit ein gutmütiger Bursche gewesen sein muß, wurde nun böse, als er sah, wie schmal und bleich seine Frau wurde. Und er wollte wissen, was ihr fehlte. Bonaventura sagte ernst: »Ich war in meines Vaters Haus nicht gewohnt, solche Worte zu hören, wie ich sie hier täglich hören muß. Sei gewiß, wenn das unziemliche Gerede in unserem Hause nicht bald aufhört, erlebst du noch, daß ich sterbe.« Nicola bemühte sich jetzt mit einem Male, all den schlechten Gewohnheiten, die die Gefühle seiner Frau verletzten, ein Ende zu machen, und rühmte ihr züchtiges Wesen und die Frömmigkeit seiner Schwiegereltern.

So also war das Heim der kleinen Katharina. Alle verhätschelten und liebten sie. Sie war nur ein kleines, dummes Ding, als ihre Familie schon ihre »Klugheit« bewunderte, wenn man ihrem unschuldigen Geplauder lauschte. Und da sie auch sonst äußerst hübsch war, konnte Lapa kaum ihren Schatz friedlich bei sich behalten, weil alle Nachbarn ihn mit nach Hause nehmen und Freude an ihm haben wollten.

Die mittelalterlichen Schriftsteller schildern äußerst selten Kinder und versuchen fast nie, das kindliche Wesen zu verstehen. Aber auf einigen Seiten in Raimondos Buch zeichnet uns Lapa das Bild eines kleinen italienischen Mädchens, ernst und trotzdem lebenslustig, niedlich und bezaubernd. Schon damals entfaltete Katharina jene überwältigende Vitalität und geistliche Lebenskraft, die viele Jahre später Raimondo und ihre anderen »Kinder« veranlaßten, sich ihrem Einfluß hinzugeben: im sicheren Gefühl, daß ihr Wort und ihre Gegenwart Schwermut und Mutlosigkeit bannten und die Seelen mit Frieden und Gottesfreude füllten. Mit dem

Augenblick aber, in dem die kleine Katharina dem Kreise ihrer nächsten Angehörigen entschlüpfte, wurde sie schon die Führerin aller anderen Kinder der Gasse. Sie lehrte sie solche Spiele, die sie selber erfunden hatte, zum Beispiel eine ganze Reihe kleiner Andachtsübungen.

Als sie fünf Jahre alt war, konnte sie bereits den Englischen Gruß und mühte sich, ihn immer wieder aufzusagen. Wenn sie daheim die Treppe hinauf- oder hinabgehen sollte, pflegte sie auf jeder Stufe niederzuknien und ein Ave Maria zu beten. Daß Katharina so früh von Gott erfuhr, ist natürlich, weil sie als fromme, kleine Tochter einer frommen Familie, in der alle Menschen mild und fröhlich zueinander sprachen, auch auf die gleiche Weise von Gott und Seinen Heiligen reden hörte. Noch war es für Katharina eine Art Spiel. Aber kleine Kinder legen ja ihre ganze Seele in ihre Spiele und in ihre Phantasien.

Die Nachbarn nannten sie Euphrosyne. Das ist der Name einer der drei Grazien. Es sieht aus, als hätte Raimondo Zweifel, ob die guten Leute im Fonte-Branda-Viertel überhaupt in der klassischen Mythologie bewandert waren und die Bedeutung kannten. Er vermutet, daß Katharina vielleicht, noch ehe sie richtig sprechen konnte, sich selbst mit einem Namen belegte, den die Nachbarn als Euphrosyne verstanden. Indessen sahen die Sieneser oft Aufzüge und hörten Lieder und Gesänge, so daß sie gut von der Poesie mehr aufgeschnappt haben konnten, als Raimondo ihnen zutraute. So hatte beispielsweise Lapas Vater Puccio di Piagenti in seiner Freizeit Verse geschrieben.

Er war übrigens Handwerker, Matratzenmacher. Außerdem war er ein sehr frommer Mann, freigebig gegen Klöster und die barmherzigen Bruder- und Schwesternschaften. Er kann sowohl die heidnische wie die christliche Euphrosyne gut gekannt haben. Katharina war eine Zeitlang stark beeindruckt von der Legende der heiligen Euphrosyne, die in Knabenkleidung von daheim geflüchtet sein soll, um in ein

Mönchskloster einzutreten. Sie spielte mit den Gedanken, es gleichfalls so zu machen.

Als Katharina sechs Jahre alt war, ging sie eines Abends, nach Hause. Sie hatte ihre verheiratete Schwester Bonaventura besucht. In ihrer Begleitung befanden sich zwei Jungen, von denen der eine ihr Bruder Stefano war. Er war ein paar Jahre älter und bekam vermutlich von der Mutter öfters den Auftrag, auf die kleine Schwester achtzugeben. Die Kinder waren bis zu der Stelle gekommen, wo die Gasse zwischen Gartenmauern und Hausfassaden ziemlich steil gegen die Talsenke hin abfällt, wo Fonte-Brandas schöner, steinerner Baldachin über dem Waschbecken steht, und wo die Frauen aus der Nachbarschaft ihre Wäsche waschen oder das klare, kalte Wasser in kupferne Kannen füllen, um es auf dem Kopfe heimzutragen. Auf der anderen Seite der Talsenke erheben sich die Mauermassen der Kirche San Domenico, massiv und streng und ohne andere Ornamente als die Gruppe spitzbögiger Fenster in der Giebelwand bis zu dem in einem rechten Winkel abschließenden Chor.

Das kleine Mädchen sah über die Talsenke hin, die Valle Piatta heißt. Und da sah es in der Luft über dem Kirchendach ein Bild, so wunderbar, wie Katharina es sich nie in ihren kühnsten Träumen vorgestellt hatte: Sie sah den Heiland auf einem Thron sitzen, gekleidet in ein Bischofsgewand und mit der Tiara des Papstes auf dem Haupt. Bei Ihm standen die Apostel Petrus und Paulus und Johannes der Evangelist. Das Kind stand da, als wäre es am Boden festgewachsen. Verzückt starrte es auf das Bild »mit den Augen seines Leibes wie denen seiner Seele«. Der Heiland lächelte ihm liebevoll zu, hob die Hand und segnete das kleine Mädchen mit dem Zeichen des Kreuzes, genau so wie ein Bischof, wenn er den Segen spendet.

Katharina stand unbeweglich, während sich ein Strom göttlicher Liebe in ihre Seele senkte, ihr ganzes Wesen erfüllte und es für immer verwandelte. Durch die schmale Gasse hastete der abendliche Verkehr der Fußgänger, Ochsenkarren und Reiter. Das Mädchen, das sonst ein scheues, kleines Ding war, stand und hielt seine Augen auf das Bild gerichtet so still, als wäre es von Stein.

Die Jungen waren schon halbwegs den Hügel hinab, als Stefano sich umwandte und nach seiner Schwester schaute. Da stand sie oben auf der höchsten Stelle der Gasse. Er rief sie. Katharina rührte sich nicht. Er kehrte um und lief zu ihr; und die ganze Zeit über rief er, wahrscheinlich recht ungeduldig. Aber sie bemerkte ihn nicht, bis er sie am Arm packte und sie fragte: »Was machst du hier?« Da war es, als erwache Katharina aus einem tiefen Schlaf. Sie schlug die Augen auf und antwortete: »Ach, wenn du das gesehen hättest, was ich sah, dann hättest du mich sicher nicht gestört und mich von einem so süßen Anblick weggerissen.«

Als sie wieder aufsah, war die Vision verschwunden. Sie begann bitterlich zu weinen und wünschte, ihren Blick nie von dem himmlischen Bilde abgewandt zu haben.

Als Raimondo von Capua ihr Beichtvater geworden war, erzählte ihm Katharina, von dem Tage an habe sie begonnen, sich mit den Wegen der Heiligen vertraut zu machen, insbesondere mit dem Leben des heiligen Dominikus und der Wüstenväter, ohne daß irgendein Mensch sie unterwies. Es war der Heilige Geist, der sie erleuchtete. Aber ein sechsjähriges Kind kann gar viele Dinge in sich aufnehmen, ohne zu wissen, woher dieses Wissen kommt.

Das Dominikanerkloster lag mit seiner festungsähnlichen Kirche auf der Höhe gegenüber ihrem Hause. Die Predigerbrüder mußten in ihrer schwarz-weißen Ordenstracht die Gassen passieren, wo die Benincasa-Kinder spielten und ihre Nachbarn und verheirateten Geschwister besuchen sollten. Und daheim bei ihnen wohnte ein Junge, der ein paar Jahre später in den Dominikanerorden eintrat, Tommaso della Fonte. Er war ein Bruder des Palmiero della Fonte, der mit Niccoluccia Benincasa verheiratet war. Und da Tommaso nach der Pest von 1349 im Alter von zehn Jahren Waise geworden war, erhielt er beim Schwiegervater seines Bruders Unterkunft. Daß sie im Hause einen Pflegebruder hatte, der Dominikanermönch werden sollte, mag auf Katharina stärker eingewirkt haben, als das junge Mädchen damals verstand, oder sich später erinnern konnte.

Die Augenblicke, in denen Katharina in einer Vision den Himmel gesehen und den Segen ihres Heilands empfangen hatte, formten für alle Zeit ihr Wesen. Sie war noch ein kleines Kind. Aber daheim meinten alle, sie sei mit einem Male ganz erstaunlich reif und vernünftig geworden, ja, sie sei eher ein erwachsener Mensch als ein kleines Mädchen. Die muntere kleine Euphrosyne hatte einen Schimmer der überwältigenden Wirklichkeit gesehn, nach der sie dunkel verlangt hatte, als sie ihre frommen Spiele spielte. Sie war hineingestiegen in die grenzenlosen Welten göttlicher Liebe und der Liebe zu Gott. Vielleicht verstand sie schon undeutlich, daß ihre Gebete und Meditationen Mittel wurden, um sich für einen Ruf bereitzuhalten, der eines Tages an sie ergehen mußte, einen Ruf von Ihm, den sie in einer Vision gesehen, der sie mit Seiner ausgestreckten Hand gesegnet hatte.

Seit sie Wege und Leben der Heiligen kennengelernt hatte, versuchte Katharina sicher, deren Wachsamkeit und Askese nachzuahmen, so gut sie konnte. Im Gegensatz zu den Gewohnheiten anderer Kinder wurde sie schweigsamer und aß weniger als früher. Tagsüber arbeitete der Vater mit den Männern des Hauses im Keller, wo sich die Färberei befand. Die Mutter und die Frauen hatten genügend droben in der großen Küche zu tun, die auch die Wohnstube für die Hausbewohner war. Sie befand sich eine halbe Etage hoch und besaß nach vorn heraus eine Terrasse, wo Zwergsträucher in Zubern und Topfpflanzen den Rundgang zierten, und wo an der Leine die Wäsche im Wind flatterte.

Indessen standen die Schlafzimmer im mittleren Stockwerk den größten Teil des Tages leer. In einem dieser leeren

21

Zimmer suchte Katharina die Einsamkeit und peitschte heimlich ihre zarten Schultern mit einer kleinen Geißel. Das entdeckten die anderen jungen Mädchen und die Nachbarschaft natürlich bald und wollten, was sie immer taten, Katharina nachahmen. So kamen sie da und dort in einem Winkel des Hauses zusammen und geißelten sich, während Katharina das Vaterunser und das Ave-Maria vorbetete, so oft, wie es sich ihrer Meinung nach ziemte. Es war so schön und geheimnisvoll. Die Schar der kleinen Bußschwestern fühlte sich sehr erbaut und glücklich. Es war, wie Raimondo bemerkt, ein Vorspiel für die Zukunft.

Zuweilen überkam Katharina ein Verlangen, ihren Spielkameraden und besonders den Jungen zu entschlüpfen. Dann lief sie, nach den Berichten ihrer Mutter, so schnell die Treppen hinauf, daß man meinte, sie berühre die Stufen nicht mit den Füßen, sondern schwebe nur darüber hin. Das erschreckte Lapa nicht wenig, denn sie hatte Angst, das Kind könne fallen und Schaden leiden. Die Sehnsucht nach Einsamkeit und nach den Legenden der Wüstenväter, an die sie so viel dachte, ließen Katharina von einer Wüstenhöhle träumen, wo sie sich verstecken und allein mit Gott reden könne.

An einem schönen Sommermorgen nahm Katharina ein Brot und ging allein fort in Richtung auf das Haus ihrer verheirateten Schwester hin, nahe bei der Porta di San Ansano. Aber diesmal ging sie vorbei und zum Tor hinaus. Und zum ersten Mal in seinem Leben stand das kleine Stadtkind da und sah hinaus über die stille Valle Piatta und die grüne Landschaft. Es war so sehr an seine eigene Welt gewöhnt, an die Häuser, die sich in den engen und steilen Gassen aneinanderschmiegten, an das Gewimmel der Menschen, die zu Fuß gingen oder auf Pferden oder Eseln ritten, an die Ochsenfuhrwerke und Maultiergespanne, die Hunde und die Katzen, die ja zur italienischen Familie gehören, daß Katharina ganz bestimmt glaubte, diese friedliche, grüne Welt müsse eine Wüste sein.

22

Sie ging weiter und sah sich nach einer Höhle um. An den Talseiten gab es mancherorts im Kalkstein Grotten. Und sobald sie eine passende gefunden hatte, ging sie hinein und kniete nieder. Sie begann so innerlich zu beten, wie sie eben konnte. Aber schon bald überkam sie ein besonderes Gefühl. Sie glaubte sich vom Boden der Höhle zu erheben und frei zu schweben. Sie fürchtete, es sei vielleicht eine Versuchung des Teufels, der sie vom Gebet abschrecken wolle. Sie versuchte, nur noch inniger und entschlossener zu beten. Als sie aus der Verzückung erwachte und sah, daß sie wieder auf dem Boden der Höhle kniete, war es Vesperzeit, drei Uhr nachmittags, also die Stunde, wo der Gottessohn am Kreuz starb.

Es überkam sie wie eine Eingebung, daß Gott sie nicht als Einsiedlerin haben wollte. Er wollte nicht, daß sie ihre zarten Glieder züchtigte und sich dadurch mehr schadete, als für ihr Alter dienlich war. Er wollte nicht, daß sie auf diese Weise das Haus ihres Vaters verlassen sollte. Es war ein langer Weg heimwärts. Sie war sehr müde und bange, ihre Eltern geängstigt zu haben. Vielleicht glaubten diese, sie sei fortgelaufen. Wieder betete sie eindringlich, diesmal aber, daß sie gut und schön nach Hause käme. Und wieder hatte sie dieses wunderliche Gefühl des Schwebens. Als es aufhörte, stand sie vor dem Stadttor. Sie lief heim, so schnell sie konnte. Doch bei Benincasas hatte keiner ihre Abwesenheit bemerkt. Man hatte gedacht, sie sei bei ihrer Schwester. So erfuhr keiner von ihrem Versuch, Einsiedlerin zu werden, ehe Katharina selbst es viele Jahre später ihrem Beichtvater offenbarte.

Ringsum sah das mit Gesichten begabte Kind, wie die Erwachsenen und die anderen Kinder viele Dinge begehrten, nach denen es gar kein Verlangen hatte. Allmählich merkte es, daß dies die Dinge waren, die die Heilige Schrift »die Welt« nennt. Seine Welt aber, eine Welt, nach der es unablässig verlangte und in die es immer tiefer eindringen wollte, schien sich hinter und über allem auszubreiten und zu ent-

23

falten, das es mit den leiblichen Sinnen wahrnahm. Es war die himmlische Welt, in die Katharina einen Augenblick lang schauen konnte, als sie über dem Dach von San Domenico den Heiland königlich in den Wolken thronen sah. Das Gebet war der Schlüssel zu dieser Welt Das Kind hatte schon erfahren, daß man auf eine rein geistige Art in sie eindringen konnte, ohne etwas mit seinen Sinnen zu sehen oder zu hören.

Vater und Mutter, Schwestern und Brüder waren gute Christen. Aber sie durften nur mit Maß von der Quelle trinken, an der Katharina einen um so stärkeren Durst empfand, je mehr sie davon trank. Sie beteten und gingen zur Kirche, sie waren hilfreich und freigebig gegen arme Leute und Diener Gottes. Zwischendurch jedoch wandten sie ihr ganzes Streben Dingen zu, die Katharina mehr und mehr als Hemmnis der Erfüllung ihrer Herzenswünsche empfand. Alle Benincasa-Kinder wurden vor schlechten Einflüssen behütet, dennoch erfuhren sie vom Hochmut reicher Bürger, von Fehden und Kämpfen harter, streitsüchtiger Männer, von weltlicher Eitelkeit der Frauen. Katharinas Herz brannte danach, sie erlöst zu wissen, alle diese armen Seelen, die sich von der göttlichen Liebe getrennt hatten, wie sie sie selbst als Vorgeschmack himmlischer Glückseligkeiten kennenlernte. Sie wollte eine von denen werden, die an der Erlösung der Menschenseelen arbeiten wie die Dominikaner, von denen sie wußte, daß ihr Orden zu diesem Zweck gestiftet worden war. Oft, wenn sie die Predigerbrüder an ihrem Haus vorübergehen sah, merkte sie sich ihre Fußspuren. Und wenn sie dann fort waren, sprang sie hinaus und küßte ehrfürchtig die Stellen, die ihre Füße berührt hatten.

Aber wenn sie eines Tages an der Arbeit dieser Brüder und all der braven Klosterleute teilhaben und nicht von ihrem heimlichen Leben lassen wollte, dann mußte sie auf die Sorgen und Freuden, die Zeit und Gedanken ihrer Mutter und verheirateten Schwestern so sehr beschäftigten, verzichten. Dann mußte sie Jungfrau bleiben.

Als sie sieben Jahre alt war, bat Katharina die Jungfrau Maria um ihre Fürsprache: Sie wollte sich ihrem Sohne Jesus Christus hingeben und Seine Braut werden. »Ich liebe Ihn aus meiner ganzen Seele. Und ich verspreche Ihm und dir, daß ich nie einen anderen Bräutigam haben will.« Und dann bat sie ihren himmlischen Bräutigam und Seine Mutter um Hilfe, sich immer rein und frei von Flecken des Leibes und der Seele halten zu können und dafür die Kraft zu haben.

Ein siebenjähriges Mädchen ist in Italien reifer als ein gleichaltriges Kind aus nordischem oder angelsächsischem Geschlecht. Und im Mittelalter waren die Kinder überall in Europa früher erwachsen als heutzutage. Selbst in Norwegen galten Jungen und Mädchen im Alter von fünfzehn Jahren als heiratsfähig. In »Romeo und Julia« erinnert Lady Capulet die noch nicht vierzehnjährige Tochter daran, daß

»... hier in Verona edle Frauen
schon Mütter sind, obschon sie jünger sind,
als du jetzt bist ...«

Als Katharina ihr Keuschheitsgelübde ablegte, konnte sie kaum viel von den Begierden des Leibes und der Seele wissen, denen sie nie nachgeben wollte. Außer einer starken Eßlust, wie sie bei einem gesunden, jungen Mädchen in den Wachstumsjahren üblich ist, hatte sie keine fleischliche Lockung verspürt. Sie war, obschon sie heimlich Askese übte, ein gesundes, junges Menschenkind, das eine natürliche Angst vor körperlichen Schmerzen besaß. Gegen diese wollte sie noch öfters als früher durch Selbstzucht und Bußgeißeln ankämpfen. Um ihren Appetit zu überwinden, wollte sie nichts anderes mehr als Brot und Gemüse essen.

Die reichlichen Fleischportionen, die sie bei den Familienmahlzeiten bekam, schmuggelte sie Stefano zu, der neben ihr saß, oder auch den Katzen, die unter dem Tisch nach Fressen miauten. Der Junge und die Katzen nahmen ihre Sonderrationen dankbar entgegen. Und die große Tischgemeinde, die sich an Monna Lapas reichlich versorgtem Tisch versammelt hatte, schien nie zu merken, was am Tischende bei den Jüngsten vor sich ging.

Daheim beobachtete man nichts anderes, als daß Katharina immer ruhiger und geduldiger wurde. Viele Jahre später nannte sie die Geduld den Kern der Frömmigkeit. Wie die Gnade unsere angeborene Natur nicht verändert, sondern vervollkommnet so – muß man annehmen, – war diese junge Frau, die später mit einer so furchteinflößenden Energie und Offenherzigkeit den ihr in irgendwelchen Visionen mitgeteilten Willen Gottes verwirklichen sollte, mit einer ungewöhnlichen Kraft natürlichen Eigenwillen geboren. Immer aber war sie ihren Eltern gehorsam und nahm geduldig die Schelte der Mutter entgegen. Denn Lapa hatte soviel Ärger im Hause und immer so viele Menschen um sich, daß sie leicht in Erregung geriet und ihre Worte nicht immer genau überlegte. Damals war die Familie mit Katharinas vorbildhaftem Benehmen sehr zufrieden und bewunderte sie, weil sie viel klüger, frommer und braver zu sein schien, als man ihrem Alter nach erwarten konnte.

Deshalb wollte die Mutter ihrem Lieblingskind mit einem besonderen Auftrag eine Freude machen. Lapa bat eines Morgens Katharina, in ihre Pfarrkirche zu gehen, dort Kerzen und Geld auf den Altar zu legen und den Pfarrer zu bitten, eine Messe zu Ehren des heiligen Antonius zu lesen. Jenes sanften Heiligen, der schon zu seinen Lebzeiten hier auf Erden soviel Verständnis und Sympathie für die Sorgen und Kümmernisse schlichter, einfacher Frauen bezeugt hatte, so daß Mütter und Hausfrauen ihn als ihren besonderen Freund im Himmel verehrten.

Katharina führte den Auftrag aus. Da sie gern dieser Messe beiwohnen wollte, blieb sie bis zum Ende in der Kirche und kam viel später heim, als die Mutter erwartet hatte. Lapa hatte gemeint, das Kind solle sofort nach der Unterredung mit dem Pfarrer zurückkehren. So empfing sie die Tochter mit einem Wortschwall, den man in Siena immer brauchte, wenn sich jemand ungebührlich verspätet hatte: »Verflucht sollen die bösen Zungen sein, die mir sagten, du kämest nie mehr zurück.« Zuerst sagte das junge Mädchen nichts. Dann nahm es die Mutter beiseite und bat ernst und demütig: »Liebe Mutter, wenn ich etwas Schlimmes getan habe oder mehr tat, als was ich tun sollte, so schlag mich, damit ich mich ein andermal daran erinnere und mich bessere. Das ist gerecht. Aber ich bitte dich, meinetwegen nie deine Zunge jemanden verfluchen zu lassen, mag er nun bös sein oder gut. Das ziemt sich nicht in deinem Alter. Und das tut mir weh.«

Die Worte machten auf Lapa einen starken Eindruck. Sie wußte, das Kind hatte recht. Aber sie versuchte so zu tun, als sei nichts geschehen. Sie fragte nach dem Grund des langen Fortbleibens. Katharina erzählte, sie sei in der Kirche geblieben, um bei der bestellten Messe anwesend zu sein. Als Jacopo heimkahm, erzählte ihm Lapa, was die Tochter getan und gesagt hatte. Jacopo hörte schweigend und nachdenklich zu und dankte in seinem Herzen Gott.

So wuchs Katharina auf, bis sie ein junges Mädchen wurde und entdeckte, daß sie sich verändert hatte, und daß auch die Welt ringsum anders geworden war.

Schere und Schleier

In den italienischen Städten war es Sitte, daß ein zwölfjähriges Mädchen nicht längere Zeit von daheim fortgehen konnte, ohne von einer älteren Frau begleitet zu werden. Sie wurde als heiratsfähig angesehen. Und die Eltern mußten sich nach einem passenden Mann für die Tochter umsehen. Als Katharina zwölf Jahre alt war, konnte auch sie nicht mehr einfach Besorgungen für die Mutter machen oder zu ihren verheirateten Schwestern laufen. Die Eltern und die Brüder hofften, einen Mann für sie zu finden, der der ganzen Familie Ruhm und Vorteile bringen konnte. Besonders Lapa wünschte für ihren Schatz, ihre so hübsche und kluge jüngste Tochter, einen wirklich hervorragenden Bräutigam.

Aber als Lapa das junge Mädchen vornahm und ermahnte, jetzt ihre Schönheit herauszustellen, das prachtvolle Haar so zu ordnen, wie sie es am schönsten kleide, ihr Gesicht öfters zu waschen und sich vor allem zu hüten, was ihrem Teint und ihrem weißen Hals schaden könne, wurde sie bitter enttäuscht. Katharina wollte sich keineswegs für die jungen Leute herausputzen. Sie schien deren Gesellschaft zu meiden und alles zu tun, um von ihnen nicht beachtet zu werden. Selbst vor den Lehrbuben und Gesellen, die im Hause wohnten, flüchtete sie, »als wären sie Schlangen«. Nie stand sie in der Haustür, nie lag sie am Fenster, um vorbeigehende Leute zu sehen oder von ihnen gesehen zu werden.

Um Katharina gefügiger zu machen, suchte Lapa bei Bonaventura Hilfe. Sie wußte, wie unsagbar zärtlich Katharina ihre ältere Schwester liebte. Und eine Zeitlang schien es, als wäre sie durch Bonaventuras Zureden den Wünschen ihrer Mutter gegenüber gefügiger geworden und würde mehr

Wert auf ihr Äußeres legen. Nach Raimondos Bericht war Katharina nie eine blendende Schönheit. Aber jung und lebendig, wie sie war, schlank, von heller Hautfarbe, mit schönen, dunklen Augen und einem Überfluß an goldbraun schimmerndem Haar, das die Italiener immer so sehr bewundert haben, muß sie eine seltsam bezaubernde junge Frau gewesen sein.

Welch große oder kleine Zugeständnisse Katharina unter dem Einfluß ihrer Lieblingsschwester gemacht haben mag, sie klagte sich später mit heißen Tränen und bitterer Reue des Verrats an der Gnade an, da sie sich solch sündiger Eitelkeit überließ. Die Frage ihres Beichtvaters Raimondo, ob sie je gewünscht oder daran gedacht habe, ihre Gelübde der Jungfräulichkeit zu brechen, verneinte Katharina, ein solcher Gedanke sei ihr keinen Augenblick gekommen.

Raimondo war ein kluger und erfahrungsreicher Priester als Beichtvater der Nonnen. Er fragte auch sie, ob sie sich vielleicht geputzt habe, um auf Männer im allgemeinen oder auf einen bestimmten Mann Eindruck zu machen, obschon sie doch fest entschlossen sei, ihr Keuschheitsgelübde zu halten, mit anderen Worten, ob sie auf dem Wege von milderen zu strengeren Selbstverleugnungen der alten Eva gefolgt sei und kokettiert habe. Auch dies verneinte Katharina.

Raimondo sagte dann, sie habe wohl keine große Sünde getan, wenn sie sich den Wünschen ihrer Mutter und ihrer ältesten Schwester gefügt habe. Da klagte sich Katharina übertriebener Liebe zu dieser Schwester an. Sie meinte, Bonaventura mehr als Gott geliebt zu haben. Doch Raimondo wollte sie hierfür nicht zu hart verurteilen: sie habe ihrer Schwester ohne böse Absicht und übertriebene Eitelkeit gehorcht. Es widerstrebe wahrlich nicht dem Gebote Gottes, Bonaventura zu lieben. Aber Katharina klagte, was das für ein geistlicher Führer sei, der ihre Sünden entschuldige: »Ach, Vater, wie konnte dieses elende Geschöpf, das ohne Kampf und ohne eigenes Verdienst so viel Gnade von Gott empfangen hat, seine Zeit damit vertun, den elenden Leib zu pflegen, der doch eines Tages der Verwesung anheimfällt, nur um andere Sterbliche in Versuchung zu bringen?« Und wie so manches Mal beugte sich Raimondo, der Beichtvater, vor seinem Beichtkind Katharina, weil es größere religiöse Erfahrung hatte als er selbst. Ihre Ansicht von absoluter Reinheit und ungeteiltem Willen mußte richtig sein.

Indessen endeten Katharinas kleine Ausflüge in die weltliche Eitelkeit ganz plötzlich; denn Bonaventura starb im Wochenbett. Die jüngere Schwester war überzeugt, daß ihr Tod eine Strafe Gottes war, weil sie versucht habe eine andere Seele vom Dienste Gottes fortzulocken. Doch Gott offenbarte Katharina, daß Bonaventura, die in jeder Weise fromm, züchtig und gerecht gewesen war, nur kurze Zeit im Fegfeuer weilte, ehe sie befreit wurde und einging in die Herrlichkeit des Himmels. Aber der Tod der Schwester machte es Katharina noch deutlicher, wie vergeblich weltliche Eitelkeit ist. Mit neuer Glut wandte sie sich wieder ihrem geliebten Herrn zu und flehte Ihn um Vergebung an. Ach, würde Er doch nur die gleichen Worte zu ihr sagen, die Er zu Magdalena sagte: »Deine Sünden sind dir vergeben.« Sie meinte, die heilige Maria Magdalena müsse ihr besonders Schutzheilige und Vorbild sein.

Der Tod Bonaventuras machte Katharinas Heiratsangelegenheit für Jacopo und seine Söhne noch dringlicher. Für die Menschen im Mittelalter war die Familie der wichtigste Schutz für die Rechte und den Wohlstand des Einzelnen. Inmitten von Unruhen und unablässigen Umstürzen war der Schutz, den ein Mensch von der Gesellschaft, dem Staat oder der Stadt erwarten konnte, unsicher. Dagegen bot eine Gruppe von Vater, Söhnen und Schwiegersöhnen, die treu zusammenhielt und tapfer ihre Interessen verteidigte, ein gewisses Maß von Sicherheit. Niccolo war noch ein junger Mann. Es war zu erwarten, daß er nach dem frühen Tod Bonaventuras sehr bald in eine andere Familie einheiraten werde. Da wurde es Katharinas Pflicht, ihren Eltern zu gehorchen und sich mit einem Manne zu verheiraten, der ein Ersatz für den verlorenen Schwiegersohn sein konnte.

Als man merkte, daß sich Katharina durchaus nicht den Wünschen fügte, bewunderte man ihre Klugheit und ihre scheue Zurückhaltung nicht mehr.

Man muß annehmen, daß die Familie von Katharinas Gelübde nicht das geringste wußte. Sie hatte nie gewagt, es daheim zu erwähnen. Hätte sie ins Kloster gehen wollen, würde zumindest Jacopo sie verstanden haben, wenn er auch nicht sofort seine Einwilligung gegeben hätte. Niemand weiß, ob Katharina sich jemals eine andere Zukunft erträumte als das Leben in tiefster Einsamkeit, wie es das Los einer gottgeweihten Jungfrau war, auch wenn sie inmitten einer großen Familie und damit der verschiedensten weltlichen Berufe und Interessen leben mußte. Zur Zeit der Apostel wäre dies das normale Leben christlicher Frauen gewesen, die ein Keuschheitsgelübde abgelegt hatten. Aber die Forderungen des praktischen Lebens führten bald zur Errichtung von Nonnenklöstern, in denen solche geweihten Frauen gemeinsam unter einer Regel zusammenleben konnten. Und ein Wohnhaus war im Mittelalter nicht eben dazu angetan, jahraus und jahrein eine Tochter zu beherbergen, die nicht heiraten wollte und auch nicht daran dachte, ihr Heim mit einem Kloster zu vertauschen.

Vielleicht kam Jacopo auf den Gedanken, Botschaft an einen Dominikanermönch zu schicken, der als alter Freund der Familie Katharina zu überreden versuchen sollte, auf die Pläne der Familie einzugehen. Es war Fra Tommaso della Fonte, der einstige Pflegebruder Katharinas. Ihm bekannte sie, sie hätte sich schon heimlich Christus versprochen und wollte die Seine und nur die Seine sein, solange sie lebe. Da konnte ihr Fra Tommaso nur raten, der Festigkeit, mit der die Familie ihr entgegentrat, mit einer ebensolchen Sicherheit zu begegnen, so daß man endlich ihre Unnachgiebigkeit begreifen mußte. Und wenn sie ihr Haar, ihren größten Schmuck, abschneiden lassen wollte, dann, so dachte Fra Tommaso, werde man sie wohl in Frieden lassen.

Katharina befolgte diesen Rat, als sei er ihr vom Himmel geschickt worden. Sofort griff sie nach einer Schere und schnitt sich die herrlichen dunkelblonden Flechten unmittelbar über der Kopfhaut ab. Dann befestigte sie einen kleinen Schleier über ihrem kahlen Kopf. Es widersprach jeglicher Sitte, daß unverheiratete Frauen ihr Haar bedeckten. Und so stürzte denn Lapa, als sie die Tochter mit solcher Kopftracht sah, sofort auf sie zu und fragte, was das bedeuten solle. Das Mädchen wagte nicht die Wahrheit zu sagen und wollte auch nicht lügen. Es gab überhaupt keine Antwort.

Lapa riß ihr den Schleier herunter. Und als sie ihre schöne Tochter derart verunstaltet sah, brach sie vor Trauer und Wut in lautes Schluchzen aus. Sie meinte, man habe ihr ein Messer ins Herz gestoßen: »Kind, Kind, wie konntest du mir so etwas antun?« Schweigend legte sich Katharina wieder den Schleier um. Aber als aufgescheucht von Lapas Schreien und Schluchzen, Jacopo und die Söhne hinzukamen und hören mußten, was geschehen war, stürzten sie in wilder Wut auf Katharina los.

Noch schwieriger für Katharina wurde es, als ein Freier erschien, ein junger Mann, der sich allzugerne mit den Benincasas verschwägert hätte. Da schalt man sie: »Du dummes Ding, du denkst vielleicht unserem Einfluß zu entfliehen, wenn du dir das Haar abschneidest? Das wächst schon wieder nach. Und heiraten mußt du, wenn es auch noch so weh tut. Du bekommst keine Ruhe und keinen Frieden mehr, ehe du dich nicht unserem Willen gefügt hast ...«

Mit den Grillen des albernen Mädchens, sich zur rechten oder unrechten Zeit zu verstecken, um zu beten oder übertriebene Andachtsübungen abzuhalten, mußte es jetzt zu Ende sein. Katharina bekam nicht mehr länger das Recht, eine eigene kleine Kammer zu haben, sondern sie mußte nun den Schlafraum mit einem anderen aus dem Hause teilen. Katharina wählte dafür die Kammer ihres Bruders Stefano, der noch ledig war. Wenn Stefano tagsüber im Keller an den Farbkesseln arbeitete, hatte sie die Kammer für sich. Nachts schlief er wie ein Stein und ahnte nicht, daß seine Schwester stundenlang in Gebet und Verzückung wachlag.

Lapa schickte die Dienstmagd fort und sorgte dafür, daß Katharina den ganzen Tag über genügend Arbeit im Hause hatte. Sie mußte die Wäsche waschen, das Essen kochen und bei Tisch aufwarten. Und obendrein neckte und beschimpfte sie das ganze Haus, während man sie hierhin und dorthin schickte. Man wollte dem Mädchen beibringen, es sei entschieden besser, als Frau einem eigenen Haushalt vorzustehen, als innerhalb einer großen Familie wie eine Sklavin hin und her zu rennen. Aber Katharina war noch so sehr Kind, daß sie ihrem tiefsten geistlichen Leben spielerische Elemente beimischen konnte. Später erzählte sie Raimondo, sie habe sich ihren Vater als Jesus Christus und ihrer Mutter als Maria, Seine Mutter, vorgestellt. Diese Vorstellungen müssen für Katharina schwierig gewesen sein, wenn Lapa ihre großen Zornausbrüche hatte.

Ihre Brüder und die Lehrbuben dachte sie sich als Apostel und Jünger des Herrn. Dann konnte sie ihnen so froh und gewissenhaft dienen, ohne müde und unwirsch zu werden, daß die Familie widerwillig zugestehen mußte, sie sei einfach großartig. Dieses Spiel machte für Katharina die Küche zu einem Heiligtum. Und es erfüllte ihre ganze Seele mit Glückseligkeit, bei Tisch aufwarten zu dürfen, weil sie ja nur ihrem Herrn und Meister diente.

Jetzt hatte der Heilige Geist sie gelehrt, sich eine innere Zelle aufzurichten, einen Zufluchtsraum, wo sie beten und an ihren Geliebten denken, aus dem sie niemand vertreiben, und in den keiner eindringen und sie stören konnte. »Gottes Reich ist in euch!« Jetzt verstand sie, was diese Seine Worte bedeuteten, da er ja selbst die Wahrheit ist. In uns, das heißt, daß die Gaben des Heiligen Geistes über uns ausgegossen werden, unsere natürlichen Fähigkeiten vervollkommnen und innere und äußere Hindernisse beseitigen. Wenn wir leidenschaftlich nach dem wahrhaft Guten verlangen, kommt der himmlische Gast und wohnt in uns, wie Er gesagt hat: »Seid mutig, Ich habe die Welt überwunden.« Auf Ihn vertraute sie. Und Katharina fühlte, wie sich in ihrem Innern eine Zelle aufbaute, die nicht von Menschenhänden errichtet war, so daß sie nicht mehr zu trauern brauchte, weil man ihr die kleine Zelle aus Stein und Holz genommen hatte.

Später pflegte sie ihren Schülern zu raten, wenn sie über die Last ihrer weltlichen Aufgaben klagten, durch die sie nie zu einer ruhigen Gottesschau gelangen oder aus dem Lebensborn trinken könnten: »Baut euch in eurer Seele eine innere Zelle und verlaßt diese nie.« Raimondo bekennt, daß er diese Worte seiner »Mutter« nicht sogleich begriff. »Aber«, sagte er, »es ist seltsam zu sehen, wie ich und alle anderen, die in ihrer Nähe gelebt haben, jetzt ihre Taten und Worte viel besser verstehen als damals, als wir sie an unserer Seite hatten.«

Eines Tages kniete Katharina im Gebet versunken in Stefanos Kammer. Da kam ihr Vater herein, um etwas zu suchen. Man hatte ihr streng verboten, die Tür abzuschließen. Jacopo entdeckte das Mädchen, das in einem Winkel kniete. Auf seinem Haupt saß eine schneeweiße Taube. Als aber der Mann näher trat, erhob sie sich und flog zum Fenster hinaus. Doch da Jacopo nach der Taube fragte, sagte Katharina, sie habe nichts von einem Vogel in der Kammer gesehen. Jacopo verstummte. Aber in seinem Herzen sann er über diese Erscheinung wie auch über andere Dinge nach, die er bemerkt hatte.

Das weiße Gewand

Die Bußschwestern vom Dritten Orden des heiligen Dominikus entlehnten die Regel einer Laienbrüderschaft, die der Heilige gestiftet und als Miliz Jesu Christi bezeichnet hatte. Die Brüder verpflichteten sich zu gewissen Gebeten statt der von den Mönchen verlangten Tagzeiten, und, das Eigentum der Kirche zu verteidigen.

In den Jahren, in denen die Ketzer in Südfrankreich und Norditalien die Macht hatten, war eine Unmenge Kirchengut in die Hände von Laien gekommen, die damit schalteten und walteten, als sei es ihr rechtmäßiges Erbe. Der heilige Dominikus hatte für seinen Ersten Orden der kontemplativen Nonnen und für den Zweiten der Predigerbrüder ein Leben in strenger Armut vorgeschrieben.

Aber die Armut der geplünderten Dom- und Pfarrkirchen, Abteien und Nonnenklöster war ein Hemmschuh für die Arbeit der Bischöfe und Priester geworden, ebenso wie für die Caritas und die Missionstätigkeit der alten Klosterstiftungen. Eine der Aufgaben der Miliz bestand darin, der Kirche das zurückzuschaffen, was ihr rechtens gehörte. Die meisten dieser Brüder waren indessen verheiratet und konnten daher, nach katholischer Auffassung, ohne Einverständnis der Ehefrau kein Gelübde ablegen. Darum mußten auch die Frauen ein Gelübde tun, ihre Männer nie an der Verwirklichung der übernommenen Verpflichtungen zu hindern. So kam es, daß dieser Dritte Orden zumeist aus Ehepaaren bestand, die in einer halbklösterlichen Gemeinschaft zusammenlebten, in der Welt, doch nicht von der Welt. Zum Zeichen, daß sie dem Dominikanerorden verbunden waren, sollten sie in ihrer Kleidung die Ordensfarben schwarz und weiß tragen, ohne daß etwas über den Schnitt der Kleidung vorgeschrieben war.

Gegen Ende des 13. Jahrhunderts verlor der Orden mehr und mehr seinen Charakter als Miliz, blieb aber als der Dritte Orden des heiligen Dominikus aus Bußbrüdern und Bußschwestern bestehen. Wenn sie Witwen wurden, weihten die Schwestern den Rest ihres Lebens ganz dem Dienste Gottes. Sie blieben in ihren alten Wohnungen, lebten aber wie Nonnen. Sie hatten keine eigenen Kirchen oder Oratorien, sondern pflegten sich in einer bestimmten Kapelle zu treffen, nach Möglichkeit in einer Kirche, die den Predigerbrüdern gehörte. Hier nahmen sie am Meßopfer teil und verrichteten gemeinsam ihre Gebete. Und da sie eine bestimmte Tracht erhielten, weißes Wollkleid, weißen Schleier und schwarze Kapuze, wurden sie in Italien Mantellatinnen, Kapuzenschwestern, genannt.

In Siena gab es viele Mantellatinnen. Verheiratete Frauen und Witwen aller Volksschichten gehörten zu dieser Kongregation, die ihren Versammlungsort in der Kirche San Domenico hatte, in einer Kapelle, die man Capella della Volte nannte.

Katharina hatte von frühester Jugend an eine besondere Liebe zum heiligen Dominikus und war gerne frühmorgens zur Messe in die Kirche auf der Höhe gegenüber ihrem Elternhaus gegangen, so daß sie hundertfach gesehen haben mußte, wie sich die Mantellatinnen zu ihren Andachtsübungen versammelten. Ihre Schwägerin Lisa und eine Tante, eine Schwester Jacopos, gleichfalls eine Witwe, gehörten zu dieser Schwesternschaft. Und als jetzt ihre Familie mit allen Kräften danach trachtete, diese unmögliche Tochter und Schwester zu einem brauchbaren Menschen zu machen, und sie den ganzen Tag über treppauf und treppab jagte, hierhin und dorthin, während man über ihren Starrsinn und fast ebenso über ihre Geduld und ihren unveränderlichen frohen Gehorsam in allen Dingen mit Ausnahme des einen, das freilich für sie alles bedeutete, schimpfte, war Katharinas Seele ganz erfüllt von der Sehnsucht, die von frühester Kindheit an in ihr lebte: Eines Tages hoffte sie doch das Recht zu erhalten, Mantellatin zu werden. Täglich bat sie ihren himmlischen Geliebten, ihr doch diese Gabe zu gewähren.

Eines Nachts nun träumte diese Dienstmagd Christi, sie sehe vor sich viele ehrwürdige Patriarchen und Ordensväter und zwischen ihnen den heiligen Dominikus, – sie erkannte ihn an der leuchtend weißen Lilie, die er in der Hand hielt. Alle diese Heiligen baten sie, einen Orden zu wählen, in dem sie ihren Herrn noch besser dienen könne als bisher. Augenblicklich wandte sich Katharina an den heiligen Dominikus, der ihr sofort entgegenkam. Er zeigte ihr eine Tracht wie die der Bußschwestern und sagte zu ihr: »Liebe Tochter, fasse Mut. Habe keine Angst vor Hindernissen. Du wirst die Tracht erhalten, die du verlangst.« Katharina weinte vor Freude. Sie dankte dem Herrn und Seinem Streiter Dominikus und erwachte, in Tränen gebadet.

Als Er Seine Dienstmagd hatte wissen lassen, was nach Seinem Willen mit ihr geschehen solle, war Katharina sicher, daß ihr Christus helfen werde, wenn sie zu ihren Eltern gehe und ihnen den Grund des unbegreiflichen Widerstandes gegen alle ihre Zukunft betreffenden Pläne offenbare.

Sie tat es am gleichen Tage: »... Ich habe euch schon so viele Zeichen sehen lassen, daß ihr es hättet leicht verstehen können. Doch aus Ehrfurcht vor den Eltern, wie sie uns Gott gebietet, habe ich bisher nicht offen gesprochen. Nun darf ich nicht länger schweigen. Ich will euch mein Herz erschließen und euch offen gestehen, daß ich einen Entschluß gefaßt habe, nicht erst jetzt, sondern schon als Kind. Ich habe ihn seitdem treu gehalten. In meiner frühesten Jugend gelobte ich meinem Erlöser, meinem Herrn Jesus Christus und Seiner heiligen Mutter, daß ich immer Jungfrau bleiben wolle. Nicht etwa kindliche Gedanken, sondern ernste Gründe bestimmten dieses Gelöbnis. Ich gelobte, ich wolle nie einen anderen zum Manne nehmen. Und da ich jetzt mit Gottes Gnade großjährig und klüger geworden bin, ist dieser Vorsatz noch fest in meinem Herzen verankert. Es dürfte leichter sein, einen Stein zu erweichen als diesen heiligen Entschluß aus meinem Herzen zu reißen. Ihr verliert nur Zeit damit, wenn ihr dagegen ankämpft. Darum ist mein Rat, daß ihr die Verhandlungen über meine Heirat abbrecht, weil ich euch in diesem Punkte niemals gehorchen werde. Ich muß Gott mehr gehorchen als den Menschen. Wenn ihr mich unter diesen Umständen im Hause behalten wollt, dann laßt mich hier wie eine Dienstmagd sein. Ich werde freudig alles für euch tun, was ich tun kann. Aber wenn ihr mich von daheim fortjagen wollt, weil ich diesen Entschluß gefaßt habe, dann wißt, daß es nicht im geringsten meinen Entschluß verändern kann. Ich habe einen Herrn, der so reich und so mächtig ist, daß er mich nicht Not leiden läßt, sondern mich gewiß mit allem versorgt, was ich brauche.«

Als Katharina das gesagt hatte, brach die Familie Benincasa in lautes Jammern aus. Man weinte und schluchzte. Keiner wagte ein Wort zu sagen. Man sah auf das junge Mädchen, das immer so schüchtern und schweigsam gewesen war und das jetzt so kühn und ernsthaft zu ihnen sprach. Und man verstand, daß Katharina bereit war, lieber das Vaterhaus zu verlassen, als ihr Gelübde zu brechen. Es gab keine Möglichkeit mehr, eine gute Partie mit ihr zu machen. Darum weinten die Benincasas.

Jacopo, der Vater, bezwang bald seine Ergriffenheit. Er war wohl trotz des Verlustes nicht sonderlich überrascht. Mild und freundlich gab er ihr zur Antwort: »Meine liebe, liebe Tochter. Wir wollen uns keineswegs gegen den Willen Gottes auflehnen. Von Ihm stammt doch dein Gelübde. Wir haben es aus langer Erfahrung gelernt und wissen es jetzt sicher, daß dich nicht der Eigensinn der Jugend, sondern Gottes Erbarmen treibt. Halte also dein Gelübde und lebe so, wie es der Heilige Geist befiehlt. Wir werden dich nie mehr in deinem Gebetsleben und in deinen Andachten beunruhigen oder versuchen, dich von deinem heiligen Tun fortzulocken. Aber bete auch für uns, daß wir des Bräutigams würdig werden, den du dir in deinem jugendlichen Alter gewählt hast.« Er wandte sich dann an seine Frau und seine Söhne und sagte: »Von jetzt an darf keiner diese meine liebe Tochter quälen oder ihr Hindernisse in den Weg legen. Laßt sie ihrem Bräutigam in voller Freiheit dienen und fleißig für uns beten. Wir hätten ihr nie eine so ruhmvolle Heirat verschaffen können. Darum laßt uns nicht klagen, daß wir anstatt eines sterblichen Mannes den unsterblichen menschgewordenen Gott erhalten haben.«

Die Brüder waren immer noch traurig. Lapa weinte laut. Aber Katharina dankte innig ihrem siegreichen Bräutigam, der ihr diesen Triumph beschert hatte. Und sie dankte ihren Eltern, so demütig sie nur konnte.

Man überließ ihr jetzt ein eigenes Zimmer, eine winzig kleine Zelle, die eine Treppe hoch lag. Aber wie so viele Häuser in Siena, lehnte sich auch das Haus der Benincasas an einen Hügel, so daß Katharinas Kammer auf der Rückseite des Hauses in Wirklichkeit in gleicher Höhe mit dem engen Graben war, der hinter der Häuserreihe entlanglief. Zum einzigen kleinen Fenster, das vermutlich vergittert war, wie die Fenster der ersten Etage zu sein pflegten, führten ein paar Steinstufen.

Einige Heiligenbilder, eine Kiste, die die wenigen Besitztümer barg, und ein Federbett mit einem Holzklotz als Kopfkissen waren die ganze Einrichtung. Auf diesem Bett saß Katharina, wenn sie meditierte, kniete sie, wenn sie betete, und legte sie sich, völlig bekleidet in ihrer Wolltracht, auch schlafen. Eine Zeitlang trug sie auf dem Leib ein härenes Hemd. Aber sie hielt sich immer peinlich sauber. Nach einiger Zeit vertauschte sie das härene Hemd mit einer dünnen eisernen Kette, die sie so eng um den Leib legte, daß sie ihr ins Fleisch schnitt. Sie trug diese Kette, bis ihr der Beichtvater befahl, sie abzulegen, als sie gegen Ende ihres Lebens immer schwächer wurde.

Viele Jahre später ließ Katharina in ihrem Buch »Der Dialog« das niederschreiben, was sie in ihren Ekstasen von ihrem himmlischen Bräutigam über körperliche Selbstzüchtigung erfahren hatte: »Die heiligmäßigen und guten Taten, die Ich von Meinen Dienern fordere, sind innerliche Tugenden und seelische Kämpfe, aber nicht solche, für die nur der Leib Werkzeug ist, und die sich in äußeren Handlungen erschöpfen. Diese sind Mittel, Tugend zu vermehren; aber Tugend sind sie nicht.« Und es könne dazu kommen, daß sich eine Seele in solch äußerliche Bußübungen verliebe. Dann könnten diese ein Hindernis auf dem Wege zur Vollkommenheit werden. Festes Vertrauen in die Liebe Christi, heiliger Haß gegen das eigene Ich, wahrhafte Demut, vollkommene Geduld, Hunger und Durst nach der Ehre Gottes und der Erlösung der Seele – das allein zeige die Reinheit des Willens und ertöte Sinnenlust durch Liebe zur Tugend.

In gleicher Weise hatte der heilige Bernhard in seiner Ordensregel von übertriebenen körperlichen Bußübungen Abstand genommen. Es ist ganz allgemein auch in den Ordensregeln verboten, daß ein Mönch oder eine Nonne solche betreibt, ohne vorher mit dem Beichtvater oder geistlichen Führer Rat gepflogen zu haben. Aber Sankt Bernard hatte sich selbst in seiner Jugend ungemein harten Bußübungen unterzogen, um seine Seele von den Eindrücken zu reinigen, die er während seiner römischen Jahre im Zusammensein mit schlechten Männern und Frauen empfangen hatte. Katharina war als blutjunges Ding sicher, daß die Selbstzüchtigungen, denen sie sich in ihrer Einsamkeit unterzog, Inspirationen des Heiligen Geistes waren. Sie waren damals richtig für sie.

Man darf Katharina getrost glauben, wenn sie später Raimondo erzählt, in ihren Mädchenjahren sei das schwerste Opfer für sie gewesen, sich so viel Schlaf zu verweigern, wie sie eben vertragen konnte. Anfangs verbrachte sie die ganze Nacht im Gebet und in der Unterhaltung mit ihrem Bräutigam. Erst, als man in den Klöstern zur Frühmesse ging, legte sie sich nieder und schlief eine kurze Weile. Doch allmählich siegte ihre Seele über leibliches Verlangen, bis sie sich mit einer halben Stunde Schlaf begnügen konnte, und das zuweilen nur jeden zweiten Tag. So wie »ihr Verkehr mit dem Himmel« war, mußte ihr die Zeit des Schlafens als wahrhaft verlorene Zeit erscheinen.

Schon lange trank sie keinen Wein mehr, jenes Alltagsgetränk, das für die Italiener seit undenklichen Zeiten zu jeder Mahlzeit gehört. Anfangs mischte sie in das Wasser, das sie trank, ein wenig Wein, gerade so viel, daß es etwas Farbe bekam, und sie den anderen Tischgenossen kein Ärgernis bot. Seit mehreren Jahren hatte sie auch kein Fleisch mehr gegessen. Sie gestand Raimondo später, allein schon der Fleischgeruch habe sie angewidert. Ein Bekenntnis übrigens, dessen man sich erinnern muß, da Katharina später freiwillig alle Hausarbeit auf sich nahm, zu der sie einmal gezwungen wurde, also die Bratspieße umdrehte und auf die Töpfe mit den duftenden Fleisch-, Gemüse- und Gewürzkräutergerichten aufpaßte, die ja Meisterwerke der italienischen Küche sind.

Aber als Katharina auch das Weißbrot von ihrem Speisezettel strich und nur von einer winzigen Menge Gemüse leben wollte, da war es durchaus verständlich, daß Lapa jammerte und schimpfte. In seinem Buch über das Leben der heiligen Katharina hatte Raimondo sicherlich alle Ursache, nachdrücklichst darauf hinzuweisen, diese heilige Frau habe solch strenge Selbstverleugnung geübt, wie man sie seit den Tagen der Wüstenheiligen nicht mehr erlebt habe, und das nicht in der Einsamkeit der Wüste, sondern inmitten einer großen und wohlhabenden Bürgerfamilie.

Um ihrem geistlichen Vater Dominikus nachzufolgen, gab sich Katharina eine Regel: Sie geißelte sich dreimal täglich mit einer eisernen Kette, und zwar einmal für die eigenen

Sünden, das zweite Mal für die Sünden aller Lebenden, und das dritte Mal für die Seelen im Fegfeuer. Oftmals lief Blut von ihren Schultern, sagt Raimondo. Sie gab ihrem Erlöser »Blut für Blut«.

Der armen Mutter wurde kaum Zeit gelassen, sich mit der Tatsache abzufinden, daß ihre liebste und lieblichste Tochter nie Braut, nie Mutter eigener Kinder werden wollte. Sie verzweifelte geradezu ob der unbegreiflichen Schmerzen, die dieses unbegreifliche Kind sich selber zufügte. »O meine Tochter, meine Tochter, du wirst noch sterben, du begehst ja Selbstmord! Ach, wer hat mir mein Kind genommen? Wer hat dieses Elend über mich gebracht?« Lapa schrie und jammerte so laut, daß es in der engen Gasse widerhallte und die ganze Nachbarschaft in Aufruhr geriet. Und zuweilen stürzten Freunde und auch vorübergehende Fremde in das Haus, um zu erfahren, welch neues Unglück die alte Lapa betroffen hatte.

Wenn sie Katharina nicht zum Essen bewegen konnte, dann wollte sie jedenfalls dafür sorgen, daß das Mädchen jede Nacht einige Stunden schlief. Sie kam in Katharinas Zelle, während diese auf ihrer Pritsche kniete. Und dann schleppte Lapa »mit Gewalt« die Tochter in ihr eigenes Zimmer und zwang sie, sich in ihr eigenes Bett zu legen, gut verpackt zwischen warmen Laken und weichen Kissen. Gehorsam legte sich Katharina an die Seite der Mutter. Dann betete sie leise für sich und gab sich Betrachtungen hin, bis Lapa eingeschlafen war, und sie sich davonstehlen und ihr Gebet nach gewohnter Art fortsetzen konnte.

Stefano Maconi, der aus eigener Erfahrung einiges von dem Konflikt zwischen der Berufung eines Mannes und der herrschsüchtigen Liebe einer Mutter wußte, sagt in seiner italienischen Übersetzung von Tommaso Caffarinis lateinischer Katharina-Biographie, daß Lapa den Leib ihrer Tochter mehr liebte als deren Seele. Um es ihrer Mutter wie auch sich selbst recht zu machen, schmuggelte Katharina einige Bretter unter das Laken von Lapas Bett, und zwar an die Stelle, wo sie liegen sollte. Als die Mutter die fromme List der Tochter entdeckte, ließ sie Katharina gezwungenermaßen das tun, »wozu der Geist sie trieb«, selbst wenn Lapa auch noch murrte, ehe sie sich ergab.

Katharina sprach oft zu den Eltern von ihrem Verlangen, in den Orden der Bußschwestern des heiligen Dominikus einzutreten. Auch das machte Lapa herzlich unglücklich. Sie wagte jedoch nicht, ihr zu verbieten, diesen Wunsch zu Hause zu erwähnen. Aber es fiel ihr ein, sie könne vielleicht die Tochter auf andere Gedanken bringen, wenn sie sie zu den südlich von Siena gelegenen Bädern von Vignone mitnähme. Dies war ein großer und schöner Badeort, in dem es viele Herbergen gab, um den Strom der Gäste bei den warmen Schwefelquellen aufzunehmen. Katharina fügte sich gehorsam. Aber als sie mit der Kur beginnen sollte, bat sie ihre Mutter um Erlaubnis, allein baden zu dürfen. Lapa gab diese Erlaubnis. Sie ahnte freilich nicht, daß Katharina anstatt zu dem Bassin mit dem lauwarmen Wasser hinüber zu der Stelle ging, wo das Schwefelwasser siedend heiß aus den Röhren kam.

Die Qualen waren furchtbar. Aber Katharina versuchte, sich die Leiden im Fegfeuer und in der Hölle vorzustellen, wärend sie ihren Schöpfer anflehte, diese selbstgesuchten Schmerzen anstatt jener anzunehmen, die sie als Strafe für jede einzelne Kränkung Gottes verdient habe. Lapa mußte zugeben, daß sie den Kampf verloren hatte. Und jetzt bat Katharina ihre Mutter inständig, zu der Priorin der Mantellatinnen zu gehen und sie zu fragen, ob ihre Tochter in die Ordenstracht eingekleidet werden könnte. Es endete damit, daß Lapa ging. Gewiß nicht sonderlich gern. Es war ihr eine unsagbare Erleichterung, als die Schwestern antworteten, es sei gegen ihren Brauch, junge Mädchen in die Kongregation aufzunehmen. Da alle Schwestern in ihrem eigenen Haus nach den Regeln leben müssten, erfordere es die allgemeine

Vorsicht, daß man nur Frauen reiferen Alters aufnehme, die sich für den Rest ihres Lebens gänzlich Gott weihen wollten.

Nicht lange danach wurde Katharina ernstlich krank. Sie bekam im Gesicht und am ganzen Körper eine Art Ausschlag, litt große Schmerzen und lag mit brennendem Fieber. Lapa saß an ihrem Bett und pflegte sie treu und unermüdlich. Mit Liebesbezeugungen und freundlichen Worten tröstete sie ihr krankes Kind und versuchte alle Mittel, von denen sie sich eine Gesundung versprach. Aber Katharina hatte nur einen einzigen Wunsch. Und jetzt wollte Lapa alles tun, um nur das Leben ihrer Tochter zu retten. So wollte sie noch einmal versuchen, das für Katharina zu erreichen, was ihr Herz begehrte. Schließlich war es besser, wenn das Kind hier auf Erden die Tracht der Bußschwestern trug, als daß sie Gott und der heilige Dominikus zu sich riefen. Und es sah fast so aus, als riefen sie unablässig.

Ihre einzige Sünde war gewesen, daß sie den Leib ihres Kindes mehr liebte als dessen Seele. Und als sie jetzt bereit war, dafür zu büßen, ließ Lapa die ganze Macht ihrer Rednergabe und ihrer leidenschaftlichen Ausdauer auf die Bußschwestern los. Sie war in jahrelangem Kampf mit einem Mann, der nur allzu gut für diese Welt war, und mit einer Tochter, deren Benehmen für die Mutter immer noch ein unheimliches Rätsel bot, weitgehend zermürbt worden. Es endete damit, daß sich die Schwestern die Sache überlegen wollten, Lapas wie auch des Mädchens wegen. Wenn Katharina auffallend hübsch war, konnte natürlich nie die Rede davon sein, ihr die Ordenstracht zu geben. Lapa wußte, was die bösen Zungen der Menschen bedeuten konnten und war zugleich schlau genug, zu bitten selber zu kommen und sich zu informieren. Lag doch die arme Katharina da mit einem durch Ausschlag fürchterlich verschwollenen Gesicht, so daß sie gewiß nicht wie eine gefährliche Schönheit aussah.

Die Schwestern wählten drei oder vier aus ihrer Mitte, die am meisten Erfahrung und Vorsicht besaßen. Sie sollten sich das Mädchen ansehen und seine Gesinnung erforschen. Katharina sah fast häßlich aus. Aber als die Schwestern eine Zeitlang mit ihr gesprochen hatten, verstanden sie, wie brennend sie danach verlangte, sich ihnen anzuschließen, wie ungewöhnlich fromm, reif und verständig sie war. Die Schwestern gingen hocherfreut und voller Staunen nach Hause, um ihren Mitschwestern zu berichten, was sie gesehen und gehört hatten.

Nachdem die Schwestern die Genehmigung der Brüder erhalten hatten, entschlossen sie sich, auch ihrerseits die Zustimmung zu geben. Einstimmig wurde beschlossen, Katharina Benincasa als Bußschwester in den Dritten Orden des heiligen Dominikus aufzunehmen. Als Lapa ihrer Tochter diese Neuigkeit bringen konnte, dankte Katharina mit Freudentränen ihrem Bräutigam und dem heiligen Dominikus; hatten diese doch ihr Versprechen auf die schönste Weise eingelöst. Bislang hatte sie ihre Krankheit mit unverrückbarer Geduld ertragen. Aber jetzt betete sie um baldige Genesung, weil sie den Tag der Einkleidung kaum erwarten konnte. Im Verlauf weniger Tage wurde sie wieder gesund.

Lapa suchte wohl noch Zeit zu gewinnen. Doch sie mußte sich den Bitten der Tochter fügen. Und dann wurden Tag und Stunde der Zeremonie festgesetzt. Katharina war daheim in ihrer Zelle, betete und dachte an die Stunde, in der das Verlangen ihres Herzens gestillt werden sollte. Es war gegen Sonnenuntergang. Binnen kurzem würde der schmale Pfad vor ihrem Fenster in milder Dämmerung liegen. Die Stimmen der Menschen, die nach der Tagesarbeit vergnügt plauderten, würden zu ihr in die Einsamkeit dringen. Und plötzlich warf er, der Erzfeind Gottes und aller Menschen, sich über das junge Mädchen, das noch einmal abschwören sollte, dem es von frühester Jugend an abschwören wollte. Der Teufel und seine Heerscharen waren Katharina früher in Gesichten begegnet. Dabei hatte sie nie etwas anderes als Abscheu und Schrecken empfunden. Jetzt nahte ihr der Versucher in der Gestalt eines jungen Mannes, nicht um sie zu erschrecken, sondern um sie zu verlocken und zu überreden. Die schöne Menschengestalt entfaltete vor Katharina all die Wunder, die italienische Webkunst und Stickerei schaffen konnten. Und sie überreichte ihr ein Kleid, ein Gewand, das mit Gold und Edelsteinen besetzt war, herrlicher als jedes, das sie bisher gesehen hatte: »All dieses soll dir gehören.«

Wie traumversunken starrte Katharina auf diese Pracht, diese Sinnbilder der Macht und Freude, die die Welt einer jungen Frau bieten kann, einer Frau, die schön und seelenstark ist und schier grenzenlose Fähigkeiten besitzt, Leidenschaft und Liebe zu fühlen. Aber dann war es, als erwachte sie plötzlich. Mit wilder Gewalt verjagte sie den Versucher. Doch die Versuchung blieb.

Sie war jetzt ein erwachsenes Mädchen, an der Schwelle zu reifer Frauenschaft. Zum ersten Mal vielleicht verstand sie, was irdisches Glück bedeutete, das ihr versagt sein sollte. Wie tief sie auch überzeugt sein mochte, daß irdische Glückseligkeit eine Luftspiegelung ist, wie sicher sie auch wußte, daß alle diese Dinge, die ihr jetzt so verlockend schienen, in Wahrheit gar nichts waren, nur Träume, die bleichten, die sicher vom Glücksgefühl zu Schmerz und Angst hinüberwechselten, Versuchungen waren sie gleichwohl.

Sie warf sich vor dem Kruzifix nieder und betete innigst zu ihrem Bräutigam, Er möge ihr doch zu Hilfe kommen: »Du weißt es, ich liebe Dich und nur Dich allein.« Aber sie spürte keinen Trost. Es war ihr, als bliebe der Gekreuzigte taub und stumm, so lange sie auch flehte. Doch plötzlich stieg ein anderes Bild vor Katharina auf: eine Frau, in Strahlenglanz gekleidet, die Himmelskönigin selber. Sie überreichte Katharina ein Gewand, das wie die Sonne leuchtete und von Perlen und Edelgestein schimmerte. »Tochter, dieses Gewand lag verborgen in der Seitenwunde meines Sohnes wie in einem güldenen Schrein. Ich zog es aus dem Herzen meines Sohnes. Und ich nähte mit eigenen Händen die Perlen darauf.« Demütig neigte sich Katharina bis zum Boden. Und Unsere Liebe Frau warf ihr das himmlische Gewand über den Kopf.

Einige Tage später gingen Lapa und Katharina vor Tagesgrauen die Höhe hinauf und traten in die Kirche San Domenico ein. Die Predigerbrüder hatten sich hier versammelt. Unter ihnen war sicher Fra Tommaso della Fonte, der einmal ihr Pflegebruder gewesen und jetzt ihr Beichtvater war. In ihrer und der versammelten Bußschwestern Anwesenheit empfing Katharina Benincasa das weiße Gewand und den Schleier, die die Reinheit von Leib und Seele versinnbilden sollen, und die schwarze Kapuze, die das Symbol der Demut und der Weltentsagung ist.

Es ist unbekannt, an welchem Tag dies geschah. Und die Forscher sind sich noch nicht einmal über das Jahr einig. Am wahrscheinlichsten war es anno 1366, als Katharina neunzehn Jahre alt war.

»Katharina, meine Tochter«

In den nächsten drei Jahren lebte die junge Bußschwester ein Einsiedlerleben in der kleinen Kammer an der Rückseite des Benincasa-Hauses. Sie verließ diese nur, um frühmorgens in San Domenico droben auf der Höhe die heilige Messe zu hören.

Frühling und Sommer, Herbst und Winter warfen ihr wechselndes Farbenspiel über die schöne Stadt und wandelten ständig die Lichtstimmungen in den schmalen Gassen, die die Hügel auf und nieder kletterten. Die Stadt ist auf drei Anhöhen erbaut. Auf dem höchsten Hügel liegt die Domkirche wie eine unvergänglich edle Krone und die schlanke Spitze des Rathauses strebt gen Himmel. Über seinen Mauergürtel hinweg sah das stolze Siena auf die herrliche Umgebung, dieses Land, das die Sieneser so manches Mal mit Waffengewalt beschützt hatten.

Auf uns wirken Siena und das toskanische Flach- und Hügelland, das sich rund um die Stadt ausbreitet, wie eine verzauberte Welt, in der alles die träumerische Schönheit der Vergangenheit atmet. In Katharinas Gemüt aber weckte die Stadt keinerlei Träume. Sie war vielmehr die Welt, in der sie lebte und für die sie betete, die Welt der Leidenschaften und des Stolzes, in der teuererkaufte Seelen rangen, um Gott zu lieben oder auch sich von Ihm abzuwenden. Für Katharinas Landsleute, für ihren Vater und ihre Brüder, war es die geliebte Heimatstadt, deren Wohl und Ruhm ihnen ernstlich am Herzen lag. Das war sie auch für Katharina, – aber auf ihre Art. Wenn sie in der Morgendämmerung die steilen Gassen hinauf zur Kirche stieg, sprach sie mit ihrem Bräutigam und bat Ihn, ihrer Stadt und ihren Bürgern Seinen besonderen Segen zu geben.

Vielleicht begann sie schon damals mit der Gewohnheit, nach der Messe stundenlang in der Kirche zu bleiben, einer Gewohnheit, die ihr selbst bei ihren Ordensschwestern und vielen Predigerbrüdern Ärgernis eintrug. Nach der Heimkehr zog sie sich in ihre Zelle zurück und verließ diese nicht mehr bis zum nächsten Morgen. Das wenige, das sie aß, es war nur rohes Gemüse und etwas Wasser, wurde ihr in die Zelle geschickt. Versunken in Schweigen und Gebet, sprach sie nie mit anderen als mit Tommaso della Fonte, ihrem Beichtvater, und mit der eigenen Familie nur das Allernotwendigste. Und dennoch liebte sie die Ihrigen innigst.

Von nun an konnte sie niemanden, und auch sich selbst nicht, anders sehen als in Gott, und nur in Gott dachte sie auch an sich selbst und an die anderen. Raimondo drückt dies in einem Bild aus, das er von Katharina selber hatte: »Wer sich ins Meer wirft und unter Wasser schwimmt, sieht und berührt nichts anderes als das Wasser des Meeres und die Dinge, die in ihm untergegangen sind. Außerhalb des Wassers sieht, fühlt oder bewegt er nichts. Nur wenn das, was außerhalb liegt, sich in der See spiegelt, kann er es sehen aber nur durch das Wasser, und soweit dieses reicht, nicht anders. So, sagt sie, ist die rechte und ordentliche Liebe, die wir zu uns selbst und zu allen anderen Geschöpfen haben müssen.«

Raimondo bekennt, daß er nicht ganz sicher war, alles verstanden zu haben, was Katharina mit diesem Bild meinte. Aber, sagt er, eine solche Liebe sei mehr als die eigene Erfahrung. Doch in den kommenden Jahren sollte Katharina zeigen, eine wie grenzenlose Liebesfähigkeit eine Seele haben konnte, die vollkommen im Meer der göttlichen Liebe untergetaucht war.

Ein Lieblingsmotiv der italienischen Maler gegen Ende des Mittelalters und zu Beginn der Renaissance war das sogenannte Heilige Gespräch, die »Santa Conversatione«. Um Christus am Kreuz oder auf dem Thron oder als Kind auf dem Schoß der Mutter schart sich eine Anzahl Heiliger. Das Bild versucht, das Erlebnis der Heiligen von der Gegenwart Christi wiederzugeben, so wie es jetzt Katharina erlebte und ihr ganzes Leben in der einsamen Zelle erfüllte. Die Erinnerung an solche Bilder, die sie gesehen hatte, wirkte auf die visuelle Gestaltung, in der sich ihre seelischen Erlebnisse herauskristallisierten.

Tommaso della Fonte war der erste, dem Katharina von ihren geistlichen Erfahrungen während dieser Jahre ihrer Einsamkeit erzählte. Er zeichnete das Gesagte in mehreren Heften auf. Sie sind abhanden gekommen. Doch ihre Biographen, Raimondo von Capua und Tommaso Caffarini, haben sie benutzt. Viele dieser tiefinnerlichen Unterredungen, die sie mit ihrem Herrn und Meister hatte und die während dieser Jahre ihr ganzes Sein erfüllten, hat sie später wiederholt und weiter zu jenem Buch ausgearbeitet, das sie gegen Ende ihres Lebens mehrere Tage lang in fast ununterbrochenen Ekstasen diktiert, und das als »Der Dialog« der heiligen Katharina von Siena bekannt wurde. Aber die fundamentale Wahrheit, auf der sie ihr Leben aufbaute, wurde ihr schon jetzt offenbart.

Als Katharina eines Tages betete, erschien ihr Jesus und sagte: »Tochter, weißt du, wer du bist, und wer ich bin? Wenn du diese beiden Dinge weißt, wirst du besonders glücklich werden. Du mußt wissen, daß du jemand bist, der durchaus nicht ist. Aber Ich bin der, der ist. Wenn diese Erkenntnis Besitz deiner Seele geworden ist, wird dich der Teufel nie betrügen können. Du wirst, ohne zu leiden, all seinen Fallstricken und all seiner List entgehen. Dann wirst du nie einer Sache zustimmen, die Meinem Gebot widerspricht. Ohne jede Schwierigkeit wirst du alle Gnadengaben und alle Tugenden der Liebe erlangen.«

Gott hat all seine Geschöpfe aus dem Nichts erschaffen. Und wenn nicht Gottes Erbarmen ihr Dasein erhielt, müßten sie augenblicklich wieder in das Nichts zurückfallen. Wenn wir, ohne die Gnade Gottes, uns selbst überlassen blieben, würden wir in Sünde fallen, die auch Nichts ist. Aus uns selbst können wir weder denken, noch etwas tun, das tugendhaft oder gut ist. Darum ist es wahr, daß das Geschöpf in sich selbst nichts ist.

Aber weil Gott Ursache und Ursprung von allem ist, selbst nicht gebunden an Wesen oder Substanz, so ist nur Er der, der ist. Sobald ein Geschöpf im Licht des Glaubens zur Erkenntnis dieser Wahrheit gelangt, darf es sich selig nennen. Denn die ewige Seligkeit besteht darin: Gott zu erkennen, wie Er wirklich ist. So sagt Jesus zu jener anderen Katharina, von der das Mädchen von Siena den Namen erhalten hatte, der jungfräulichen Martyrerin aus Alexandrien, als Er sie im Gefängnis besucht: »Meine Tochter, erkenne deinen Schöpfer.«

Katharina meinte, daß sie, wenn diese Wahrheit auch Besitz ihrer Seele geworden sei, alles willig und geduldig annehmen werde, was ihr hart und bitter vorkomme, aus Liebe zum höchsten Gut, das uns aus dem Nichts erschaffen hat und das aus seiner bodenlosen Gnade heraus uns, die Er aus dem Nichts herausgehoben hat, ewige Glückseligkeit in Seinem eigenen Königreich bietet.

Zuweilen wurde Katharina von der Furcht geplagt, ihre Visionen könnten Blendwerk des Teufels sein. Steht doch von ihm geschrieben, daß er die Erscheinung eines lichten Engels annehmen kann. Und demütig wie sie war, meinte sie, nicht würdig zu sein, um solch ungewöhnliche Gnade von Gott zu erlangen. Aber ihr Bräutigam lobte ihre Vorsicht und versprach sie zu lehren, wie sie zwischen den Gesichten, die Er ihr schicke, und den trügerischen Luftspiegelungen des Menschenfeindes unterscheiden könne.

»Meinen eigenen Gesichten folgt eine gewisse Angst, nach ihrer Entfaltung empfindest du ein wachsendes Gefühl der Sicherheit. Zuerst bringen meine Gesichte Bitternis, später Trost und Stärke. Die Gesichte des Teufels schaffen zuerst Sicherheit und Süßigkeit, enden aber in Schrecken und Bitternis. So ist es auch mit Meinem Weg, dem Weg der Buße. Anfangs erscheint er hart und schwer. Aber je länger du ihn gehst, desto leichter und beglückender erscheint er dir. Der Weg des Teufels hingegen ist anfangs leicht und beglückend. Doch wenn die Seele den Weg der Sünde geht, kommt sie von Bitternis zu Bitternis und endet in ewiger Verdammnis. Weil Ich die Wahrheit bin, führen Meine Gesichte zu immer tieferer Erkenntnis der Wahrheit. Und darum ist es gut, daß die Seele Mich und sich selbst kennenlernt. Das muß sie Mir zur Ehre und zur Verachtung ihrer selbst. Das ist der Sinn der Demut. Die Gesichte des Teufels aber machen die Seele stolz, denn er ist der Vater der Lüge und des Hochmuts, und die Seele wird durch ihn hochmütig und eingebildet, was der Kern alles Stolzes ist.«

Später lehrt sie der Herr einen anderen Grundsatz: »Meine Tochter, denke immer an Mich; und Ich verspreche, an dich zu denken.« »... Leere dein Herz von allen Sorgen und Kümmernissen. Denke nur an Mich und ruhe dich in Mir aus! Und sei dessen gewiß, daß Ich an dich denke. Ich kann und will dich mit allem, was du brauchst, reichlich versorgen.«

In dem jungen lebensfrohen und liebreizenden Mädchen, das während der Jahre ihrer Einsamkeit »unter dem Wasser im Meere der Gottesliebe schwamm«, verwandelte sich die natürliche Lebensfreude zur übernatürlichen Lust, die mit der Zeit einen wahrhaft tiefen Eindruck auf ihre geistlichen Kinder machen mußte. Alle meinten, das Erstaunlichste und Bezauberndste bei ihrer geliebten »Mutter« sei diese Freude, die unablässig von der reifen Frau ausstrahlte, selbst wenn sie eine übermenschliche Arbeitslast tragen mußte, Niederlagen und Enttäuschungen, unheimliche leibliche und seelische Leiden, das ganze Martyrium, das die heilige Katharina von Siena zu erdulden hatte, ehe ihr himmlischer Bräutigam Seine Braut zu sich rief.

Noch hatte Katharina keine Ahnung, daß ihr Bräutigam sie eines Tages von diesem Leben der Einsamkeit und Verschwiegenheit wegholen und hinausschicken wollte, um in Seinem Krieg der Reihe nach an allen Fronten zu kämpfen. Aber ohne etwas von dem Ziel zu ahnen, dem sie schließlich dienen sollte, beugte sich ihr ganzes Wesen glücklich und demütig vor Seiner Unterweisung. Immer wieder äußerten die Beichtväter Katharinas ihr Erstaunen, solche Klugheit, solche Einsicht in die Geheimnisse des Glaubens und solche Vertrautheit mit den Lehren der Bibel bei einem ungelehrten jungen Mädchen zu finden, das nie einen anderen Lehrer als seinen Herrn gehabt hatte. Seine Erkenntnisse waren ihm vom Heiligen Geist eingegeben und von Jesu eigenen Lippen gesammelt worden, wenn Er mit Seiner Dienstmagd und Braut sprach.

Mitunter waren ihre Visionen intellektuell, Einblicke in die übersinnliche Wirklichkeit, die zu ihr kam, ohne Gesichts- oder Lautbilder wachzurufen. Wenn sie in ihrer stillen Zelle kniete, und ihre leiblichen Ohren gegenüber dem Leben im Hause und dem Lärm der Gasse vor ihrem Fenster wie taub waren, hörte sie die Stimme des Geliebten »mit den Ohren der Seele«, antwortete und betete und fragte Ihn, ohne ihre Lippen zu bewegen. Aber zuweilen wurden ihre Visionen auch zu Gesichten und Worten, die sie hörte: Sie sah Christus am Kreuz; oder Er ging in ihrer Zelle umher, während Er mit ihr sprach. Zuweilen kam Er allein, aber dann war auch Seine selige Mutter bei Ihm. Oder Er kam im Gefolge von einigen Seiner Heiligen. Katharina hatte immer eine besondere Liebe zur heiligen Maria Magdalena gehabt. Nun erschien sie in Katharinas Zelle im Gefolge Christi, der Seiner Braut sagte, Er wolle ihr Maria Magdalena als »geistliche Mutter« geben.

Während sie sich auf ein Los vorbereitete, von dem sie nichts wußte, grübelte Katharina über die beiden Arten der Liebe nach. Sie wußte, daß »wir nicht ohne Liebe leben können«. Die rechte und weise Liebe war die zur Wirklichkeit, die Gott ist. Die falsche aber die zum eigenen Ich und zur Welt, also die Liebe zu den Dingen, die keine wirkliche Existenz haben. Sie war sich klar, daß der Weg der ersten Liebe eine harte Aufgabe ist, die keiner vollkommen lösen kann, solange die Seele im Körper wohnt, selbst wenn Gott Gnade gibt. Darum betete sie brennenden Herzens um Stärke. Und ihr Bräutigam antwortete auf ihre Bitte und sagte ihr:

»Meine liebe Tochter, wenn du Kraft und Stärke gewinnen willst, mußt du Mir nachfolgen und Mir nacheifern. Ich hätte Meine Widersacher mit Meiner göttlichen Macht zuschanden schlagen können. Doch Ich wollte es nicht und kämpfte gegen sie nur mit der Waffe des Kreuzes. Darum sollst du, Meine Tochter, um Meiner Liebe willen die bitteren Dinge als süß und die süßen als bitter empfinden. Dann brauchst du keine Angst zu haben und wirst stark sein in allen Widerwärtigkeiten.«

Kurze Zeit nach dieser Unterredung wurde Katharina von fürchterlichen Versuchungen gequält. In vielen Visionen hatte sie schon früher den alten Erbfeind der Menschen gesehen und bekämpft. Aber jetzt mußte sie dulden, daß die Angriffe der Dämonen mit einer Gewalt erfolgten, von der sie nie geträumt hatte. Sie war nunmehr eine erwachsene Frau mit einem starken und gesunden Körper. Lapa erzählte stolz ihren Biographen, daß Katharina, seit sie erwachsen war, mit Leichtigkeit große Kornsäcke, die man sonst Eseln aufzuladen pflegte, von der Haustür bis auf den Speicher trug. Nun flüsterten ihr einschmeichelnde dämonische Stimmen zu, es sei falsch, ein so qualvolles und schweres Leben zu wählen. »Auf diesem Wege kannst du nie bis zum Ende aushalten«, sagten sie ihr. »Du bringst dich nur früh ins Grab. Gott verlangt das nicht von dir. Du kannst Ihm nicht mit solch selbstmörderischen Bußübungen gefallen«. Die Dämonen baten sie, daran zu denken, wie viele heilige Frauen Gottes Gunst durch Tugenden gewonnen hätten, die sie in ihrer Ehe ausübten.

Katharina wußte, daß dies wahr war. Sie wußte aber auch, daß für sie Gott einen anderen Weg bestimmt hatte. Sie antwortete den Versuchern nie, sondern betete nur um so inniger und nahm ihren Leib in feste und harte Zucht. Nur, wenn der böse Geist zu ihr sagte, daß sie es nicht bis zum Ende aushalten könne, antwortete sie: »Ich vertraue nicht auf mich selbst, sondern auf meinem Herrn Jesus Christus.«

Bald darauf wurde sie von einem Schwarm sinnlicher und unkeuscher Gedanken, von widerwärtigen Gesichten und teuflischen Illusionen überfallen. Sie sah Männer und Frauen, die offen vor ihren leiblichen Augen sich widerwärtigen und schandbaren Handlungen hingaben, während sie mit drohenden Worten und Bewegungen Katharina zur Teilnahme an ihren Orgien zu zwingen suchten.

Und während dieser Leiden mußte sie den Trost vermissen, den ihr der Besuch ihres Geliebten brachte. Sie flehte und flehte. Aber sie fühlte nie, daß jemand ihre Bitten erhörte. Immer wußte sie, daß Er nicht bei ihr war. Sie floh in die Kirche, blieb dort stundenlang, nachdem die Messe zu Ende war. Es schien ihr, als hätten die Dämonen hier weniger Macht. Aber sobald sie heim in ihre Zelle kam, war es, als ob es dort von höllischen Heerscharen wimmelte.

Geduldig und tapfer kämpfte sie gegen diese Versuchungen an. Und sie gab sich selbst die Schuld, daß sie Christus vermissen mußte. Sie meinte, das Ganze sei ihrer Sünden wegen über sie gekommen. Eine Unkeuschheit in ihrer eigenen Natur, ein geheimes Verlangen in ihrem eigenen Herzen bringe ihr dieses Elend. Aber sie ließ nicht von ihren geistlichen Übungen, sie flehte nur um noch größere Ausdauer als früher. Und eines Tages fiel ein Lichtschein von oben in ihre gequälte Seele. Sie entsann sich, daß sie selbst ihren Erlöser um Kraft und Stärke gebeten hatte.

Dann kamen also alle diese Versuchungen, die sie auszustehen hatte, mit Seinem Einverständnis über sie, damit sie dagegen ankämpfen und Nutzen aus ihnen ziehen sollte. Wieder wurde ihre Seele von der alten übernatürlichen Freude überflutet. Einer der Dämonen, der grausamste und widerlichste der ganzen Schar, schrie ihr ins Ohr: »Was denkst du, elendes Weib? Dein ganzes Leben wirst du leiden müssen. Nie wirst du Frieden haben. Nie wird deine Pein enden, wenn du dich nicht unserem Willen beugst.« Und Katharina antwortet, »mit heiliger Tollkühnheit«, wie sich ihr Biograph ausdrückt: »Ich habe diese Versuchungen als meine Zuflucht gewählt. Und ich sage, daß ich glücklich bin, wenn ich diese und alle anderen Leiden erdulden muß, aus welcher Quelle sie auch stammen mögen, nur aus Liebe zu meinem Erlöser und meinem milden Bräutigam und zu Seiner Ehre, solange Er es in Seiner unendlichen Güte will.«

Mit einem Mal war das ganze Teufelsheer in die Flucht geschlagen. Es wich in großer Angst. Und vor sich sah die Jungfrau Christus am Kreuz, mitten in strahlendem Licht. Er nannte sie mit Namen und sagte: »Katharina, Meine Tochter, sieh welch ungeheure Schmerzen Ich deinetwegen erlitt, damit du nicht glauben sollst, es wäre so schwer, für Mich zu leiden.«

Die Vision veränderte sich. Jetzt stand der Erlöser in der Erscheinung vor ihr, in der sie Ihn zu sehen gewohnt war. Er sagte süße Worte von Seinen harten Kämpfen und von Seinen Siegen. Aber Katharina war von den Erinnerungen an die fürchterlichen Tage und Nächte der Versuchungen so aufgerieben, daß sie murrte wie Sankt Antonius in der Wüste: »Mein innigstgeliebter Herr. Wo warst Du, daß mein Herz von einer solch fürchterlichen Bitternis erfüllt wurde?«

»Ich war in deinem Herzen«, gab ihr der Herr zur Antwort.

Überwältigt von Erstaunen, fragte Katharina, wie dies möglich gewesen sei. Und Er erklärte es ihr:

»Meine Anwesenheit verursachte die Sorge und die Bitternis, die du, wie Ich weiß, fühltest, als dich die Teufel umtobten. Und Meine Gnade bewachte dein Herz, daß du den Versuchungen der Dämonen widerstehen konntest. Ich ersparte dir diese Kämpfe nicht, wie du wünschtest, denn Ich hatte Freude an deinem Kampf um deine Ehrenkrone. Doch als du in Meinem Lichte so ritterlich aus Liebe zu Mir alle Leiden aushalten wolltest, wurdest du von diesen Versuchungen der Hölle befreit, weil es Mein Wille war. Und weil du ritterlich kämpftest, hast du noch mehr Gnade verdient und gewonnen. Und ich will dich noch häufiger als früher besuchen und dir noch größeres Vertrauen als früher bezeugen.«

Das Gesicht schwand. Aber in Katharina blieb ein unsagbares Glücksgefühl zurück, vor allem weil sie ihr Herr »Katharina, Meine Tochter« genannt und ihr versprochen hatte, noch häufiger zu kommen als früher.

Äußerlich blieb ihr tägliches Leben das gleiche. Von der Frühmesse kehrte sie in ihre kleine Zelle zurück zu Einsamkeit und Gebet. Doch mehr und mehr wich ihre alte Gewohnheit, laut zu beten, einem inneren Flehen. Es ging ihrer stürmenden Seele zu langsam, das, was in ihr aufbegehrte, in gesprochenen Worten auszudrücken. Aber gleichwohl hatte sie schon lange gewünscht, das Brevier, die Tagzeiten, lesen zu können, eine Übung, zu der die Mitglieder des Dritten Ordens nicht verpflichtet waren, da viele von ihnen nicht lesen konnten.

Eine Zeitlang versuchte Katharina, fleißig von einem Freunde, vermutlich Tommaso della Fonte, die Kunst des Lesens zu erlernen. Aber das ging ihrem stürmischen Temperament zu langsam. Und eines Tages wollte sie schon die Bemühungen aufgeben: »Wenn mein Herr will, daß ich Ihn mit den Tagzeiten preisen soll, dann werde ich auch eines Tages lesen können. Wenn nicht, muß ich mich damit begnügen, mein Vaterunser und den Englischen Gruß wie andere ungelernte Frauen zu beten.«

Und siehe da: Sie konnte plötzlich lesen. Katharina und ihre Freunde waren überzeugt, daß ein Wunder geschehen war. Sie hatte die Kunst des Lesens von ihrem himmlischen Meister gelernt.

Wir, die wir in einer Zeit leben, in der alle Kinder lesen und schreiben lernen müssen, finden wohl dabei nichts Wun-

derbares. Es ist nicht so ungewöhnlich, daß begabte Kinder
lesen können, ehe sie die einzelnen Worte zu buchstabieren
vermögen, wenn man sie darum bittet. Eine Frau von der in-
tuitiven Genialität Katharinas mochte imstande gewesen sein,
Bücher schnell und sicher zu lesen, ehe sie die langsamere
Arbeit eines wörtlichen Buchstabierens leisten konnte.

Bald konnte sie jede beliebige Handschrift, die sie sah,
lesen. Einige Jahre später, nachdem sie schon lange eine aus-
gedehnte Korrespondenz geführt hatte und gewohnt war,
ihren Sekretären Briefe zu diktieren, versuchte sie eines Tages
selber zu schreiben. Nach ihrem Tode kursierten Gerüchte,
es seien einige eigenhändige Manuskripte Katharinas vorhanden. Aber da diese nie aufgefunden wurden, ziehen ihre
neueren Biographen die ganze Geschichte von der Schreib-
kunst Katharinas in Zweifel.

Die Lesung des Breviers eröffnete ihr eine neue Schatzkammer geistlicher Reichtümer: die Psalmen Davids, die li-
turgischen Gebete der Kirche voller Weisheit und tiefsinni-
ger Poesie, kurze Umrisse aus der Kirchengeschichte und
den Heiligenleben. Wie sehr sie auch durch ihre intuitive
Art und durch ihre Visionen die Möglichkeit hatte, in das
Wesen des Glaubens und in die Worte des Herrn einzudrin-
gen – ein Eindringen, das die Kirche immer als ungewöhnliche und übernatürliche Gnade für die Empfänger gehalten
hat –, so glaubte Katharina doch nicht, zu reich an Begabung
zu sein, um die Grundlagen des Glaubens nicht auf gewöhnliche Weise lernen zu müssen. Sie unterwarf sich bedingungslos der Lehre der Kirche und nach ihrer Meinung auch
den Kirchenvätern. Voller Freude wiederholte sie immer
wieder die Einleitungsworte des Breviers: »Deus in adju-
torum meum intende, Domine ad adjuvandum me festina«
– Gott komme mir zu Hilfe, Gott, eile, mir zu Hilfe zu kommen.

Es kam vor, daß beim Beten des Breviers der Herr sich Katharina zeigte und die Responsorien sprach, »wie wenn zwei

Mönche das Offizium gemeinsam beten«. Und schließlich erhielt sie Antwort auf ihre ständigen Gebete, Christus möge in seiner Gnade das Verlangen ihres Herzens erfüllen, in vollkommenem Glauben mit Ihm eins zu werden. Christus antwortete: »Ich will in vollkommener Treue Mich mit dir als Meiner Braut verloben.«

Es war der letzte Tag des Karnevals. Alle Leute in Siena, gute Christen wie schlimme Christen, bereiteten sich auf die langen und mageren Fastenwochen vor. Ausgelassene junge Leute zogen durch die Stadt, um zu feiern und sich zu amüsieren. Währenddessen bereiteten gute Hausmütter wie Lapa und ihre Schwiegertöchter üppige Mahlzeiten von Fleisch und Rahmkäse und all den guten Sachen, auf die man jetzt lange Zeit verzichten sollte. Es war doch eine zu große Sünde, etwas von dem guten Essen verderben und verschleudern zu lassen. Dann zwangen sie die Hausgenossen zum Essen, Essen und nochmals Essen, bis die Schüsseln und Schalen leer waren. »Ein Bocksfest« nennt Raimondo den Karneval; und er ist sonst nicht tadelsüchtig.

Nur Katharina war allein in ihrer Zelle und betete für die Feiernden. Ihr Leben war schon ein unablässiges Fasten. Sie war traurig; denn sie wußte, daß in diesen Tagen, in denen sich das Volk den Sinnenfreuden hingab, allzu viele ihrer Mitbrüder die Bande abschüttelten, die Alltagsfrömmigkeit ihnen auferlegt hatte, und sich kopfüber in schwere Sünden stürzten. Sie betete und geißelte sich, während sie ihren Herrn anflehte, allen, die Ihn gekränkt hatten, zu vergeben. Sie erhielt eine königliche Antwort:

»Meinetwegen hast du die Eitelkeiten dieser Welt von dir abgeworfen. Du hast der Sinne Lust für nichts erachtet und Mich zur einzigen Freude deines Herzens erwählt. Darum will Ich jetzt, während alle anderen feiern und sich bei Essen und Trinken gut sein lassen, die hochfestliche Hochzeit mit deiner Seele feiern. Ich will Mich mit dir in Treue verloben, so wie Ich es dir versprochen habe.«

Bei Christus waren Seine selige Mutter, die Apostel Johannes, der Evangelist, und Paulus sowie der Dichterkönig David, der eine Leier trug und auf ihr wundersame Weisen spielte. Wie es bei Verlobungen Brauch und Sitte ist, trat die Mutter, die allerseligste Jungfrau Maria, vor und ergriff Katharinas rechte Hand. Sie reichte sie ihrem Sohn und bat Ihn, Seiner Braut die Treue zu halten, so wie Er es versprochen habe. Der segnende Jesus streckte einen wundervollen Ring an ihren Finger, der mit einem strahlenden Diamanten inmitten vier großer Perlen geschmückt war. Er sprach die festlichen Worte, die der Bräutigam seiner Braut sagt:

»Sieh her. Ich nehme dich zu Meiner Braut in vollkommener Treue, die dich für alle Zeiten rein und lauter bewahren soll, bis unsere Hochzeit mit großer Freude im Himmel gefeiert wird. Meine Tochter, von jetzt an mußt du ohne Zaudern all die Arbeiten tun, die Ich von Dir fordere. Gewappnet mit der Kraft des Glaubens, wirst du siegreich deine Widersacher bezwingen.«

Die Vision schwand. Aber seitdem konnte die Jungfrau den festlichen Ring an ihrem Finger sehen, obschon er für alle anderen unsichtbar blieb.

Ihre Namensschwester Katharina von Alexandrien hatte Jesus zu Seiner Braut als Vorbereitung auf den Martyrertod erkoren. Das Mädchen von Siena träumte noch nicht von der Arbeit, die ihr Bräutigam für sie erwählt und ihr übertragen hatte. Als sie ihr bekannt wurde, wich sie zuerst zurück und weinte vor Angst, obschon sie gehorsam und geduldig versuchte, ihrem Meister nachzufolgen und »gehorsam bis zum Tode« zu sein.

Die Erwählte

Einige Zeit nach ihrer mystischen Verlobung sah Katharina ihren Herrn abermals in einer Vision. Es war zu der Zeit, als sich die guten Sieneser um den Mittagstisch versammelten. Jesus sagte: »Jetzt gehe hinüber und setze dich zu deiner Familie an den Tisch. Sprich freundlich mit ihr und komme später nach hier zurück.«

Bei diesen Worten begann Katharina zu weinen. Sie war innerlich unvorbereitet, ihre Zelle und ihr Leben der Betrachtung zu verlassen und sich unter die unruhigen Menschen zu mischen. Aber der Herr verlangte es:

»Geh in Frieden! Auf diese Weise sollst du Meiner Gerechtigkeit dienen und vollkommener mit Mir und in der Liebe zu Mir und deinem Nächsten vereinigt werden. Dann wirst du auch imstande sein, schneller zum Himmel emporzusteigen als auf zwei Schwingen. Erinnere dich, wie der Eifer für die Erlösung der Seelen in dir brannte, als du ein kleines Kind warst, als du träumtest, dir Männerkleider anzulegen und einzutreten in den Orden der Predigerbrüder, um für dieses Ziel zu arbeiten.«

Obschon bereit, sich dem Willen Gottes zu beugen, versuchte Katharina Einwendungen zu machen:

»O mein Gott. Wie kann ich bei der Arbeit zur Erlösung der Seelen von Nutzen sein, ich, Deine arme Dienstmagd? Ich bin eine Frau, und es ziemt nicht meinem Geschlecht, Männer zu lehren oder viel mit ihnen zu reden. Und außerdem kümmern die sich nicht um das, was wir sagen«, seufzte sie bewegten Herzens.

Aber Jesus antwortete, wie der Erzengel Gabriel einmal geantwortet hatte:

»Alles ist vor Gott möglich, vor Ihm, der alles aus dem Nichts erschuf. Ich weiß, daß du aus Demut also sprichst. Doch du sollst auch wissen, daß in diesen Zeiten bei manchen Männern der Stolz ungeheuer gewachsen ist und am meisten bei solchen, die gelehrt sind und alles zu verstehen glauben. Das war der Grund, daß Ich in einer anderen Zeit einfache Männer ohne menschliches Wissen aussandte, aber Männer, die von göttlicher Weisheit erfüllt waren, und sie predigen ließ. Heute habe Ich ungelehrte, furchtsame und von Natur schwache Frauen gewählt, aber Frauen, die von Mir in der Kenntnis der göttlichen Dinge unterrichtet wurden, damit sie Einbildung und Stolz zuschanden machen. Wenn sie demütig die Lehren entgegennehmen, die Ich ihnen durch das schwächere Geschlecht geben will, dann will Ich großes Erbarmen mit ihnen haben. Aber wenn sie diese Frauen verachten, dann werden sie in noch schlimmere Verwirrung und noch größere Leiden geführt werden. Darum sollst du demütig Meinen Willen erfüllen, Meine liebe Tochter. Und Ich werde dich nie verleugnen: Ich werde oft zu dir kommen, genau wie früher. Und Ich werde dich führen und dir in allen Dingen helfen.«

Katharina neigte ihr Haupt, stand auf, ging aus ihrer Kammer und setzte sich zu ihrer Familie an den Tisch. Leider hat keiner von Katharinas Biographen etwas von der Aufregung erzählt, die entstanden sein muß, als Jacopo und Lapa entdeckten, daß ihre einsiedlerische Tochter wieder bei ihnen war, gar nicht von den Bemerkungen zu reden, die sie von ihren Brüdern, Schwägerinnen und deren Kindern hören mußte. Doch obschon Katharina jetzt leiblich in den Schoß der Familie zurückgekehrt war, befanden sich ihre Gedanken die ganze Zeit über bei ihrem Erlöser. Und sobald die Benincasas vom Tisch aufstanden, floh Katharina zurück in ihre Zelle, brennend vor Verlangen, die Unterhaltung mit ihrem Herrn fortzusetzen. Für das junge Mädchen, das später Abenteuer erleben sollte, wie sie nur ganz wenigen Frauen begegnet sind, und das diese Abenteuer mit unbändiger Tapferkeit meisterte, muß dieses erste Wiedersehen mit dem Kreis der Familie, den es drei Jahre lang gemieden hatte, wie eine eiserne Bürde gewesen sein. Und sein Herz mochte wohl mächtig gepocht haben, als es wieder in seinem kleinen Raum war und die Gebete beginnen konnte.

Bald gewöhnte sich Katharina an dieses neue Leben. Seit ihr Bräutigam den Verkehr mit anderen Menschen wünschte, mußte sie wohl versuchen, so demütig und fromm unter ihnen zu leben, daß sie ein Beispiel für christliche Tugenden werden konnte. Aber sollte sie das können, dann brauchte sie, wie sie wußte, eine abgrundtiefe Demut. Kein Stolz ist so tief verwurzelt und so listig verborgen und untergräbt so sehr die eigene Seele, wie der Stolz heiliger Menschen über ihre eigene Heiligkeit.

Die Demut der Heiligen mag den Menschen unserer Tage oft widersinnig vorkommen. Viele gibt es, die nicht an sie glauben und von Heuchelei reden. Für Katharina, die eine solch tiefe Einsicht in das Seelenleben hatte, war der Kampf um Erlangung der vollkommenen Demut von tödlichem Ernst. Je weiter sie ihr Weg aus dem ersten engen Freundeskreise führte, je mehr sie als Heilige betrachtet oder als unweibliche Lärmmacherin verschrien wurde, erpicht darauf, sich bei passender oder unpassender Gelegenheit vorzudrängen, geschmäht als Heuchlerin, gefeiert als Wundertäterin, desto entschiedener kämpfte sie, ihr natürliches Ich zu verachten und sich geringer als die schlimmsten Sünder zu machen, stets niedergebeugt in den Staub zu Füßen ihres Herrn.

Das eben meinte sie, als sie später ihren geistlichen Söhnen und Töchtern, die empört waren, weil man ihre angebetete »Mama« verleumdete und verfolgte, sagte, sie betrachte ihre rein menschlichen Feinde als ihre wahren Wohltäter. Sie verstanden kaum, was Katharina meinte, vielleicht nicht einmal die, die ihren Ruf auf dem Sterbebett hörten: »Eitelkeit? Niemals! Gottes wahrer Ruhm und Seine Ehre, das ist gewiß.«

Von dem Tag an, seit dem Christus die junge Bußschwester aus ihrer heimlichen Einsamkeit hinausführte und sie in eine friedlose Welt sandte, in der sie nach Seinem Willen Ihm zwischen Menschen aller Art dienen sollte, bis zu ihrem letzten Augenblick auf der Erde muß die Furcht, der Selbstzufriedenheit anheimzufallen, sich wie eine Spur in ihr innerstes Seelenleben eingegraben haben.

Noch ehe sie ganz erwachsen war, hatte sie gelernt, sich in ihrer Seele eine innere Zelle aufzubauen. Diese wurde jetzt ihre Zuflucht, seit sie in die Gemeinschaft mit ihren Angehörigen zurückgekehrt war, um bald danach in das Menschengewimmel auf den Gassen ihrer Heimatstadt hinausgezerrt zu werden und schließlich über die Straßen und Meere der weiten Welt, zu all den Orten hin, wo die Mitmenschen ihrer Dienste bedurften.

Einmal hatte ihre Mutter sie wie eine Sklavin für die ganze Familie arbeiten lassen, um ihren Willen zu brechen, ihr eigenes Leben zu leben, wie es ihr der Geist eingab. Jetzt nahm Katharina die gleichen Arbeiten und viele andere mehr freiwillig auf sich. Sie war immer unsagbar glücklich im Kreise der Ihren gewesen. Als sie gelernt hatte, ihre natürliche Liebe zu Eltern und Geschwistern ins Meer der Gottesliebe zu versenken, war sie überglücklich, alles für sie tun zu dürfen, was sie nur tun konnte.

Lapa hatte dafür gesorgt, daß ihre aufgeweckte junge Tochter eine gründliche Ausbildung in den verschiedensten Hausarbeiten erhielt. Sie brauchte nicht viel Zeit zum Schlafen und zum Essen. Jahrelang hatte sie den größten Teil der Nacht bei Gebet und Betrachtung gewacht, während ihre Dominikanerbrüder so lange schliefen, wie sie mußten, wenn sie draußen unter dem Volk wirken sollten. Erst um die Stunde, in der die Predigerbrüder in den Chor gingen, um die Matutin, die Frühmesse, zu singen, legte sich Katharina auf ihr Holzbett nieder und bat ihren Herrn um das Recht, ein wenig zu ruhen, während ihre Brüder wachten und Ihm

Loblieder sangen. Jetzt ging sie nachts im Hause umher, sammelte alle schmutzige Wäsche ihrer Angehörigen und wusch sie, während diese schliefen, putzte die Treppen und die Dielen und räumte überall auf. Am Tage kochte sie das Essen und buk Brot, deckte den Tisch und spülte nach den Mahlzeiten das Geschirr. Und obschon sie wie eine flinke und fleißige Dienstmagd arbeitete, übernahm sie zusätzlich die Arbeit der anderen Magd, als diese erkrankte; und sie pflegte die Patientin mit aller Sorgfalt und Liebe.

Zu dieser Zeit entschloß sie sich, Jesus Christus im Altarsakrament noch häufiger als bisher zu empfangen. Sie fühlte, sie brauche mehr als früher die Vereinigung mit ihrem ewigen Bräutigam, nicht nur psychisch, sondern auch physisch, da sie jetzt beten und meditieren mußte, während ihre Hände und Füße überall im väterlichen Hause die Arbeiten einer Martha zu leisten hatten.

Von den Mitgliedern des Dritten Ordens der Büßer wurde nicht verlangt, daß sie die gewöhnlichen drei Klostergelübde ewiger Keuschheit, vollkommenen Gehorsams und persönlicher Armut ablegen sollten. Viele Brüder und Schwestern waren verheiratet, einige hatten in ihrem weltlichen Beruf Vorgesetzte über sich, etliche besaßen Eigentum, das sie als gute Christen zu verwalten versprachen, während sie selbst genügsam lebten und soviel als möglich ihrem Nächsten gaben. Katharina hatte ihr Keuschheitsgelübde abgelegt, als sie noch ein kleines Mädchen war. Sie hatte auch Christus versprochen, gehorsam gegen ihre Beichtväter und alle anderen zu sein, die Er über sie gesetzt hatte. Gegen dieses Gehorsamsgelübde hatte sie, wie sie selbst gestand, nie gesündigt. Wenn sie sich auch aller möglichen größeren und kleineren Sünden bezichtigte, bekannte sie doch, daß sie immer gehorsam gewesen war.

Dieser Gehorsam ist nun keineswegs als Kadavergehorsam voll Stumpfsinn oder Dummheit anzusehen. Katharina gehorchte demütig und geduldig. Aber sie fühlte sich zu Einwendungen berechtigt, wenn sie gewiß war, die Anordnungen ihres Beichtvaters seien nicht die richtigen. Sie fühlte sich zugleich zu einer Absage verpflichtet, wenn sie merkte, sein Rat könne ihrer Seele nicht nützlich sein.

Auf diese Weise entstand ein besonderes Verhältnis zwischen Katharina und ihren Beichtvätern, insbesondere zwischen ihr und Raimondo von Capua. Der selige Raimondo war viele Jahre älter als Katharina, ein gelehrter Theologe und ein erfahrener Seelsorger für Männer und Frauen. Aber er hörte auf sein Beichtkind. Und zumeist kam es so, daß er sich vor ihrer tieferen Einsicht in das geistliche Leben beugte und ihren Ratschlägen lauschte, wie ein Sohn seiner klugen Mutter. Er war ihr Vater in Christo, ausgestattet mit der Autorität des Priesters. Sie war seine geistliche Mutter, im Besitz einer Autorität ihm gegenüber, die sie kraft ihrer größeren Einsicht in die Geheimnisse des Glaubens hatte, eine Braut Christi, der ihr gemeinsam geliebter Meister Kenntnisse anvertraute, die über die der gewöhnlichen Christen hinausreichten.

Vor vielen Jahren schon hatte Katharina auf jeden weltlichen Besitz, der über das Allernotwendigste hinausreichte, verzichtet, – ein Kleiderbündel, drei, vier Dinge, die sich in ihrer Zelle befanden, einige wenige Bücher und ein Nähschrein mit den nötigen Nähutensilien. Doch jetzt war sie wieder hinaus in die Welt geschickt worden. Und die Armen waren ein Teil der Welt. Die Bettler hielten sie auf der Gasse an oder kamen zur Tür des Färberhauses. Und es gab die Armen, die ihr Elend zu verbergen suchten, weil sie sich schämten, bei ihren Nachbarn um Mitleid zu betteln. Für Katharina waren sie alle Menschen, die »im Meer der göttlichen Liebe begraben« waren. Über sie hinweg spülten die Wogen des Meeres, in dem sie lebte.

Jacopo Benincasa war damals ein sehr wohlhabender Handwerksmeister. Und als Katharina zu ihm ging und ihn unter vier Augen bat, doch von seinem Besitz nehmen zu dürfen, was sie zur Hilfe für die Armen brauche, gab er ihr mit Freude seine Einwilligung. Sie konnte nehmen, soviel sie wollte und für Almosen brauchte. Er überließ die Entscheidung ihrem Gewissen und ihrer guten Meinung. Und er gelobte ihr das nicht nur, als sie allein miteinander sprachen, sondern sagte es auch allen Mitgliedern des Hausstandes: »Keiner darf diese meine liebe Tochter hindern, Almosen zu geben. Ich habe es ihr erlaubt, selbst wenn sie alles fortgeben sollte, was sich in meinem Hause befindet.«

Er war der Hausherr, und Mutter und Brüder mußten sich seinem Willen fügen. Sie entdeckten bald, daß sie klug daran taten, ihre privaten Besitztümer unter Schloß und Riegel zu halten. Es konnte vorkommen, daß Katharina, wenn sie etwas für einen halbnackten Bettler suchte, einfach in das Zimmer eines ihrer Brüder ging und einen Rock oder ein paar Hosen für ihn mitnahm. Bald wußte die ganze Unterwelt Sienas, daß dieses seltsame Benincasa-Mädchen, das eine Heilige werden wollte, mit beiden Händen den Besitz des alten Färbers an alle verschenkte, die kamen und ihre Not klagten. Man konnte aber eine betrübliche Überraschung erleben; denn Katharina ließ sich von Schwindlern nicht übertölpeln, obschon ihre Christenliebe nicht danach urteilte, ob die Bedürftigen auf die Weise würdig oder unwürdig waren, wie es die Welt verlangte.

Am eifrigsten suchte Katharina, der verborgenen Not Hilfe zu bringen. Sie lag krank zu Bett und konnte sich kaum rühren, als sie von einer in der Nähe wohnenden Witwe erfuhr. Diese war beim Tode ihres Mannes, von allem entblößt, mit ihren vielen kleinen Kindern allein geblieben, schämte sich aber, betteln zu gehen. In der nächsten Nacht bat Katharina ihren Bräutigam, ihr für kurze Zeit Kraft zu verleihen, um mit etwas Essen zum Hause der Witwe gehen zu können.

Im selben Augenblick fühlte sie sich stark genug, um aufzustehen. Sie lief treppauf und treppab und schleppte in ihrer Zelle zusammen, was sie finden konnte: einen Sack Mehl,

eine Flasche Wein und eine solche mit Öl und außerdem aller-
hand Speisen, die in der Speisekammer ihrer Mutter waren.
Sie konnte unmöglich alles auf einmal forttragen. Aber als
Katharina ihre Last sorgsam verteilt hatte, einen Bündel unter jedem Arm, den Mehlsack über der Schulter und die kleinen Packen am Gürtel aufgehängt, hatte sie plötzlich die
Kraft, mit der ganzen Bürde ihres Weges zu gehen, mochte
diese auch an die hundert Pfund wiegen. Noch vor Tagesanbruch eilte sie zum Hause der Witwe. Es war vorgekommen,
daß sie, wenn sie bei solchen Liebesdiensten draußen stand
und die Empfänger nicht beschämen wollte, die Tür wie
durch ein Wunder offenstehend gefunden hatte. Sie konnte
dann ihre Gaben im Hause niederlegen und weggehen, ohne
von jemandem gesehen zu werden.

Auch diesmal kam sie an eine unverschlossene Tür. Aber
als sie all die Säcke und Pakete auf dem Steinboden nieder-
setzen wollte, gab es Lärm, so daß die Witwe erwachte.
Plötzlich schien alle Kraft aus Katharinas Körper zu weichen.
Sie konnte sich kaum auf den Füßen halten, und fortzugehen
schien unmöglich. Bitterlich enttäuscht klagte sie ihrem
Herrn: »Ach, der Du sonst so gut gegen mich gewesen bist,
warum verrätst Du mich so? Macht es Dir Vergnügen, mit
mir zu spielen, mich hier an der Tür stehen zu lassen? Bald
graut der Tag. Ich werde zum Gespött aller Vorübergehen-
den.« Sie flehte Gott um die Kraft an, heimgehen zu können,
aber sie kroch mehr an den Hauswänden entlang, als daß sie
ging. Sie kam nicht früher fort, als bis die Witwe einen
Schimmer von ihrem Gast gesehen hatte. Sie kannte ja die
Tracht der Mantellatinnen und erriet, wer es war.

Es war noch nicht ganz hell, als Katharina in ihre Zelle
taumelte und dort auf die Pritsche niedersank, gänzlich er-
schöpft und ebenso krank wie vorher. Erst viel später erfuhren
Katharinas Gefährten, daß ihre häufigen Krankheitsfälle
nicht den Naturgesetzen folgten. Zwischen fürchterlichen
Schmerzen und äußerster Schwäche konnte sie aufstehen,

höchst tätig und vital, als würde sie von unsichtbaren Händen getragen, um nach Vollendung ihres Auftrags wieder krank und ermattet zusammenzusinken. Von der Stunde an, in der Katharina ihr Leben der aktiven Caritas weihte, wurde auch ihre Vertrautheit mit den Geheimnissen der übersinnlichen Welt deutlich sichtbar, – oder wenigstens, sie wurde eine greifbare Wirklichkeit für ihre verwirrte Umgebung. Wenn sich ihre Seele zu inneren Gebeten und Betrachtungen erhob, wurde ihr Leib steif und kalt wie ein Stein und völlig gefühllos. Zuweilen sah ihr Gefolge, wie die unbeweglich kniende Erscheinung sich vom Boden erhob, »so hoch, daß man eine Hand zwischen den Boden und ihren Leib legen konnte«. Sicher hat man solches auch versucht. Andere Male wieder – am ehesten dann, wenn sie den Leib des Herrn im Altarssakrament empfangen hatte und ganz entrückt in ekstatischer Andacht liegen blieb, – schien ihr Leib von einer solchen Hitze überflutet, daß dicke Schweißtropfen auf ihrem Gesicht standen.

Da diese Ekstasen besonders in der Kirche über sie kamen, sprach alsbald die ganze Stadt davon. Ihre Freunde, die von Katharinas Auserwähltheit überzeugt waren, empfanden bei diesen seltsamen Anfällen von Bewußtlosigkeit immer wieder Ehrfurcht und Freude. Sie wußten, wenn sich Katharinas Seele zu dem Angesicht göttlicher Liebe erhoben hatte, kehrte sie mit Gaben für ihre Mitmenschen zurück. Der Maler Andrea di Vanni, der eines Tages auf einem Pfeiler in der Kirche San Domenico eine Skizze von Katharina entwarf – sie war damals ungefähr Mitte zwanzig –, glaubte fest an die Echtheit dieser Erscheinungen, obschon er nicht in dem Kreis ihrer engeren Freunde verkehrte. Er schenkte uns das einzige authentische Bild, das wir von Katharina von Siena besitzen. Die Lilie, die sie in der Hand hält, und die Frau, die vor ihr kniet, sind nach Katharinas Tod hinzugefügt worden.

Aber für die meisten ihrer Mitbürger wurde Katharina das, was sie am meisten fürchtete: ein Ärgernis. Die arme

Lapa erschrak fast zu Tode, wenn die Tochter steif wie eine Leiche wurde. Verzweifelt versuchte sie, Katharina diesem unheimlichen Zustand zu entreißen. Sie mühte sich, ihre steifen Glieder zu strecken und den herabgesunkenen Kopf aufzurichten. Während der Ekstase fühlte Katharina nichts. Doch nach Wiedererlangung des Bewußtseins litt sie an solchen Versuchen des Ausstreckens und Aufhebens ihrer Glieder unerträgliche Schmerzen. Es war, als habe die Mutter versucht, ihr das Genick zu brechen, gesteht Katharina.

Viele ihrer Mitschwestern innerhalb des Büßerordens sahen mit Mißtrauen auf ihre junge Gefährtin. Unbewußt und zuweilen auch bewußt neideten manche dieser braven und frommen Frauen Katharina die ihr verliehenen Gnaden. Das Volk im Mittelalter dagegen liebte Wunder aller Art, nicht zum wenigsten aber solche, die als Zeichen der Heiligkeit angesehen wurden. Selbst Leute, die sich, so gut sie konnten, für ihre eigene Person hüteten, mit der übersinnlichen Welt in Berührung zu kommen, waren an Geschichten von Wundern und wunderbaren Ereignissen und an Heiligen, die Visionen hatten und prophezeiten, lebhaft interessiert.

Aber dieses Mädchen war nicht einmal eine Nonne in einem Kloster. Es war die Tochter des Jacopo Benincasa und der alten Mutter Lapa. Es wohnte daheim zusammen mit seinen Brüdern, die zu dieser Zeit bis über die Ohren in der Kommunalpolitik steckten. Es lief durch die Straßen Sienas, entschieden mehr, als es sich mit den guten Sitten weiblicher Ehrbarkeit vertrug. Nein, all das, was man von seinen Gesichten und Offenbarungen erzählte, konnte unmöglich wahr sein. Es war nur darauf erpicht, die Leute von sich reden zu machen. Und diese Anfälle von Steifheit und Erröten in der Kirche konnten nie echt sein. Selbst unter den Predigerbrüdern gab es Zweifler. Sie wünschten nicht, daß Katharina Benincasa mit ihrem sonderbaren Tun die Andacht der guten und einfachen Christen störe. Sie mochte während der Messe

hinten in der Kapelle bleiben, wenn sie schon täglich hier-
herkam.

Zuweilen währten ihre Ekstasen bis zur Mittagsstunde, in
der die Kirche eine Zeitlang geschlossen wurde, wie es
Brauch und Sitte war, während sich ganz Siena zurückzog,
um Siesta zu halten. Dann hoben manchmal Kirchendiener
das bewußtlose Mädchen auf, trugen es hinaus und ließen es
auf der Straße vor der Kirchentür liegen. Leute kamen vorbei, und die, die meinten, allzu eifrige Christen und übertrieben fromme Weiber seien eine Landplage, versetzten ihm ein
paar Fußtritte oder Schläge. Wenn Katharina erwachte, mußte sie nach Hause hinken, verprügelt und beschmutzt mit
Straßenkot.

Aber die kleine Schar, die an Katharinas Heiligkeit glaubte,
wuchs immer mehr. Man sammelte sich um diese Jungfrau,
weil man sie ob ihrer stets gleichbleibenden Geduld, Mun-
terkeit und Freude liebte. Sie konnte zu ihnen allen in so
freundlichen und klugen Worten von der Liebe Gottes reden; und sie war erfüllt von der Sorge um ihr ewiges Glück.

Man bat sie um Rat, so oft man leibliche oder geistliche
Schwierigkeiten hatte. Man fühlte, wie ihr Herz aus Liebe zu
allen »Vernunftwesen«, das heißt, den gottgeschaffenen
Menschen, brannte. Und wer demütig und weitherzig genug
war, ihre milde Zärtlichkeit ohne Eifersucht oder Mißgunst
anzunehmen, weil er sie mit seinen Mitmenschen teilen
mußte, fühlte eine kindliche Ergebenheit gegenüber dem
jungen Mädchen, das mit dem Erbarmen einer Mutter alle
empfing, die da kamen und ihre Nöte in seine Hände legten.

Fra Tommaso della Fonte war weiterhin Katharinas Beichtvater. Er führte ihr mehrere seiner Ordensbrüder zu. Einige
von ihnen wurden ihr treue geistliche Söhne und Schüler,
unter anderem Fra Bartolommeo de Dominici und Fra Tommaso Caffarini, die beide über ihre »Mutter« geschrieben haben. Bartolommeo erzählt, daß Katharina bei seinem ersten
Besuch noch blutjung gewesen sei, von sanftem und frohem

Wesen. Aber obgleich auch er sehr jung war, habe er sich in ihrer Gegenwart nie verlegen gefühlt, wie er es sonst bei jungen Mädchen gewesen sei. Je mehr er mit Katharina sprach, um so mehr schien er alle irdischen Gefühle und Leidenschaften zu vergessen.

Auch Katharina, die einmal vor dem Umgang mit jungen Männern Angst gehabt hatte, weil »sie Schlangen sein sollten«, traf nun diese Freunde, die mit ihr in der Gottesliebe einig waren und mit denen sie frei und offen reden konnte, wie es einer guten Schwester geziemt. Sie schickte ihnen kleine Geschenke, meist Bukette und Blumenkreuze, die sie mit großem Vergnügen band. Sie liebte Blumen. Die Schönheit ihrer toskanischen Heimat war eine Quelle tiefer Freude für die Heilige mit der Dichterseele, wenn sie auch selten davon sprach.

Unter ihren Freundinnen waren Alessia Saracini, eine adelige Witwe, dann Francesca Gorie, eine andere sienesische Dame, die auch Witwe war und schon zwei Söhne bei den Dominikanern hatte, und außerdem eine Frau names Giovanna di Capo einige der ersten, die das sehr viel jüngere Mädchen als »geistliche Mutter« verehrten.

Zu Hause hatte sie außer dem Vater noch einen Verwandten, der sie verstand. Lisa, die Frau ihres Bruders Bartolommeo, war ein Geschwisterkind des heiligen Johannes Columbini, jenes reichen sienesischen Kaufmanns, der sich eines Tages von der Welt abwandte, sein ganzes Besitztum den Armen gab und den Orden der Jesuaten stiftete, eine Laienbrüderschaft, die sich der Erlösung der Seelen widmen sollte. Wir wissen nicht, ob Katharina jemals Johannes Columbini getroffen hat, da er die letzte Zeit seines Lebens nicht in Siena wohnte. Aber sie hat sicher sein Wirken gekannt, nach allem, was Lisa durch die Äbtissin des Benediktinerinnenklosters Santa Bonda erzählen konnte, die eine Freundin Colombinis gewesen war und jetzt die Freundin Katharinas wurde.

Lisa war ebenfalls Mantellatin und hatte dem Orden bereits mehrere Jahre lang angehört, als Katharina aufgenommen wurde. Aber in Katharinas Geschichte wird die Schwägerin kaum erwähnt, ehe sie ihr öffentliches Leben begann. Lisa hatte zu Hause sehr zurückgezogen gelebt und durch Erfüllung ihrer Pflichten als Hausfrau und Mutter vieler Kinder Gott gedient. Jetzt beherbergte nämlich das Haus Benincasas eine ganze Schar von Enkelkindern, einige, die schon groß waren, und andere, die noch in der Wiege lagen. Wie die meisten Italienerinnen war Katharina leidenschaftlich in kleine Kinder verliebt und sagte einmal, »es wäre nicht schade gewesen, wenn sie all ihre Zeit auf die Betreuung ihrer kleinen Neffen und Nichten verwandt hätte.«

Soviel sich Katharina aufbürdete, so fleißig tat sie all ihre häuslichen Arbeiten, solange sie im Hause des Vaters lebte. Und wenn ihre allzu große Freigebigkeit zuweilen auch bei ihren weniger weltentrückten Brüdern Ärgernis erregte, und wenn das, was sie immer wieder an Schmutz und Krankheit mit ihren Händen berührte, Lapa vor Ekel und Ansteckungsfurcht rasend machen konnte, so schien doch ein besonderer Segen über Keller und Speisekammer zu ruhen, solange Katharina dort aus und ein ging, Wein für ihre Armen zapfte, oder Brot für den Haushalt buk.

Da gab es beispielsweise die Geschichte eines Weinfasses, dessen Inhalt in der Regel reichte, um vierzehn Tage lang den Durst der Familie zu stillen. Es war ein ungewöhnlich guter Wein. Aber zur größten Ehre Gottes pflegte Katharina das Beste zu nehmen, das sich im Hause fand, wenn sie den Armen Speise und Trank geben wollte. So stieg sie tagtäglich in den Keller und füllte mehrere große Flaschen mit diesem guten Wein. Und auch die Familie zapfte ihren Tischwein aus dem gleichen Faß. Als ein Monat vergangen war, das Faß immer noch gleich voll schien, und der Wein so wunderbar schmeckte, daß Vater und Brüder meinten, sie hätten nie einen besseren getrunken, verwunderten sie sich sehr.

Katharina wußte um die Herkunft dieses Überflusses und schenkte darum von dem guten Wein an alle Armen ringsum, die sie nur kannte. Aber das Faß blieb noch einen weiteren Monat lang gleich voll, und der Wein blieb sich gleich in seiner Qualität. Dann kam die Weinlese, und rundum in den Häusern mußten die Leute die Fässer bereitstellen, um den neuen Wein aufzunehmen. Der Winzer Benincasas sagte, er brauche nun dieses schier unerschöpfliche Faß. Man hatte eben eine große Flasche gezapft. Der Wein war so klar und so hefefrei wie sonst. Doch als man am nächsten Morgen hinabkam, um das Faß zu leeren, wurde entdeckt, daß es schon leer, und das Holz völlig ausgetrocknet war. In diesem Augenblick ging es der Familie auf, daß Er, der einmal für einen armen Bräutigam Wasser in Wein verwandelt hatte, um ihm Schande zu ersparen, auch jetzt noch seinen erkorenen Freunden in den kleinen Dingen des Alltags behilflich sein konnte.

Eines Tages arbeiteten Katharina und Lisa zusammen in der Küche. Katharina drehte den Spieß mit den Fleischstücken über dem Feuer, als Lisa sah, wie die Schwägerin in Ekstase fiel und ihr Leib steif und leblos wurde. Lisa übernahm ruhig die Arbeit. Als das Fleisch gebraten war, trug sie es auf den Tisch. Dann ging sie hinab und versorgte ihre eigene Familie, die jetzt Siesta halten sollte. Als sie zur Küche zurückkam, sah sie, wie Katharina vornüber auf den Herd gefallen war und mit dem Gesicht mitten in der Glut lag. Lisa schrie vor Entsetzen auf: »Katharina verbrennt.« Doch als sie die bewußtlose Schwägerin aus der Glut zog, sah sie, daß diese nicht den geringsten Schaden erlitten hatte. Nicht einmal ihre wollene Tracht war versengt, und es roch nicht im geringsten brenzlich.

Feuer schien Katharina nicht schaden zu können, wenn sie in Ekstase lag. Als sie sich einmal in der Kirche, tot für alles Geschehen ringsum, an die Wand lehnte, fiel von einem Leuchter über ihr eine Kerze herab. Der Wachsdocht brannte auf dem Haupt der Jungfrau, ohne daß ihr Schleier Feuer fing. Mehrmals fiel sie in die Glut, als hätte sie ein unsichtbarer Dämon hineingestoßen. Doch immer kam sie unbeschadet davon. Sie lachte über diese Unfälle: »Nur keine Angst. Es ist nur Malatasca,« – ein in Siena üblicher Spitzname für den Teufel, der umhergeht und versucht, die Seelen aller von ihm Verführten in einen Sack (=Tasca) zu stecken.

Je weiter und tiefer Katharinas Seele in die Reiche eindringen konnte, die alle sichtbaren Dinge umgeben, um so mehr lag ein übernatürlicher Glanz über ihr, wenn sie wieder zum Bewußtsein kam und ihre Alltagsarbeit aufnahm. In Seiner Macht und Herrlichkeit schien der Herr selbst gewöhnlichen Dingen einen Schimmer des Wunderbaren und Majestätischen zu verleihen, sobald Katharina nur die Hand auf sie legte.

Da waren die Bettler. Ebenso wie Sankt Martin und Sankt Franziskus vermochte Katharina, ihren Herrn in allen Bettlern wiederzuerkennen: »Was ihr dem geringsten Meiner Brüder getan habt, das habt ihr Mir getan.« Und wie Sankt Martin und Sankt Franziskus durfte auch Katharina in ihren Visionen sehen, wie buchstäblich wahr diese Worte des Herrn sind.

In der Kirche kam einmal ein Bettler zu ihr, ein jüngerer Mann, der in den dreißiger Jahren stehen mochte. Er war so zerlumpt, daß er fast nackt schien. Und zudem war es Winter, der droben in Toskana sehr kalt sein kann. Katharina bat ihn, zu ihr nach Hause zu gehen, sie selber wolle sofort nachkommen und ein paar Kleider für ihn suchen. Aber der Bettler war zäh, und meinte, er werde erfrieren. Er sah so elend aus, daß Katharina vom Mitleid überwältigt wurde. Vorsichtig steckte sie ihre Hände unter ihr Kleid am Halse, löste das ärmellose Unterkleid und ließ es herabfallen: »Da, nimm das.« Doch der Bettler war nicht zufrieden: »Vielen Dank für das Kleid. Aber ich brauche noch etwas Leinen.«

Ja, dann müsse er zu ihr heimgehen, sagte Katharina. Sie wolle etwas für ihn finden. Sie ließ den Bettler an der Tür warten, während sie eiligst die Zimmer der Männer durchsuchte. Sie kam mit einem Hemd und ein paar Hosen ihres Vaters zurück. Aber noch immer wollte sich der Bettler nicht zufrieden geben: »Es sind keine Ärmel in dem Hemd, das du mir gabst. Ich friere so sehr an den Armen.«

Katharina sagte höflich: »Sei nicht ärgerlich, wenn du etwas warten mußt. Ich komme sofort zurück.«

Diesmal konnte sie im ganzen Hause nichts finden. Wenigstens nicht, bis sie an dem Türhaken ein Kleid entdeckte, das der Magd gehörte: »In heiligem Vertrauen«, erzählt Tommaso Caffarini, trennte sie die Ärmel aus und brachte sie dem Bettler. Dieser sagte: »Nun hast du mir reichlich geholfen. Aber draußen im Spital habe ich einen Kameraden, der ebenso arm ist, wie ich war. Du mußt mir auch für ihn etwas Kleidung geben.«

Noch einmal durchsuchte Katharina das Haus. Sie fand buchstäblich nichts, das sie nehmen konnte; denn das Kleid der Dienstmagd durfte sie nicht verschenken. Der Bettler lächelte, als sie zurückkam: »Nun weiß ich, daß du barmherzig bist. Ich will dich nicht mehr länger belästigen. Gott sei mit dir.«

In der folgenden Nacht erschien Katharina während des Gebetes der segnende Jesus. Er trug ihr Gewand, das aber vor Schmuck glänzte. Er sagte zu ihr:

»Tochter, gestern kleidetest du Meine Nacktheit mit diesem deinem Kleid. Und jetzt will Ich dich kleiden.« Und sogleich zog Er aus Seiner Seite ein Kleid, blutrot und strahlend. »Ich will dir dieses edle Kleid geben, unsichtbar für jeden anderen, nützlich und praktisch, weil es dich gegen Kälte schützt bis zu dem Tage, an dem du mit allen Engeln und Heiligen in den ewigen Glanz und Ruhm des Himmels gekleidet sein wirst.«

Von diesem Tag an trug Katharina nur mehr ein einziges Gewand und fror trotzdem nie. Ob es stürmte oder schneite, sie spürte keine Unannehmlichkeit durch schlechtes Wetter, selbst wenn alle anderen Menschen über Kälte jammerten und klagten.

Ein anderes Mal begegnete sie auf der Straße einem Bettler, der sie um ein Almosen bat. Vergeblich forderte ihn Katharina auf, mit ihr nach Hause zu gehen. Er war so ungeduldig, daß sie ihm auf der Stelle etwas geben mußte. Das einzige, was sie fand, war ein kleines silbernes Kreuz, das sie an ihrem Paternosterband trug, wie man damals den Rosenkranz nannte. Sie knüpfte es ab und gab es dem Bettler. Nachts erschien ihr Jesus und zeigte ihr ein kleines Kreuz, das mit Perlen und schimmernden Edelsteinen besetzt war: »Kennst du es wieder?« »Ja, Herr, aber es war nicht so schön, als ich es besaß.« Jesus sagte, Er wolle dieses kostbare Kreuz für sie aufbewahren, bis sie zu Ihm in den Himmel komme.

Katharina lebte nur wenige Jahre daheim bei ihrem Vater und diente eifrig ihren Nachbarn. Während dieser Zeit ging ihre Seele ganz und gar auf in der Betrachtung der Geheimnisse ihres himmlischen Bräutigams. Aber als einige Jahre nach Katharinas Tod der selige Raimondo und Tommaso Caffarini Zeugnisse von diesem Lebensabschnitt sammelten, hatten alle Freunde, die ihr in den Jahren in Siena nahestanden, so unendlich viel von wunderbaren Geschehnissen zu berichten, daß man hätte meinen können, sie hätten täglich bei ihrer »Mutter« irgendwelche Wunder erlebt.

Sie gruppierten die Schilderungen dieser Wundergeschichten natürlich auf ihre Art: Wie Katharina tote Dinge in den Dienst ihrer Barmherzigkeit stellte, wie sie die Kranken pflegte, für die Armen sorgte und die Dämonen zwang, von Leib und Seele der durch sie Besessenen zu lassen. Die Berichtenden waren an der chronologischen Reihenfolge wenig interessiert. Diese wird erst von den Jahren an möglich, in denen wir uns an Katharinas Briefe halten können. Sicher ist jedoch, daß ihre Sorge für die Kranken, die Lapa einen so tiefen Schrecken und Ekel verursachten, sie in die

Spitäler der Stadt führte und in die Häuser, wo Menschen darniederlagen und an widerlichen Krankheiten litten. Und zwar von der ersten Zeit ihres Lebens an, das sie als Sendbotin Christi unter den Bürgern Sienas verlebte.

Der Weg zum Himmel

Die Wahrheit über die vielfach verleumdete Ärztekunst des Mittelalters ist, daß sie vermutlich so weit bestand, wie es überhaupt in einer Zeit möglich war, in der noch niemand von Mikroskopen träumte, und in der Wissenschaften wie Chemie und Biologie in den Kinderschuhen steckten.

Die medizinischen Schulen des Mittelalters waren auf dem empirischen Wissen von Generationen aufgebaut, teilweise sogar auf Erfahrungen, die in eine vorhistorische Zeit zurückreichten. Aber was das eigentlich Wirksame der Arzneien aus dem Tier-, Pflanzen- und Mineralreich war, die man benutzte, oder was die warmen und kalten Quellen bedeuteten, wo die Leute Kuren machten, das mußten die Wissenschaftler dieser Zeit größtenteils erraten. Da man nicht die Mittel hatte, die Zusammensetzung der gebrauchten Stoffe zu analysieren, wurde der Kern der Erfahrungen wie diese Stoffe wirken, mit einem Mantel von Theorie und Spekulation umhüllt, der oftmals regelrecht phantastisch war.

Die Medizinstudenten jener Zeit wandten oft Theologie und Philosophie mit an, um zu erklären, warum widerliche Dinge, wie Knochen und Eingeweide von Mensch und Tier in einzelnen Krankheitsfällen heilende Wirkungen hatten, warum man aus Blumen und Wurzeln und einem Sud aus Rinde und Holz wirksame Medizinen herstellen konnte. Die Organtherapie und die Entdeckung der Rolle, die die Hormone spielen, hat heute bis zu einem gewissen Grade einige der mittelalterlichen Kuren rehabilitiert, die die Ärzte nur einer einzigen Generation vor uns als den Gipfel der Torheit eines abergläubigen Zeitalters betrachteten. Aber da keiner etwas von Mitteln wie Adrenalin und Geschlechtshormonen wußte, räsonnierten die mittelalterlichen Gelehrten angesichts der Erkenntnis, Überwindung von Angst und Ekel sei für die Seele nützlich, daß das gleiche auch für den Körper gelten müßte. Und indem sie in Analogien dachten, verordneten sie zuweilen Arzneien, die vollkommen wertlos waren, nur, weil sie bei normalen Menschen Ekel hervorrufen mußten.

Man hatte keinerlei Verfahren und Werkzeuge, um festzustellen, welches die wertvollen Ingredienzien in den aus Kräutern hergestellten Salben und Medizinen waren, von denen einige noch heute ihren Platz in der Pharmakologie behaupten, von ihrer Anwendung innerhalb der Patentmedizin ganz zu schweigen. Die mittelalterlichen Ärzte wußten so viel von Ansteckungen, daß sie Quarantänen für Reisende anordneten, die aus den Seuchengebieten kamen, selbst wenn ihre Vorstellungen vom Wesen der Ansteckung zuweilen phantastisch waren, und sie kaum die ansteckenden Krankheiten selbst bestimmen konnten, – eine Frage übrigens, die auch in Zeitaltern lebhaft diskutiert wurde, in denen man in den Naturwissenschaften weiter vorangekommen war, und über die das letzte Wort auch heute noch nicht gesprochen ist.

Man wußte, daß es schicksalsschwanger werden konnte, wenn Schmutz in die Wunde kam. Aber man besaß kein anderes Mittel gegen Verunreinigung als das rotglühende Eisen der Chirurgen und die Angaben der Bibel: Wein, um die Wunden zu baden, und Öl, um es auf sie zu gießen. Bisweilen wirkte dann der Alkohol im Wein wie ein schwaches Desinfektionsmittel, und die Ölschicht über der rohen Wunde gab jedenfalls ein wenig Schutz gegen Infektion aus der Luft. Trotzdem war das Los des Patienten hart: Betäubungsmittel kannte man nicht. Einige Mediziner suchten die Schmerzen durch Verordnung einer reichlichen Dosis Wein ein wenig zu lindern.

Aber der Wunsch, die Leiden der Mitmenschen zu heilen, war so stark und ehrlich, wie je in der langen Geschichte der Menschheit.

Man hat sehr viel über die Grausamkeit des Mittelalters geschrieben und gesprochen. Es ist wahr, daß Männer und Frauen dieser Zeit beim Aufwallen der Leidenschaften ihren Feinden gegenüber Untaten und Grausamkeiten verüben konnten, die fast so fürchterlich sind, wie die, die wir aus unseren Tagen mit ihren totalitären Kriegen und wissenschaftlichen Torturen kennen, und wie sie von Regierungsfunktionären gegenüber Menschen praktiziert werden, die einer feindlichen Einstellung zu der an der Macht befindlichen Partei bezichtigt werden, und nicht zuletzt wie die, die auf die Ausrottung des Lebens ganzer Nationen abzielen.

Im Großen und Ganzen waren die Gesetze im Mittelalter bei weitem nicht so barbarisch und ungerecht, wie sie es im 16., 17. und 18. Jahrhundert wurden, als autoritäre Staaten all jene armen Schlucker mit kalter Rücksichtslosigkeit foltern und mit unbeschreiblichen Qualen hinrichten konnten, die das Gesetz übertreten hatten oder nur verdächtig waren, es getan zu haben. Und das, ohne dabei mit der Autorität der Kirche zusammenzuprallen, die trotz aller menschlichen Schwächen und Sünden ihrer Diener eine Quelle des Erbarmens war und zuweilen, meist in den am wenigsten erwarteten Augenblicken und durch die unwahrscheinlichsten Sprecher, aufstand, um die Machthaber der Welt aufzufordern, der Gerechtigkeit Erbarmen folgen zu lassen. Aber die Macht der Gesellschaft – im Stadtstaat, Königreich, Fürstentum – war oft sehr unzulänglich, was die Durchsetzung guter Gesetze gegenüber den schlimmen Leidenschaften selbstherrischer, starker Männer anbetraf.

Daheim in Siena, später überall in Italien und auch im Ausland hatte Katharina zuviel an Gesetzlosigkeit und menschlichen Irrungen erlebt, als daß es sie hätte überraschen können. Aber Seite an Seite mit dieser Wildheit, dem gekränkten Stolz oder den Begierden, die sich in Rachesucht und Raublust äußerten, war im Mittelalter jedes Kind gewohnt, Männer und Frauen zu sehen, die ihr Leben dem

Dienst an den Armen und Entrechteten geweiht hatten, an den Opfern der Unmenschlichkeiten wie auch an jenen, die von Krankheiten oder Katastrophen befallen waren.

Einige von diesen Boten göttlichen Erbarmens hatten ein solches Leben des Dienens schon während ihrer Jugend oder sogar bereits als kleines Kind erwählt. Andere waren verhärtete Sünder gewesen, die mit blutigen Händen nach ungerechtem Reichtum gegriffen hatten, als sie plötzlich eine Bekehrung erlebten, die ihr Wesen durchdrang. Eine Art Gemeinschaftsbewußtsein, das Leben innerhalb der Gesellschaft sei eine unsichere Sache und biete einem Mann nicht viel Schutz, der sich nicht auf die vereinten Kräfte einer Familie oder Korporation stützen konnte, mit der er die eigene Stärke verband, machte die Menschen des Mittelalters für jähe Wechsel im Gefühlsleben empfänglich. Und bisweilen konnte ein solcher Wechsel bis in den Kern der Seele eindringen. In einem solchen Fall konnte die Gewalt des Glaubens, all das, was ein Mann an allgemeinen religiösen Vorstellungen längst kannte, plötzlich in seinem Bewußtsein wie ein Feuer im Untergrund seines Wesens ausbrechen und die Bekehrung zu einer wirklichen Neugeburt machen. Das königliche Gewand des Fürsten, die Rüstung des Ritters, der grobe Kittel des Bauern deckten dann einen vollkommen anderen Mann als jenen, der er noch vor einem Augenblick gewesen war.

Die Geschichte des heiligen Johannes Gualbert ist nicht einzigartig, sondern nur eine der am meisten bekannten dieser Art: Auf den Höhen unweit der Kirche San Miniato lag der junge Johannes mit seinen Leuten im Hinterhalt und wartete racheschnaubend auf den Mörder seines Bruders. Der Feind lief in die Falle. Als er entdecken mußte, daß er gnadenlos in die Hände eines Mannes gefallen war, von dem er keine Gnade erwarten durfte, warf er sich lautschreiend in den Staub der Straße. Plötzlich entsann sich Johannes, daß Karfreitag war. Er sprang vom Pferd, fiel neben seinem Gefangenen auf die Knie, schloß den Mann in seine Arme und ließ ihn in Frieden seines Weges ziehen. Als er sich später in San Miniato vor dem Kreuzbild auf sein Gesicht warf, habe Christus, so erzählt die alte Legende, sich herabgeneigt und den Jünglig umarmt, da er so verziehen habe, wie Gott wünscht, daß wir verzeihen sollen. Von seiner Abtei Vollombrosa aus scheint der heilige Johannes Gualbert in seiner unablässigen Sanftmut großen Einfluß gehabt zu haben. Bis unmittelbar vor seinem Tod im Jahre 1073 stiftete er Frieden zwischen Feinden und legte wütende Kämpfe und erbitterte Fehden bei.

Das Spital Santa Maria della Scala bestand mindestens zweihundert Jahre, als Katharina Benincasa ein junges Mädchen war. Die Brüder und Schwestern, die dort arbeiteten, hatten sich selbst und all ihre weltlichen Güter den Armen und Kranken gegeben. Die Republik Siena hatte den weitläufigen Gebäudekomplex in unmittelbarer Nähe der Domkirche auf einem der wertvollsten Grundstücke innerhalb der Stadtmauer errichten lassen. Es gab besondere Krankenzimmer für Männer und Frauen, eine Pilgerherberge, ein Asyl für Findelkinder und die notwendigen Räume, in denen den Armen Essen gereicht wurde, und schließlich Lagerhäuser und Keller. Brüder und Schwestern lebten nach einer klösterlichen Regel, die ihrem Beruf angepaßt war. Als echte Söhne einer Kaufmannsrepublik hatten die Brüder ein außerordentlich wirkungsvolles System für Buchhaltung und Verwaltung der Einnahmen und Ausgaben des Stiftes ausgearbeitet. So weit es in menschlicher Macht stand, war es für einen armseligen Bruder unmöglich, sich selbst oder seine Verwandten draußen in der Welt am Erbe der Armen zu bereichern.

Siena hatte indessen noch mehrere Spitäler, kleinere und ärmere. Außerdem gab es San Lazzaro, das Spital für die Aussätzigen. Das lag außerhalb der Stadtmauer, wie es damals Sitte war. Die Mantellatinnen und andere gingen hinaus und pflegten die Kranken in ihren Heimen. Katharinas Mission in der Welt, so wie sie ihr aus dem Munde Jesu Christi aufgetragen war, führte sie alsbald in die Spitäler Sienas und in die Häuser, in denen Frauen lagen und an unheimlichen Krankheiten litten.

Katharina übernachtete zuweilen im La-Scala-Spital, wenn sie in den Krankensälen über die Zeit hinaus gearbeitet hatte, während der ein junges Mädchen noch allein und sicher durch die Straßen Sienas gehen konnte. Man hatte ihr dort einen winzigen kleinen Raum im Keller überlassen. Wenn sie die Nacht über in La Scala blieb, übernahm sie auch die Wache in den Morgenstunden, den kalten und trostlosen Stunden vor Tagesanbruch, in denen die Lebenskraft der Kranken am geringsten ist, und die Pflegerinnen müde und mutlos geworden sind. Willig übernahm Katharina die Verantwortung für die hoffnungslosesten Fälle und für die schwierigsten und undankbarsten Patienten, wie ihre Biographen erzählen. Die guten Schwestern in La Scala überließen nur allzu gerne der Tochter Benincasas diese Aufgabe, nachdem sie Katharinas unverwüstliche Geduld und unverrückbare Ruhe und gute Laune kennengelernt hatten.

Ein großer Teil der Kranken in diesen Spitälern war derart, daß ihnen nicht einmal ein Engel vom Himmel alles nach Wunsch hätte machen können. Diese wurden nun Katharinas Patienten. Und sie bemühte sich unermüdlich, alles nur Menschenmögliche zu tun, um ihre Leiden zu lindern. Immer war sie sanft und fleißig, während die Kranken murrten, ihre Pflegerin beschimpften und sich bitter über sie beklagten, weil sie ihnen gegenüber nachlässig, untauglich, dumm und eine Heuchlerin sei, die nur herumlaufe, um sich den Ruf der Heiligkeit zu verschaffen.

Alte Kurtisanen und abgedankte Freudenmädchen, die schon lange das lustige Leben, das sie einmal führten, aufgegeben hatten, fanden einen traurigen Trost darin, für ihre junge Pflegerin die Arbeit so beschwerlich, wie nur möglich zu machen. Hier in ihren Krankenhausbetten wurden sie aufrührerisch beim Anblick der Keuschheit und der Vertraulichkeit mit Gott, vor dem sie Angst hatten, weil sie ihn unablässig kränkten. Und aus ganzer Seele verabscheuten sie diese Frau, deren Hilfe sie nicht entbehren konnten.

In einem der kleinen Spitäler hatte eine Frau namens Cecca Zuflucht gesucht, die infolge einer ekelhaften Krankheit nicht daheim bleiben konnte. Das Spital war sehr arm, und Cecca besaß nichts, so daß die Schwestern des Hauses ihr nicht mehr als den notwendigsten Lebensunterhalt gewähren konnten. Und es wurde immer schlimmer mit ihrer Krankheit. Als man merkte, daß sie am Aussatz litt, wollte aus Angst vor Ansteckung niemand mehr sie pflegen. Katharina hörte davon. Sie ging hin und erbot sich, Cecca beizustehen. Sie brachte der kranken Frau Medizin und Essen, bereitete ihre Mahlzeiten und wusch ihren stinkenden, von ekelhaften Wunden bedeckten Leib, ehe sie die Salben auftrug, die den Juckreiz und den Schmerz lindern sollten. Aber Cecca war kein angenehmer Mensch.

Katharina hatte versprochen, jeden Abend und jeden Morgen zu Cecca zu kommen, solange sie lebte. Und die arme Frau fand vielleicht einen erbärmlichen Trost in ihrem Unglück darin, das frische, gesunde und immer fröhliche junge Mädchen ebenfalls möglichst unglücklich zu machen. Bald gewöhnte sie sich daran, Katharina als ihre Dienstmagd zu betrachten, und schalt sie aus, wie eine wackere Hausfrau ihre Magd auszuschelten pflegt. Alles war schlecht, was Katharina für sie tat. Es kam vor, daß Katharina länger wie gewöhnlich in der Kirche gebetet hatte und nun etwas später als sonst erschien.

Die alte Hexe empfing sie dann mit spöttischen Worten: »Willkommen, verehrte Dame. Willkommen, Fürstin und Frau von Fontebranda. Wie haben Königliche Hoheit die Morgenstunde verbracht? Ja, ist es für Königliche Hoheit nicht großartig, sich den ganzen Tag lang droben bei den

Brüdern in der Kirche aufzuhalten? Ihre Gnaden können ganz gewiß nicht genug von den Mönchen bekommen ...«. So versuchte sie, Katharina zu reizen, nur um zu sehen, ob sie eine böse Antwort bekam. Aber Katharina beeilte sich, Feuer anzulegen, stellte eine Schüssel mit Wasser zum Anwärmen auf und hing den Topf an den Haken. Und dann bat sie ihre Peinigerin um Vergebung: »Liebe Mutter Cecca. Seid um der Liebe Gottes willen nicht so ungehalten. Ich werde gleich alles fertig haben ...«

Schweigend ging Katharina umher und betreute die Aussätzige. Lapas Tochter war eine tüchtige Krankenpflegerin. Andere bewunderten ihre unendliche Sorge für die häßliche alte Hexe mit der giftigen Zunge und den stinkenden Wunden. Katharinas geheimer Kummer war die Sorge um Ceccas Seele. Der alte Drache war offensichtlich wenig empfänglich für Gottes Gnade. Es wurde nur schlimmer, wenn man anfing, bei ihm von Gott zu reden.

Katharina konnte nur für die arme Seele beten. Da schritt Lapa ein: »Du schlimmes Ding, du wirst sehen, daß sie dich noch mit ihrem Aussatz ansteckt. Ich verbiete dir strengstens, zu ihr zu gehen.«

Katharina, die ihr ganzes Vertrauen auf Gott setzte, versuchte, so gut sie konnte, den Zorn der Mutter zu beschwichtigen und sie zu überzeugen, daß für sie keine Ansteckungsgefahr bestand. Aber eines Tages machte sie eine Entdeckung: An ihren Händen, mit denen sie täglich die Aussätzige berührt hatte, zeigten sich deutlich Spuren der Krankheit. Katharina schwankte keinen Augenblick. Sie kümmerte sich nicht um das, was mit ihrem Körper geschah, wenn sie nur ihrem ewigen Bräutigam den Dienst erweisen konnte, den Er offenbar von ihr verlangte. Sie wußte Seine Worte aus der Bergpredigt auswendig. Verleugnete sie Cecca jetzt, weil sie diese Wunden an den Händen hatte, dann verleugnete sie auch Ihn.

Cecca starb. Raimondo ist der Ansicht, Katharinas Opfer habe einen solchen Eindruck auf die Alte gemacht, daß sie doch den Trostworten des Mädchens lauschte, die es ihr immer wieder ins Ohr flüsterte, und daß sie schließlich in Katharinas Armen starb. Die Leiche sah schrecklich aus. Katharina wusch sie, zog ihr das Totenhemd an und legte sie in den Sarg. Und als die Seelenmesse beendet war, begrub Katharina sie mit ihren eigenen Händen, weil sich sonst keiner fand, der es tun wollte. Als sie sich von dem frischen Grab erhob und ihre Hände sah, die von dem letzten Liebesdienst an Cecca so übel mitgenommen waren, konnte sie keine Spur von Aussatz mehr an ihnen entdecken. Sie waren so weiß und so schön wie nur je. Bis zu ihrem Tode, als fürchterliche Selbstanklagen, unsagbare Beschwerden, Mühsal und Krankheit ihren Leib völlig niedergeworfen hatten, blieben Katharinas Hände ungewöhnlich schön.

Die Patienten in den Spitälern konnten die Geduld Katharinas auf die Probe stellen, sie war fest überzeugt, daß die, die ihr das Leben sauer machen wollten, in Wahrheit ihre besten Freunde waren. Sie hatte nur einen Wunsch, den Fußspuren ihres Herrn zu folgen. Und Sein Erdenweg war ein Leidensweg gewesen. Die kostbaren Seelen, die Er durch Seine Menschwerdung erlösen wollte, hatten Ihn nicht verstanden. Man hatte Ihn verleumdet, verraten und zuletzt wie einen Verbrecher hingerichtet. Ein harter Weg? Ach nein, nicht für die, die Seinen Fußspuren nachzufolgen suchen. Hat Er nicht gesagt: »Ich bin der Weg ...?« Dann ist der ganze Weg Jesus Christus, der Liebe, Licht, Süßigkeit und heilige Freude ist. Und der Weg zum Himmel ist schon der Himmel.

Wenn Katharina nicht so felsenfest überzeugt gewesen wäre, daß es ein Glück war, für Jesus zu leiden, hätte sie kaum den tiefen Schmerz ihres Herzens ertragen können, als sich ihre eigenen Ordensschwestern gegen sie wandten.

Palmerina war eine Mantellatin, eine reiche Witwe, die schon ihr ganzes Hab und Gut dem Misericordia-Hospital vermacht hatte. Viele Jahre lang hatte sie in Gebet und Buße verlebt. Sie war eine besonders fromme Frau. Aber als ihr der

Teufel zuflüsterte, sie sei so gut und so fromm, da lauschte sie gern. Und dabei schwatzte die ganze Stadt davon, daß dieses junge Mädchen eine Heilige sei! Ein Mädchen, das immer in der Stadt herumrannte und allzuvertraulich nicht nur mit seinen Freundinnen, sondern auch mit einer ganzen Anzahl junger Männer war, ja sogar mit einigen jungen Mönchen! Palmerina konnte den Verdacht nicht loswerden, daß diese Katharina nicht so heilig war, wie es den Anschein hatte. Und diese übernatürlichen Gnaden, Visionen, Ekstasen und dergleichen! Nein, Palmerina hatte so etwas nie erlebt. Man durfte wohl glauben, daß der gerechte Gott eher sie selbst, Palmerina, mit solchen Gnaden gesegnet hätte.

Da erkrankte sie. Katharina kam und erbot sich, sie zu pflegen. Aber Palmerina ließ sie mit höhnischen Worten aus dem Hause jagen. Katharina kannte inzwischen die Menschen. Sie fühlte genau, daß der Haß Palmerinas nur Eifersucht war. Sie warf sich zu Füßen ihres Bräutigams und bat und bettelte für die Seele der sterbenden Frau: »Es wäre für mich besser, nie geboren zu sein, als die Schuld zu tragen, daß diese meine Schwester verlorengeht. Oh, mein Jesus, laß diese Seele, die Du nach Deinem Bilde geschaffen hast, nicht durch meine Sünden der Verdammnis anheimfallen.«

Obschon Katharina nicht zum Sterbelager dieser Schwester gerufen wurde, sah sie in einer Vision, daß Palmerina in ihrer letzten Stunde ihre Sünden bereut und die Sterbesakramente empfangen hatte. Und anschließend ließ Jesus Seine Braut auch die Seele sehen, die sie durch ihr Gebet gerettet hatte: Wenn auch Palmerina noch nicht die Herrlichkeit besaß, die die Seele trägt, wenn sie vor ihren Schöpfer tritt – sie war noch im Fegfeuer –, so hatte sie doch jene Schönheit zurückgewonnen, die die Seele bei ihrer Erschaffung und in der Taufe erhält. Jesus sagte: »Liebe Tochter, meinst du nicht, daß sie liebenswert und wunderschön ist? Wer wollte nicht gern die Qualen der ganzen Welt erdulden, um ein solch herrliches Geschöpf zu gewinnen? Ich bin in Mir selbst die vollkommene Schönheit, von der alle andere Schönheit ausgeht. Ich liebte die schönen Seelen so sehr, daß Ich auf die Erde herabstieg und Mein eigenes Blut vergoß, um sie loszukaufen. Um wieviel mehr solltet ihr euch darum bemühen, daß solch herrliche Geschöpfe nicht verlorengehen. Ich ließ dich diese Seele sehen, damit dein Verlangen nach Erlösung aller noch brennender werde, und du durch deine Arbeit andere zu solcher Arbeit rufst auf Grund der Gnade, die Ich dir geben will.«

Katharina wurde von dieser Vision so überwältigt, daß sie ihren Bräutigam anflehte, er möge ihr die Gnade gewähren, die Schönheit jener Seelen sehen zu können, unter denen sie lebte, nur um noch mehr für deren Erlösung tun zu können. Und der Herr versprach ihr angesichts des Eifers, den sie für die Erlösung Palmerinas verwandt hatte: Er wolle in Zukunft ihren Geist erleuchten, daß sie sehen könne, wie schön oder wie häßlich die Seelen seien, unter denen sie lebe. »Mit deinen inneren Sinnen sollst du den Zustand der Seelen so klar erkennen, wie du mit deinen leiblichen Sinnen den Zustand ihres Leibes erkennst. Und nicht nur, die dich umgebenden Seelen sollst du sehen können, sondern alle, für die du betest.«

So erklärte Katharina selbst ihre unheimliche Fähigkeit, die Seele anderer bis auf den Grund zu durchschauen. Ihre geistlichen »Kinder« wurden jedesmal von Erstaunen und Respekt überwältigt, wenn sie sahen, daß ihre geliebte »Mutter« – sie nannten sie bald nur mit dem Kosenamen »Mama« oder »Mammina« – ihre Gedanken, ja selbst nur ihre halbbewußten oder geheimen Gefühlsregungen zu kennen schien. Als ob sie mit einem sechsten Sinn begabt sei, wußte sie immer, was diese, fern von ihr, getan oder gesagt hatten. Mit einem Lächeln konnte sie ihnen sagen, daß sie ein Buch gelesen hatten! Oder sie schaute sie mit ihren großen Augen voll liebender Sorge an und erinnerte sie, daß sie bei ihrer letzten Beichte etwas verschwiegen hatten, vielleicht aus

Vergeßlichkeit, vielleicht aber auch aus Scham. Wie durch ein Wunder genasen sie von einer Krankheit oder wurden aus einer Gefahr gerettet. Nachher erfuhren sie, daß ihre »Mutter« ihre Not gesehen und mit der ganzen Seelenkraft den Heiland um Hilfe angefleht hatte. Er mußte ja ihre geliebten Kinder aus dieser Gefahr erretten.

Einmal wurde sie von ihrem Beichtvater zurechtgewiesen – damals war es Raimondo –, weil sie Besucher ihre Hand küssen lasse. Katharina antwortete ein wenig erstaunt, sie habe das gar nicht bemerkt: Der Gast habe eine solch schöne Seele besessen, daß sie bei deren Anblick alles andere vergessen habe. Die Sünden guter Menschen zeigten sich ihr als Flecken auf ihrer Schönheit. Aber wenn sie Menschen traf, die sich im Stande der Todsünde befanden, verspürte sie einen so ekelerregenden Geruch, daß sie alle Kraft der Selbstbeherrschung brauchte, um nicht zu zeigen, wie übel sie sich in ihrer Gesellschaft fühlte. Es kam sogar vor, daß ihre Selbstbeherrschung versagte. So einmal in Avignon, als eine bildhübsche adelige Dame, die Nichte eines Kardinals, sie besuchte. Katharina flüchtete, weil sie den Gestank der Verwesung nicht aushielt, der ihr von der Dame entgegenschlug. Später erfuhr man, daß sie eine Ehebrecherin und die Mätresse eines Priesters war.

Handelte es sich aber um ekelhafte körperliche Krankheiten, entzog Katharina sich nie einem Liebesdienst, wenn sie auch einen sinnlichen Widerwillen empfand. Schon als halberwachsenes Mädchen hatte sie sich daran zu denken gewöhnt, daß der Menschenleib nicht so stark und schön bleibt, wie er in seiner Jugend erstrahlt, daß er vielmehr der Verwesung anheimfällt und eines Tages so ekelhaft wird, daß man ihn in der Erde verbergen muß.

Katharina war auch voller Sorge für das leibliche Wohl ihrer Freunde wie Feinde, für die frommen Männer und Frauen, die sie um Rat baten, und die sie mit der Umsicht einer Mutter und einem ungewöhnlich klaren Menschenverstand führte: Sie riet ihnen von allen übertriebenen Bußübungen ab, die ihre Gesundheit schwächen konnten. Sie bat, mit Maß zu essen, zu trinken und zu schlafen, sich an Leib und Seele gesund zu halten und die Arbeit, die man von ihnen nach Stand und Stellung in der Welt forderte, aus Liebe zu Gott zu tun. Christus habe sie ausgenommen, weil sie Ihm auf dem Leidensweg folgen solle, und Er beschenke sie darum mit Gnadengaben, die anders seien als die, die Er anderen Christen gebe. Aber sie sei doch der letzte Mensch in der Welt, der sich einbilde, daß nicht jeder einzelne gottesfürchtige Mensch, der Ihm auf dem Weg zum Himmel zu dienen versuche, Ihm ebenso teuer sei wie sie selbst, – oder vielleicht noch teuerer, weil sie, falls sie sich von Ihm leiten ließen, die Vollkommenheit erreichen könnten. In ihren eigenen Augen aber sei sie selbst, Katharina, noch schrecklich unvollkommen.

Es gab noch eine andere Mantellatin, die Andrea hieß und an Brustkrebs litt. Ihre Geschwulst wuchs immer mehr und fraß sich in das Fleisch ein, bis fast ihr ganzer Busen eine einzige eitrige Wunde war, die so entsetzlich stank, daß sich alle Besucher Andreas die Nase zuhielten, – zweifellos eine ziemlich unbarmherzige Art, sich einem Kranken zu nähern, zumal, wenn man gekommen ist, um ihn zu trösten. Das war auch Katharinas Ansicht. Als sie hörte, daß nur einige wenige Frauen Neigung verspürten, Andrea zu besuchen, oder nur das Krankenzimmer zu betreten, ging sie hinauf und erbot sich, die Schwester so lange zu pflegen, wie sie krank sei, das heißt bis zu ihrem Tod. Katharina fühlte, daß Gott ihr diese Arbeit zugewiesen hatte. Und anfangs nahm Andrea ihre Hilfe mit tiefer Dankbarkeit entgegen. So hegte und pflegte die junge Frau die alte Witwe und war ihr wie eine treue und liebevolle Tochter.

Der Gestank der Krebswunde wurde immer schlimmer und war nicht mehr auszuhalten. Katharina zeigte nie eine Spur von Unbehagen. Sie atmete normal, ohne die Nase zuzuhalten, wenn sie das faulende Fleisch entblößte. Sie wusch, trocknete und salbte die Wunde und legte einen reinen Verband auf. Sie reichte der Patientin das Essen und half ihr bei aller Notdurft. Offensichtlich war Andrea voller Bewunderung für dieses Mädchen, das sich so standhaft für eine alte Frau opferte, ohne sich irgendwie müde, verzagt oder angewidert zu zeigen.

Aber wenn auch der Wille Katharinas nie wankte, weil sie überzeugt war, daß ihr Wirken dem Willen ihres Erlösers entsprach, wurde sie doch zuweilen von den eigenen Sinnen überwältigt. Als eines Morgens Katharina die Binde von der Geschwulst nahm und den Gestank einatmen mußte, versagte plötzlich ihre Selbstbeherrschung. Sie fühlte, daß sie sich übergeben mußte. Da wurde sie von heiligem Zorn gegen ihren eigenen Leib ergriffen: »Daß du dich vor dieser, deiner Schwester ekelst, die doch durch Christi Blut erlöst ist! Als ob du nicht eines Tages selber das Opfer einer eben so häßlichen oder noch schlimmeren Krankheit werden könntest!« Und in einem Sturm von Leidenschaft beugte sie sich über den grauenerregenden Busen und berührte die Wunde mit der Nasenspitze und den Lippen, bis sie Herrin ihrer Übelkeit geworden war.

Andrea schrie: »Ach, nein, mein liebes Kind, das darfst du nicht. Du darfst dich nicht selbst an dieser schrecklichen Fäulnis vergiften ...« Katharina fühlte, daß sie einen großen Sieg über den Erbfeind der Menschen gewonnen hatte, der uns auf dem Wege des Kreuzes zum Zögern und Zaudern verleiten will. Aber jetzt begann Andreas Liebe zu erkalten. Entweder meinte die alte Mantellatin, eine solch übertriebene Hingabe könne unmöglich aufrichtig sein; oder Katharinas stets ruhiges, sanftes und tätiges Wesen fiel ihr auf die Nerven. Sie ahnte, daß sie in ihrem Leiden auf normale Menschen widerwärtig wirken mußte. Ihr heimlicher Unwille wurde alsbald zu nacktem Haß. Doch sie wußte zu gut, daß sie kaum eine andere Pflegerin bekommen konnte, wenn Katharina nicht mehr kam. Und darum suchte sie ihren Haß gegen das Mädchen zu verbergen.

Alle möglichen häßlichen Gedanken tauchten in ihr auf. Und der Teufel fand eine willige Zuhörerin, als er der Alten zuflüsterte, Katharina ziehe nach der Verabschiedung von ihr Nutzen aus den Mühen und suche schändliche Freuden. Auf die eine oder andere Art drangen die häßlichen Phantasien aus der Kammer hinaus, in der die arme Frau lag. Und da die Leute nun einmal nicht anders sind, wie sie sind, kamen jetzt wieder Besucher in Andreas Krankenzimmer. Bald waren die Klatschweiber der Stadt eifrigst dabei, Katharinas guten Namen zu beschmutzen. Und einige Bußschwestern trotzten der verpesteten Luft am Krankenbett, um zu erfahren, was die Arme über Katharina Benincasa zu sagen wußte. Katharina zweifelte nicht an der Reinheit ihres Tuns. Sie richtete ihren Blick auf den gekreuzigten Bräutigam »als auf eine Säule der Kraft« und diente der Witwe auch weiterhin, ohne zu verzagen.

Aber in der Tiefe ihres Herzens war Katharina grenzenlos unglücklich. Die natürliche Empörung eines braven jungen Mädchens, das von guten Eltern in einem Hause erzogen wurde, in dem leichtfertiges Gerede und unziemliche Scherze nie geduldet wurden, mischte sich bei Katharina mit dem Schrecken vor dem Ärgernis, das christliche Seelen beim Anblick allzu vieler sündiger Priester und Mönche empfanden. Und sie wußte genug von solchen Skandalen, um aus ganzem Herzen über die Angriffe betrübt zu sein, die gegen Christi Kirche von den eigenen unwürdigen Dienern dieser Kirche gerichtet wurden. Mit bitteren Tränen flehte sie ihren Geliebten an: »Ach, Du wähltest eine Jungfrau zu Deiner reinen Mutter. Du weißt auch, wie kostbar ein guter Name für alle Jungfrauen ist. Hilf mir, mein Herr und mein Gott, daß mich die alte Schlange nicht von der Arbeit locken kann, die ich aus Liebe zu Dir übernommen habe!«

Und wieder wurde ihr ein Gesicht geschenkt: Der Welterlöser erschien ihr und hielt eine Krone von Edelsteinen in der rechten Hand, während Er in der Linken eine Dornenkrone trug. »Wisse, Meine Tochter, du mußt diese beiden Kronen annehmen, die eine nach der anderen. Willst du auf Erden die Dornenkrone tragen und in der Ewigkeit die aus Edelsteinen erhalten? Du kannst auch hier auf Erden die Edelsteinkrone bekommen, mußt dann aber im Jenseits die Dornenkrone tragen. Wähle, wie du willst!« Katharina griff rasch nach der Dornenkrone. Sie drückte sie fest auf den Kopf, daß ihr die Dornen ins Fleisch drangen. Man konnte es äußerlich nicht sehen. Aber seitdem spürte Katharina immer die Dornen auf ihrem Haupt.

Bald hörte auch Lapa von den Gerüchten, die Andrea ausstreute, um Katharina zu beschmutzen. Keinen Augenblick zweifelte sie an der Reinheit ihrer Tochter. Aber sie wurde von einer unbändigen Wut gegen Andrea gepackt. Und etwas von dieser Wut ließ sie auch Katharina fühlen. »Was, sage ich ..., wie oft habe ich dir gesagt, daß du das stinkende alte Weib lassen sollst! Jetzt siehst du, wie sie dir die Christenliebe lohnt!« Lapa schrie es und weinte Ströme von Tränen und sagte zu Katharina: »Wenn du jetzt nicht Schluß machst mit dieser Pflege, ja wenn ich nur höre, daß du dich in der Nähe der Wohnung aufhältst, werde ich dich nie mehr meine Tochter nennen!«

Katharina sank auf die Knie und umfaßte den Schoß der Mutter. »Mutter, liebe Mutter! Weißt du nicht, daß der Undank der Menschen Gott nie davon abgehalten hat, tagtäglich Sein Erbarmen über alle Menschen auszugießen? Stellte Christus am Kreuz die Arbeit für die Erlösung der Welt ein, weil die Menschen Schande und Schmerzen auf ihn luden? Du weißt gut, daß Andrea, wenn ich nicht mehr zu ihr gehe, keine andere Pflegerin bekommt und einsam und verlassen sterben muß. Sollen wir beide schuld an ihrem Tode sein? Der Teufel hat sie in den Krallen. Aber Gott kann ihr Erleuchtung schenken, so daß sie ihren Fehler einsieht ...« Es endete damit, das Lapa nachgab und schließlich ihrer Tochter den Segen erteilte.

In der Tat fing Andrea allmählich an, sich über ihr Tun zu ärgern. Vielleicht, weil sie Angst hatte, Katharina werde sie verlassen. Sie brauchte jetzt noch verzweifelter einen Menschen, der Mitleid mit ihr hatte. Katharina aber kam und ging, freundlich und zuvorkommend wie immer. Als sie eines Tages in der Türschwelle stand, sah Andrea ein wundersames Licht, das dem Mädchen folgte. Ja, es schien, als sei Katharina in einen Engel verwandelt. Da brach die alte Witwe zusammen. Sie schluchzte und bat Katharina um Vergebung, »wenn du mich nur nicht verlassen willst!« Seelenruhig sprach Katharina Trost zu. Sie habe nie daran gedacht und sie wisse gut, daß der Teufel Andrea diese häßlichen Gedanken eingegeben habe: »Was dich betrifft, liebe Mutter, so muß ich dir dankbar sein, weil du so über meine Tugend gewacht hast!«

Von nun an versicherte die Kranke ihren Besuchern, daß Katharina ein Engel, eine Heilige, sei. Und sie berichtete von dem mystischen Lichtschein, den sie mit ihren eigenen Augen gesehen hatte und von dem ein unbeschreiblicher Trost ausging. Katharina verteidigte sich ebenso gegen die neue Versuchung, sich von Andrea als etwas Besonderes bezeichnen zu lassen. Sie tat ihre Arbeit im Krankenzimmer still und eifrig wie früher. Aber es wurde immer schwerer, den Gestank des faulenden Fleisches zu ertragen. Und selbst Gebete konnten nicht verhindern, daß ihre Sinne ab und zu versagten. Sie mußte mit aller Macht dagegen ankämpfen, sich nicht zu erbrechen.

Als sie eines Tages die Wunde gewaschen hatte, spürte sie, daß sie nun nicht länger imstande war, die Arbeit zu leisten. Und voller Wut gegen die Erbärmlichkeit ihres eigenen Fleisches, ergriff sie die Schale, die voller Waschwasser und Eiter war: »Beim Leben des Höchsten, beim geliebten Bräutigam meiner Seele, schlucke das herunter, vor dem du solche Angst hast!« Sie wandte dem Bett den Rücken und trank den Inhalt der Schüssel in einem Zuge leer. Später gestand sie

Raimondo, das schreckliche Gebräu habe ihr angenehm geschmeckt, nachdem sie Herr über ihren Ekel geworden sei. Und von der Stunde an fühlte sie nie mehr eine Unlust, Andrea zu pflegen.

In der folgenden Nacht erschien ihr Jesus. Er entblößte die fünf Wunden, die Er am Kreuze empfangen hatte: »Meine geliebte Braut, Meinetwegen hast du manchen Kampf gekämpft. Und mit meiner Hilfe hast du immer gesiegt. Aber gestern gewannst du deinen größten Sieg, als du den schrecklichen Trank aus Liebe trankst und dein eigenes Fleisch mit Füßen tratst. Jetzt lasse Ich dich einen anderen Trank trinken, der nicht oft einem Menschen gereicht wird!« Er legte Seine Rechte auf den Nacken der Jungfrau und beugte ihr Gesicht gegen Seine Seite: »Trinke, Tochter, trinke Mein Blut! Du wirst eine Süßigkeit schmecken, die deine ganze Seele erfüllt, ja selbst deinen Leib durchdringt, den du Meinetwegen verachtet hast.« Und Katharina legte ihre Lippen an die Quelle des Lebens, bis sie ihren Durst gestillt hatte, bis sie gesättigt und verwandelt war.

Menschen von heute können der Ansicht sein, die Geschichte von Katharina und Andrea sei eher unheimlich als erbaulich, und ihre verzückten Betrachtungen über das Blut Christi – ein Motiv, das in ihren Visionen, ihren Briefen und ihrer Lehre immer wiederkehrt – verrieten eine ungesunde Vorliebe für diese oft abstoßend wirkenden Züge des Christentums.

Wir haben den Gestank faulenden Fleisches auf den Schlachtfeldern und in den zerbombten Städten kennengelernt. Wir wissen von stinkenden Wunden und Geschwüren der Gefangenen in den Konzentrationslagern, wo Tote und Sterbende zusammenliegen und auf den Betten faulen mußten. So häßlich wie das, was Katharina für ihren Teil erwählt hatte! Wir haben aus Ozeanen von Blut und Tränen Schuldiger wie Unschuldiger geschöpft, während wir entgegen aller Hoffnung hofften, dieses Blut und diese Tränen könnten zur

Erlösung der Welt beitragen, die unter ihrem Unglück stöhnte. Wie wenig haben wir von all dem Großen erreicht, das zu schaffen der Traum unseres Lebens war! Und doch erscheint es uns als eine Verirrung, die wir der damaligen Zeit und ihrer eigenen dunklen Ansicht vom Christentum zurechnen zu müssen glauben, wenn sich Katharina an Christi Blut berauschte, das jedem Verlust von Menschenblut ein Ende bereiten müßte, wären nur die Menschen sich ernstlich einig, es als Erlösung von ihren blutdürstigen Leidenschaften und unersättlichen Verlangen nach eingebildeten Gewinnen anzunehmen.

Das willensstarke, mutige und ungewöhnlich lebensbejahende Mädchen, das die Mächtigen seiner Zeit so überlegen behandelte, mit solch seltenem Verständnis für die Männer und Frauen, unter denen es lebte, das wirklich Frieden zwischen vielen seiner ungebärdigen Mitbürger stiften konnte, das einige Male Kriege zu verhindern vermochte und oft blutige Fehden beilegte, würde uns die gleiche Antwort geben, die es in seinen Briefen, seinem »Dialog« und seinen Unterhaltungen, den Zeitgenossen gab: daß das Blut Jesu Christi die einzige Quelle des Mutes, der Kraft, der Weisheit und der so wunderbaren, unbezwingbaren Lebensfreude ist. Katharina würde uns sagen: Trinkt davon mit euren Seelen, wie die Heiligen in ihren Visionen mit ihren leiblichen Lippen zu trinken vermeinten! Stillt euren Durst in der Liebe, die aus Gottes heiligem Herzen strömt! Und enden wird der vergebliche Verlust von Menschenblut durch Menschenhand.

In ihren Visionen sah Katharina Gottes Feuer vom Himmel fallen, wie Regen strahlenden Lichts und glühender Hitze. Können wir wirklich etwas von ihrer Erfahrung verstehen, wir, die wir das Feuer des Hasses aus den Wolken fallen sahen, die wir zutiefst in uns fürchten müssen, daß eines Tages ein noch schrecklicheres Feuer, erfunden von einem noch schrecklicheren Haß und von noch wilderen Leidenschaften, über uns und unsere Kinder niederfällt? Uns würde Katharina nur die gleiche Botschaft bringen, die sie ihren Zeitgenossen brachte, nur das gleiche Bußmittel zeigen: das Blut Jesu Christi, das Feuer der Liebe Gottes, das Eigenliebe und Eigenwille verzehrt und die Seele bloßlegt, so schön und voller Anmut, wie sie gedacht war, als uns Gott erschuf.

Täusche mich nicht

Die Gesetze, die sich die Bürger Sienas im Oktober geben,
gelten im November nicht mehr«, hatte Dante höhnisch
von Katharinas Heimatstadt gesagt. Und mit gutem Grund.

Wohl war der Dichter in Florenz an Parteikämpfe und Re-
gierungswechsel gewöhnt, an Sieger, die sich an den Besiegten
rächten und willkürlich Männer des Landes verwiesen, wenn
sie an deren Loyalität gegenüber der Verwaltung zweifelten.
Aber das ghibellinische Siena, der alte Feind und Rivale des
welfischen Florenz, schien noch weniger Frieden und Ordnung schaffen zu können, und für noch kürzere Zeit.

Die beiden herrschenden Parteien, die »Gentiluomini«
oder Adeligen und die »Popolani« oder Bürger, waren uneins
in Cliquen und Gruppen aufgespalten, die sich ständig ihren
schlimmsten Feinden auslieferten, weil sie sich nicht einigen
konnten. Die Bürger, die Neureichen der italienischen Stadtstaaten, hatten sich vorgenommen, die Macht des alten Feu-
daladels zu brechen. Während der kommenden Jahrhunderte
des Mittelalters arbeiteten sie unaufhörlich und ganz bewußt
an diesem Ziel. Die wachsende Macht der Aristokratie in
den Nachbarländern, deren Entwicklung die italienischen
Bürger sahen, und die Revolutionierung der Kriegstechnik,
die allmählich das Gesellschaftsfördernde des Feudalsystems
aufhob, ließen diese Bestrebungen der Bürgerschaft berechtigt
erscheinen. Ihre leitenden Männer waren ebenso reich und
kultiviert wie die meisten Adeligen. Sie erhoben Anspruch
auf die wichtigsten Stellungen innerhalb der Verwaltung ihres
Stadtstaates.

Man kann diese Entwicklung gewissermaßen eine demo-
kratische Bewegung nennen. Es ging nur, wie es zu gehen

pflegt: Wenn erst eine neue Gesellschaftsklasse die Macht errungen hat, braucht und mißbraucht sie diese auf die gleiche Weise wie vorher die alten Herren. »Einigkeit macht stark, Stärke macht hochmütig, Hochmut kommt vor dem Fall.« Wahrhaftig, ein Wortspiel, das ebensogut damals galt, wie es vermutlich immer unter Menschen gelten wird.

Aber wenn auch eine Gruppe die Zügel der Regierungsgewalt fest in der Hand zu haben schien, sollten noch genügend Fehden zwischen Familien und Familiengruppen, Feindschaft zwischen leidenschaftlichen und eigensinnigen Einzelgängern und Schlägereien in den Gassen und Schenken dafür sorgen, daß Blut über das Pflaster Sienas rann. Es war Krieg zwischen den großen Geschlechtern der Salimbeni und Tolomei. Die Familie Maconi wiederum hatte sich mit den Tolomei, Saracini und Piccolomini verfeindet.

Nur ungewöhnlich begabte Männer konnten sich als Individuen behaupten. Sonst mußten Adel und Bürger die Verteidigung ihrer Interessen und ihrer persönlichen Sicherheit – soweit man von persönlicher Sicherheit überhaupt reden konnte – in ihrem Geschlecht oder in ihrer Zunft suchen und dann mit der Gruppe, zu der sie gehörten, durch dick und dünn gehen. Kluge und gerechte Gesetze helfen wenig, wenn sich nicht eine genügend starke und beständige Regierung dafür sorgt, daß die Gesetze auch respektiert werden. Je höher die Wellen der Gesetzlosigkeit stiegen, desto glühender wurden die Leidenschaften des Volkes: Haß, Furcht, Liebe zum eigenen Geschlecht und zur eigenen Klasse. Der Mord an einem Verwandten, der Übergriff gegen einen Zunftgenossen mußten gerächt werden, selbst wenn die Pflicht zur Rache einem Kinde als Erbe überlassen wurde, das noch in der Wiege lag.

Priester und Mönche waren in diesem geistigen Klima geboren und erzogen. Das intensive Gefühl für Familiensolidarität, – ein wesentlicher Zug im italienischen Volkscharakter –, erlosch nicht deshalb, weil ein Mann oder eine Frau ins

Kloster ging. Nicht alle wagten wie Katharina ihre tiefe Anhänglichkeit an das eigene Fleisch und Blut »in den Ozean der göttlichen Liebe« zu versenken oder Gott zu bitten, Er möge doch all ihren Lieben solche Reichtümer geben, die ihnen die Pforte des ewigen Lebens erschließen konnten. Weltliche Güter hingegen »sind immer mit so viel Bösem behaftet, daß ich meinen Angehörigen nie solchen Reichtum gewünscht habe«, gesteht sie Raimondo.

Viele Mönche und Nonnen versuchten es, versagten aber, wenn ein wirkliches Unglück die zu bedrohen schien, die ihnen in der Welt noch angehörten. Einige erstrebten es überhaupt nicht, sondern blieben vor allem Mitglieder ihrer leiblichen Familie und waren entschlossen, Macht und Einfluß, die sie in der Kirche oder im Kloster besaßen, zum Schutze ihrer Blutsverwandten und zu deren Wohlfahrt einzusetzen, – ganz offen und ohne sich zu schämen. So konnte offene Gewalt nicht selten bis in die Klöster eindringen. Die Annalen Sienas erzählen wie auch die Chroniken anderer italienischer Städte häßliche Geschichten von Mönchen, die sich innerhalb der Klostermauern schlugen und gegenseitig töteten, und von Nonnen, die ihren Angehörigen und den Freunden ihrer Angehörigen im Kloster Gastfreiheit gewährten, bis die Ränke und Skandale zum Himmel stanken.

Als im Herbst 1368 Katharinas Vater starb, begann eine Periode wechselseitiger blutiger Kämpfe und Unruhen, die wohl nicht mehr übertroffen werden konnten, selbst in Siena nicht. In diesem Jahr hatte die Stadt eine Regierung aus zwölf Mitgliedern, die »Dodici«, die sämtlich der Bürgerschaft angehörten. Auch die Söhne Benincasas gehörten zu ihrer Partei. Bartolommeo, der Mann der Lisa Colombini, saß sogar im letzten Jahr in der Regierung. Aber der Adel war zum Aufstand entschlossen. Seiner Meinung nach fehlte dem Zwölfmännerrat Erfahrung wie Würde, und zielte dessen Politik nur darauf ab, sich möglichst viele Vorteile zu verschaffen.

Indessen waren auch die kleinen Leute, die sogenannten »Popoli Minuti«, Arme, Handwerker, Krämer, Gelegenheitsarbeiter und Tagelöhner, mit der Zwölfmännerregierung durchaus unzufrieden. Es gärte in den unteren Klassen. Aber selbst bei der Bedrohung von unten her vermochten Adel und Bürger sich nicht zu einigen. Am 2. September stürmte eine Schar Adeliger den Palazzo Publico, das wunderschöne Rathaus Sienas, warf die Zwölf hinaus und organisierte sich als Regierung mit einigen wenigen Bürgern, die sie hinzuwählten. Diese Neunmännerregierung, die »Noveschi«, hielt sich drei Wochen. Dann kam Malatesta, der Vizekönig des Kaisers für Italien, und belagerte mit einem Heer die Stadt. Selbst wenn Siena ein freier, durch eine eigene Regierung verwalteter Staat war, so schuldete es doch dem Kaiser des Heiligen Römischen Reiches Treue und zahlte ihm Tribut. Die Ghibellinen, die in alten Tagen den Kaiser gegen den Papst und seine Welfen unterstützt hatten, solange der Streit zwischen Papst und Kaiser die italienische Politik bestimmte, waren immer die herrschende Partei in Siena gewesen. Jetzt hatten allerdings die alten Parteibezeichnungen Ghibellinen und Welfen etwas von ihrer ursprünglichen Bedeutung verloren. Neue Fragen schieden und zersplitterten die alten Parteien.

Am 24. September rückten die Salimbeni in voller Waffenrüstung aus ihrem Palast, schlossen sich zu einer Zwölfmännerpartei zusammen und öffneten Malatesta und den Soldaten des Kaisers die Stadttore. Die aber mußten sich von Gasse zu Gasse durchkämpfen und schließlich den Palazzo Publico im Sturm nehmen. Man bildete eine neue Regierung der zwölf »Difensori del Popolo Sienese«, der Volksverteidiger. Die »Popoli Minuti« bekamen fünf Vertreter, die Bürger vier und der Adel drei. Zum Lohn für seine Verdienste wurde das Salimbeni-Geschlecht als »bürgerlich« anerkannt, das heißt ein Salimbeni war wählbar, welche Partei in Siena auch an der Macht sein mochte. Außerdem erhielt es fünf beste Burgen außerhalb Sienas.

Vierzehn Tage später kam Kaiser Karl IV. mit seiner Gemahlin nach Siena. Sie wurden mit Jubel und Ehrenbezeugungen seitens der herrschenden Partei empfangen. Der Kaiser, der im Palazzo Salimbeni wohnte, blieb nur einige Tage in der Stadt, versprach aber, zurückzukehren und Weihnachten in Siena zu feiern. Ehe er zurückkam, war die neue Zwölfmännerregierung nach einer blutigen Volkserhebung wieder gestürzt worden. Die Macht befand sich nun abermals in den Händen von fünfzehn »Defensoren« oder »Reformatoren«, wie sie sich auch nannten, aus den Reihen der »Popoli Minuti«. Nach einigen Kämpfen gelang es den Bürgern, wenige Vertreter in die Regierung zu entsenden. Der Adel blieb ausgeschlossen. Die meisten der alten Adelsgeschlechter wurden mit Kind und Kegel aus der Stadt verbannt.

Der Kaiser kam am 22. Dezember zurück und wählte wieder den Palazzo Salimbeni zu seinem Quartier. Und jetzt hofften die Salimbeni, mit Hilfe der kaiserlichen Truppen die »Reformatoren« zu stürzen. Um die Erregung in der Stadt noch zu steigern, sollte ein päpstlicher Legat, der Kardinal von Bologna, nach dort kommen. Das Gerücht lief um, der Kaiser habe vor, seine Oberhoheit über Siena an den Papst zu verkaufen.

Am 18. Januar 1369 ritt Niccolo Salimbeni mit einem Gefolge bewaffneter Männer durch die Straßen Sienas und rief: »Lange lebe das Volk! Wehe allen Verrätern, die den Adel wieder zurückhaben wollen!« Die Sieneser griffen zu den Waffen und strömten zum »Campo«, dem Rathausplatz, sicher einem der schönsten Plätze der Welt. Hier wurden sie von Malatesta und seiner Reiterei empfangen. Und während die große Glocke vom Campanile erklang und das Volk zu den Waffen rief, tobte auf dem Platz der Kampf. Der Kaiser versuchte einen Ausfall aus dem Palazzo Salimbeni, stieß aber mit Malatestas Reiterei zusammen, die sich auf wilder Flucht befand. Von den Hausdächern regnete es Steine und Wurfgeschosse auf die Soldaten. Der Kaiser selbst entkam

mit Not und kaum mit heiler Haut zurück in den Salimbe-
ni-Palast. Aber vierhundert Mann seiner Truppen wurden
getötet und noch viel mehr verwundet.

Kaiser Karl weinte vor Wut und Schrecken, während er
jeden der Sieger umhalste und küßte, der zu ihm vordrang.
Er schwor, von Malatesta und den Salimbeni genarrt worden
zu sein. Der »Capitano del Popolo«, der Präsident des Rates,
verbot im Namen des sienesischen Volkes, irgendwelche
Vorräte an den Kaiser oder sein Heer zu verkaufen. Kaiser
Karl versprach, die Stadt zu verlassen, bat aber um eine bestimmte Geldsumme zur Deckung der Unkosten bei der Abreise. Mit offensichtlicher Verachtung warfen Vertreter der
»Defensoren« die erste Rate, fünfhunderttausend Goldflori-
nen, auf den Tisch. Der Kaiser des Heiligen Römischen Reiches deutscher Nation verließ Siena auf eine wenig rühmliche
Weise.

Karl IV. war ein Sproß des böhmischen Königshauses. Und
obgleich er zum Kaiser gewählt war, hing sein Herz nur an
seinem kleinen Vaterland. Er kümmerte sich nicht viel um das
Kaiserreich, noch weniger um seine italienischen Besitzungen. Die unheroische Rolle, die er während seines Aufenthaltes in Siena spielte, stimmte mit seiner sonstigen Politik über-
ein: Es ging ihm vor allem um das Wohl seiner Heimat. Er
war ein verständiger Mann, dem jeglicher Sinn für Heldentum
fehlte und der immer versuchte, blutige Kriege zu vermei-
den. Es gelang ihm bis zu einem gewissen Grade, wenigstens
in einer Ecke des kriegsverheerten Europa, Frieden zu schaffen. Und das spricht jedenfalls zu seinen Gunsten.

Nach der Abreise des Kaisers wurde indessen Siena die
Beute völliger Anarchie. Im nächsten Sommer kam eine Art
Frieden zustande. Der des Landes verwiesene Adel erhielt
das Recht zur Rückkehr. Die Regierung der »Reformatoren«
vermochte sich noch bis 1385 zu behaupten. Die privaten
Fehden zwischen den Anhängern der »Dodici«- und »Noveschi«-Parteien, zwischen den Familien stolzer und erboster

Männer aber durchrasten die Stadt, obschon jetzt eine relativ stabile Regierung im Amt war.

Katharina sah es nun mehr und mehr als eine ihrer Hauptaufgaben an, Frieden zu stiften. Durch ihre Gebete und ihre Selbstaufopferung, durch die Kraft ihres Wortes und ihre kluge Überredungskunst wurde die Färberstochter eine Macht, die oft mit Erfolg das Öl christlichen Erbarmens in die aufgewühlten Wasser goß und den schier unüberwindlichen Stolz und die Verbitterung hochmütiger Adeliger, arroganter Bürger und verweltlichter Priester und Mönche überwand.

Jacopo Benincasa blieb es erspart, diese blutigen Kriege und diesen Bruderkampf mitzuerleben. Er starb im August 1368, wenige Tage vor dem Ausbruch des Aufstandes, der die Partei seiner Söhne stürzte, und bei dem die engen Gassen um sein Haus von Waffenlärm widerhallten, und der Blutdunst gen Himmel stieg.

Katharina lag vor seinem Bett auf den Knien und betete zu ihrem Bräutigam, doch ihrem Vater Genesung zu schenken. Aber sie hörte in ihrer Seele die Antwort, Jacopos Pilgerfahrt auf Erden sei beendet und es sei nicht gut für ihn, wenn er weiterlebe.

Aus den Unterhaltungen, die sie allein mit ihrem Vater hatte, gewann Katharina die Überzeugung, daß sich der alte Mann von allen irdischen Sorgen gelöst hatte und glücklich war, dieses Leben mit dem Himmel zu vertauschen. Obschon sie wußte, daß Gott sie verschwenderisch mit Gaben ausgestattet hatte, wagte sie für ihren Vater, der ihr bester Freund auf Erden gewesen war, um noch größere zu bitten. So innig wie nie zuvor flehte sie Jesus an, Jacopos Seele in derselben Stunde in den Himmel aufzunehmen, wie sie den Leib verlasse. Doch Christi Stimme antwortete in ihrem Innern, Jacopo habe wohl so rein und so gut gelebt, wie ein Mann seiner Stellung und seines Standes in der Welt überhaupt leben könne, seine Seele jedoch müsse gleichwohl durch das Fegfeuer, um vom Staub der Sünden gereinigt zu werden.

Katharina ließ nicht nach: »Herr, ich kann es nicht ertragen, daß grausame Flammen die Seele meines Vaters auch nur einen einzigen Augenblick lang schmerzen sollen. Er hat alle Tage für mich gesorgt. Er hat mich mit unendlicher Geduld erzogen. Er war mir zeitlebens Trost und Hilfe. Ich bitte Dich um Deiner unendlichen Erbarmung willen, laß mich, was mein Vater Deiner Gerechtigkeit noch schuldig sein sollte, statt seiner büßen.« Und ehe Jacopo den letzten Seufzer tat, wußte Katharina, daß Gott ihre brennende Bitte erhört hatte.

Als sie ihrem Vater im Todeskampf beigestanden hatte und sich von seiner Leiche erhob, fühlte sie ein gewaltiges Stechen in der Seite. Und das fühlte sie zeit ihres Lebens, wenn auch nicht gleich stark. Sie liebte diesen Schmerz als ein Pfand dafür, daß ihr Bräutigam dem Vater die ewige Seligkeit geschenkt hatte, den Anblick des allgegenwärtigen Gottes, den sie selber ersehnte.

Nach Jacopos Tod ging es mit den Geschäften im Färberhaus bei Fondebranda nicht mehr so gut. Der älteste Sohn, Benincasa, war jetzt das Haupt der Familie. Aus einigen Briefen, die Katharina an ihre Brüder schrieb, nachdem diese aus Siena weggezogen waren und sich in Florenz niedergelassen hatten, erfahren wir, das Benincasa mit seinen jüngeren Brüdern nicht gut auskam, und daß er nicht glücklich verheiratet war. Aber im Winter 1368/69 hatten Benincasas Erben noch gehofft, das Geschäft an der alten Stätte weiterführen zu können, selbst wenn sie immer wieder in die Gefahrenzone gerieten.

Als einmal das Volk in wildester Raserei gegen ihre Partei aufstand, hatten sie in San Antonio, ihrer Pfarrkirche, Schutz und Asyl suchen wollen. Katharina glaubte nicht an die Sicherheit dieses Ortes und erbot sich, ihre Brüder nach dem La-Scala-Spital zu bringen. In ihrem weißen Schleier und der schwarzen Kapuze ging sie mit ihren drei Brüdern durch die

Stadt, die in wildem Aufruhr stand. Keiner machte Miene, sie anzugreifen. Flüchtlinge, die in San Antonio Zuflucht gesucht hatten, wurden herausgeholt, massakriert oder ins Gefängnis geworfen. Aber die Benincasas kamen nach Beendigung des Aufstandes ohne Schaden nach Hause.

Jacopos Tod, die schrecklichen Dinge, die sie ringsum sah und hörte, die Angst um das Leben ihrer Söhne, alles das wurde zuviel für Monna Lapa. Sie war jetzt eine alte Frau. Sie welkte dahin. Und allmählich wurde es allen im Hause klar, daß sie von ihrem Krankenbett nie mehr aufstehen würde. Aber Katharina bat unablässig ihren Herrn, Er möge ihr die Mutter lassen. Schließlich erhielt sie eine Antwort: Lapa sei ihrer Seligkeit sicherer, wenn sie jetzt stürbe, als wenn sie noch weiter lebe und all die Sorgen kennenlerne, die sie in Zukunft bedrohten. Da ging Katharina zu ihrer Mutter. Und mit aller Milde versuchte sie, Lapa verstehen zu lassen, es sei sicherlich für sie selbst am besten, wenn sie dem Ruf ihres Erlösers Folge leiste und sich widerstandslos dem Willen Gottes anvertraue. Lapa jedoch war allzu sehr an diese Welt gebunden. Sie wollte noch nicht Abschied nehmen. Sie hatte schreckliche Angst vor dem Tod und bat ihre Tochter, Gott inniger um ihr Leben anzuflehen. »Kein Wort mehr vom Sterben!« sagte sie.

So sehr es sie schmerzte, mußte sich Katharina doch sagen, daß das Nein der Mutter eine schlechte Vorbereitung auf den Tod war. Sie flehte aus ihrem ganzen Herzen, Gott möge diese Seele nicht vom Leibe scheiden, ehe sie sich nicht Seinem Willen ergeben habe. Lapa wurde immer hinfälliger. Aber noch lebte sie. Es schien fast, als hätte sich diese Jungfrau über ihre Mutter geworfen und sie gegen den Tod geschützt. Wenn auch Gott selbst den Gebeten Seiner Tochter zu lauschen schien, so nützte es nicht das geringste, daß sie ihre Mutter anflehte, das verzweifelte Festhalten am Leben aufzugeben und auf Gottes Weisheit und Güte zu bauen. Christus sagte zu Katharina: »Sage deiner Mutter, wenn sie heute nicht sterben wolle, komme eine Zeit, wo sie laut nach dem Tode rufe, ohne erhört zu werden.«

Es nutzte nichts. Und eines Tages starb Lapa, – wenigstens waren alle Frauen, die ihr Bett umstanden, dieser Meinung.

Sie hatte nicht beichten wollen und sich geweigert, die Sterbesakramente zu empfangen. Katharina warf sich über die Leiche der Mutter und flehte und schluchzte in tiefem Schmerz: »Ach, liebster Herr, wie ist es mit dem Versprechen, das Du mir einmal gabst, keiner hier im Hause solle den ewigen Tod sterben? Du hast mir versprochen, die Mutter nicht aus dieser Welt abzuberufen, ehe sie die rechte Gesinnung habe. Und hier liegt sie nun, tot, ohne Beichte, ohne Sakrament! Mein Erlöser, ich rufe zu Dir in Deinem großen Erbarmen: Täusche mich nicht. Lebendig verlasse ich nicht Deine Füße, ehe Du mir nicht die Mutter zurückgibst.«

Sprachlos und überwältigt vor Staunen sahen die Frauen, die um das Bett knieten, wie das Leben langsam in Lapas Leib zurückkehrte. Sie atmete sehr schwach und bewegte sich kaum. Ein paar Tage später war Monna Lapa auf dem Weg der Besserung. Und nach kurzer Zeit wurde sie ganz gesund.

Raimondo nennt die Namen der Frauen, die Zeuginnen dieses Wunders waren: Die beiden Mantellatinnen Katharina Ghetti und Andrea Vanni und Lisa, Lapas Schwiegertochter. Er erzählt auch, daß Lapa neunundachtzig Jahre alt wurde. Inzwischen hatte sie erleben müssen, daß Glück und Wohlstand ihrer Familie zu Grunde gingen, daß die meisten ihrer Söhne und Töchter und eine ganze Anzahl Enkel, kleine Kinder wie auch Erwachsene, starben. Sie besaß eine kleine Wohnung in der Nähe der Porta Romana, weitab von der Stätte, wo sie als fleißige und lebensfrohe Hausfrau inmitten einer großen und glücklichen Familie gelebt hatte. Und zuweilen klagte sie: »Ich glaube, Gott hat es so gemacht, weil meine Seele quer im Leibe liegt und nicht hinaus kann ...«

Der Befehl zum Aufbruch

Während in den Jahren 1369 und 1370 ihre Heimatstadt wie ein kochender Hexenkessel voller Haß war, erlebte Katharina auch in ihrem eigenen Bereich ungestüme Erfahrungen.

Äußerlich war ihr Leben eine Wanderung zwischen der Zelle, den Kirchen und den Spitälern. Aber als ihr Ruf über Siena hinausdrang und die Nachbarstädte erreichte, scheint sie die Einsamkeit, die dem jungen Mädchen so teuer war, allmählich aufgegeben zu haben. Ihre geistliche Familie wollte der geliebten »Mama« überallhin folgen, wo sie nur ging oder stand. Leute, die mit ihr sprechen wollten, drangen bis in ihre kleine Kammer. Bettler und besorgte Menschen folgten ihren Fußstapfen, sobald sie sich nur in der Stadt zeigte. Und die Kritiker, die Feinde und die Klatschbasen hatten genügend Stoff an all dem Seltsamen, das von »Monna Lapas Katharina«, wie man sie nach dem Tode des Vaters häufig nannte, erzählt wurde.

Unermüdlich stand die junge Bußschwester allen bei, die mit ihren Nöten und Sorgen zu ihr kamen. Stets gleichmütig, froh und geduldig empfing sie Besuche auch von Leuten, die, wie sie wußte, erschienen, um sie bei Ketzereien zu ertappen oder als Betrügerin zu entlarven. Mönche kamen, um sie zu verhöhnen oder zu schelten, was alles andere als christlich war. Doch Katharina dankte ihnen ernsthaft, weil sie sich um ihr Seelenheil sorgten.

Junge Lebemänner, die Siena durch ihre schlimmen Streiche und ihr wildes Leben genügend Stoff zur Unterhaltung boten, brachen bei der Einsiedlerin ein, um ihr Verachtung und Wut zu bezeugen, weil sie einige ihrer Freunde veranlaßt hatte, die gewohnten Geleise zu verlassen und in irgendeiner Kirche vor Beichtvätern und Kruzifixen ins Knie zu sinken. Die zarte, junge Frau in ihrer groben schwarz-weißen Tracht trat ihnen kühn und freundlich wie eine Schwester entgegen. Sie zu erschrecken, war unmöglich. Es geschah statt dessen oft, daß diese Männer weggingen, um einen Beichtvater zu suchen, und wiederkamen, um Katharina zu bitten, auch ihnen Mutter zu werden und ihre ersten unsicheren Schritte auf dem neuen Wege zu hüten.

Aber allein zu sein, um ihre Seele zum Anblick dessen zu erheben, der Ursprung ihrer Macht über die Menschen, ihrer Freude und ihrer unendlichen Geduld war, um die brennende Liebe auszuschöpfen, die ihre Seele erfüllte, die Liebe zum Ursprung des Lebens und zu allem, das sie Seinetwegen liebte, angefangen von den Blumen, die sie so gerne zu Kränzen und Kreuzen band, bis zu den »Vernunftwesen«, für deren Erlösung sie sterben wollte, das war ein Glück, das Katharina nur kosten konnte, wenn ihre Seele in Ekstase sank, und ihr Leib inmitten der sie umgebenden Welt steif und tot dalag. So erschien es nur natürlich, daß Katharinas Ekstasen jetzt häufiger und länger wurden, und die Seherin immer tiefer in die Geheimnisse des Glaubens eindringen konnte.

Als der selige Raimondo von Capua nach Katharinas Tod an seiner Biographie der Heiligen arbeitete, die sein Beichtkind und seine Mutter in Christo gewesen war, rief er aus: »O Herr, Deine Barmherzigkeit ist bodenlos. Wie gütig bist Du gegen die, die Dich lieben. Wie liebevoll gegen die, die Dich aufzunehmen verstehen. Aber was mußt Du erst denen sein, deren Durst Du auf eine so wunderbare Weise stillst. Herr, ich glaube, die, die solche Wunder nicht erleben konnten, werden sie nie verstehen. Ich weiß, ich kann es nicht. Wir kennen sie so wenig, wie der Blinde die Farben kennt, und der Taube die Melodien. Aber um nicht undankbar zu sein, grübeln wir darüber nach und bewundern, so gut wir können, die großen Gnadengaben, die

Du so freigebig Deinen Heiligen schenktest. Und soweit wir es vermögen, sagen wir Deiner Majestät unseren armseligen Dank.«

Natürlich ist es ein vergebliches Unterfangen, verstehen zu wollen, was die Heiligen wirklich erlebt haben, wenn man nicht selbst einen Schimmer der unsichtbaren Schönheit und Herrlichkeit gesehen hat, in die sie hineinschauen durften, während sie noch an die sichtbare Welt gefesselt waren. Katharina selbst mußte es aufgeben, als sie einmal – und dazu noch in ihrer schönen toskanischen Muttersprache – für Fra Tommaso della Fonte einen solchen Versuch unternehmen und ihm sagen wollte, was sie in der Ekstase erlebt hatte: »Es ist unmöglich. Es ist, als würfe man Perlen in den Schmutz ...«

Die Berichte der Augenzeugen über die Wunder, die die Heilige zu Lebzeiten tat, sind ebenso zuverlässig und klar wie Zeugnisse, die wir von anderen historischen Geschehnissen besitzen. Es gibt keinen anderen Grund, sie anzuzweifeln, als den nicht zu belehrenden Glauben, daß es keinen allmächtigen Gott gebe, der in das Leben des einzelnen Menschen eingreift.

Kein Biograph war gewissenhafter als Raimondo. Er gibt bei allem, was er schreibt, die Quelle an: Was er aus Katharinas eigenem Munde gehört hat, was er selbst erlebt hat, was er von anderen hörte und dann auch, wer der Zeuge ist, ob er noch am Leben ist oder nicht. Aber nachdem er das ungeheuer vielfältige Material gesichtet und mit unendlicher Sorgfalt und Liebe geordnet hatte, mußte er erkennen, daß es über seine Kraft ging, Katharinas inneres Leben wirklich zu begreifen.

Wir können zu einem annähernden Verständnis dadurch kommen, daß wir das innere Leben der Heiligen in seiner Rückwirkung auf den Körper betrachten.

Ganz gewiß wissen wir heute von der Einwirkung seelischer Zustände auf die körperlichen Funktionen gewöhnlicher Alltagsmenschen mehr als die alten Hausärzte, die über die Gesundheit unserer Großeltern wachten.

Wir wissen, daß Blutdruck und Verdauungsbeschwerden und Störung der Sinnesorgane mit seelischer Depression und Überanstrengung zusammenhängen können.

Wir wissen, daß Minderwertigkeitsgefühle und mangelnde Fähigkeit, einer Lage Herr zu werden, einen physischen Krankheitszustand bewirken können, der den Patienten entschuldigt, wenn er im Daseinskampf versagt.

All das gibt uns manche Aufschlüsse, wie sehr der Mechanismus unseres Körpers den Gemütsbewegungen unterworfen ist. Indes sagen diese Erkenntnisse natürlich nichts über das Wesen unseres Seelenlebens aus, beispielsweise ob es sich um eine Funktion einer unsterblichen Seele handelt. Mit diesem Problem müssen wir zu anderen Quellen gehen und fragen: Wast *ist* der Mensch?

Wie so viele andere Heilige war auch Katharina durch die Unzulänglichkeit der menschlichen Sprache gehemmt, wenn sie versuchte, ihren Mitmenschen die Botschaft zu bringen, die der Herr ihr anvertraut hatte. Unser Vorrat an Wissen, das wir durch die Sinneseindrücke gesammelt haben, wird unwillkürlich zum Medium beim Versuch, das auszudrücken, was die Seele entdeckt, wenn sich ihr die unendliche Wirklichkeit eröffnet, die hinter der endlichen Wirklichkeit dieser Welt liegt.

Der Seher muß Bilder und Gleichnisse brauchen, die der gemeinsamen menschlichen Erfahrung entnommen sind. Er muß analog von Sehen, Hören und Riechen sprechen, selbst wenn die Visionen und der Prozeß, durch den die mystische Erkenntnis in die Seele gelangte, nicht von »Prophezeiungen«, wie Juliana von Norwich die Visionen nannte, begleitet waren, oder wenn das Wort Gottes sich in ihrer Seele nicht als ein gehörtes Wort offenbarte.

Das Objekt für Katharinas ständige Betrachtung ist Gottes Menschwerdung und sein blutiger Tod am Kreuz aus Liebe zu allen Seelen. Es erfüllte ihr Gemüt mit Bildern von Blut und Feuer, wie es gleich reinigendem Regen auf eine verdorrte Erde fällt, die unfruchtbar in den unheiligen Flammen der Leidenschaften geworden ist, wie es auch an allen Wegen brannte, auf denen sie wandeln sollte. Ihre feste Überzeugung, daß die Quelle des ewigen Lebens aus Christi durchbohrter Seite fließt, ließ sie mit brennender Dankbarkeit Seine Einladung empfangen, ihre Lippen in diese Wunden zu legen und den Trank zu trinken, der sie im Kampf für das Himmelreich und Kirche, den mystischen Leib Christi auf Erden, unüberwindlich machen sollte.

Um vor den Menschen zu bekennen, wie glühend sie Gott liebt und wie gut sie weiß, eine Liebe wie die ihre sei gleichwohl nur ein winziges Knistern jener glühenden Gottesliebe zu den Menschen, mußte sie sich der Sprache menschlicher Liebe bedienen, der Liebe zwischen Mann und Frau, zwischen Mutter und Kind, obwohl alle irdische Liebe nur gebrochene Strahlen vom Feuer der unendlichen Liebe sind, was auch immer mit diesen Strahlen geschehen mag: ob sie als Spiegel Gottes einer Seele leuchten sollen, wie klares und ruhiges Wasser, in dem sich der Himmel spiegelt, oder sich wie Sonnenstrahlen verlieren, wenn sie im trüben Moorwasser der Wirklichkeit versinken.

Eine ungewöhnliche Begabung jedoch half dem Toskanermädchen, von unsagbaren Dingen in klareren und anschaulicheren Bildern zu sprechen, als es die meisten Mystiker vermochten. Wir dürfen sicher sein, daß Raimondo mit seiner Behauptung die Wahrheit sagt, Katharinas Seelenleben sei unendlich schöner und feuriger gewesen, als sie in den Schriften offenbaren konnte, die ihr Geschenk an alle Christen wurden.

Da ihre Seele unablässig über die Grenzen ihres leiblichen Daseins hinausstrebte und von jeder Flucht in die Ewigkeit mit einer lastenden Bürde des Erbarmens und der Liebe zurückkehrte, die sie mit ihrem armen Körper als Werkzeug tragen mußte, ist es nur natürlich, daß Katharina Benincasas physisches Leben verschieden war von dem, das wir als natürlich für gewöhnliche Menschen erfahren.

Das schöne junge Mädchen, das die Familie zum Vorteil des ganzen Clans verheiraten zu können gehofft hatte, war stark und lebenskräftig gewesen. Intensive seelische Anspannung vieler Jahre, strenge Selbstzucht und harte Bußübungen hatten Katharina, die jetzt zwanzig und einige Jahre alt sein mochte, eine physische Zähigkeit geschenkt, die man nur auf übernatürliche Gnade zurückführen konnte, so daß sie Leistungen – gleichviel ob nächtliche Hausarbeit, Krankenpflege oder Reisen zu Fuß oder auf Eseln über all die schlechten Landstraßen des mittelalterlichen Italien – aufzuweisen vermochte, die ihr kaum Frauen unserer Tage nachmachen dürften, wenn sie auch noch so sehr auf ihre Gesundheit achten. Bis in die letzten Wochen ihres Lebens gehorchte Katharinas ausgemergelter Leib ihrer übernatürlichen Willensstärke, sooft ihr eine Inspiration gebot, vom Krankenlager aufzustehen und einen Auftrag ihres göttlichen Meisters zu erfüllen.

Zu dieser Zeit – um das Jahr 1370 – war sie außerstande, zu essen oder feste Nahrung bei sich zu behalten. In Perioden, die immer länger wurden, konnte sie nichts anderes als den Leib des Herrn in der heiligen Eucharistie zu sich nehmen. »Der Herr sättigt mich in der heiligen Kommunion. Ich vertrage kein anderes Essen.«

Fra Tommaso della Fonte, damals ihr Beichtvater, war über diesen seltsamen Zustand seines Beichtkindes sehr besorgt. Er zweifelte, daß diese unnatürliche Enthaltsamkeit von jeder wirklichen Speise von Gott gewollt sein konnte. Sie mochte eine Versuchung des Teufels sein, ein gesundes religiöses Leben zu zerstören. Er bat sie, täglich wenigstens etwas zu essen. Aber bald mußte er einsehen, daß sie bei dem Versuch, ihm zu gehorchen, fürchterlich litt. So gab er ihr schließlich nach: »Tue das, was dir der Heilige Geist befiehlt.«

Fra Tommaso hatte Katharina schon als kleines Kind gekannt und viele Male erlebt, daß sie fast immer recht behielt, wenn sie mit ihm wegen seiner an sich guten, jedoch für sie schlechten Ratschläge nicht einig werden konnte. Sie war ein Gefäß, das der Herr für einen bestimmten Zweck auserwählt hatte. Er brauchte nur die Aufzeichnungen durchzusehen, die er im Laufe der Jahre über die täglichen Fortschritte seines Beichtkindes gemacht hatte, um davon überzeugt zu sein.

Es gab andere Menschen, deren Zweifel an Katharinas vielbesprochener Heiligkeit sich schwieriger ausrotten ließen. Und da in Siena der Klatsch an Gerüchten, Katharina nehme keinerlei Nahrung zu sich, keinen Mangel hatte, gab es viele ausgezeichnete Priester und Mönche, die nicht begreifen konnten, wozu das alles gut sein mochte. Wollte sie vielleicht heiliger sein als der Herrgott selber, der zweifellos gegessen und getrunken hatte und sich bei mehr oder weniger braven Leuten hatte einladen lassen?

Hatten nicht viele von der Kirche kanonisierte Heilige vor »Besonderheiten« gewarnt? Und vermutlich war diese »Besonderheit« Katharinas nichts als Eitelkeit. Einige murmelten, sie faste wohl öffentlich und esse sich heimlich satt. Später klagte Katharina zuweilen, sie wünsche aus ganzem Herzen, wie andere Leute essen zu können, um niemandem ein Ärgernis zu sein. Wenn ihr irgendeine Mahlzeit entsetzliche Schmerzen bereitete, und ihr Magen das nicht behalten konnte, was sie ihm aufgezwungen hatte, sagte sie, dies sei wohl eine Strafe für ihre Sünden, besonders für die Prasserei, da sie zu begierig nach Früchten gewesen sei.

Viele beanstandeten, daß sie oft zur heiligen Kommunion ging. Das war damals nicht üblich, da man fürchtete, die Andacht und Ehrfurcht vor dem Mysterium des Altarssakramentes könnte abnehmen, wenn jemand es allzuoft empfange. Selbst fromme Klosterleute empfingen das Altarssakrament selten mehr als ein- oder zweimal in der Woche.

Es war auch nicht üblich, daß die Priester täglich das heilige Meßopfer feierten. Viele ihrer Bußschwestern und auch viele Dominikaner taten alles, was sie konnten, um Katharina die Lust zu solch häufiger Kommunion zu nehmen, teils, weil sie glaubten, ein solcher Hunger nach dem Sakrament könne unmöglich echt sein, teils, weil sie die Sensation mißbilligten, die jeweils mit ihren Ekstasen nach dem Empfang des Sakramentes verbunden war. Neugierige kamen, um die in Ekstase befindliche Jungfrau anzustarren, Religionsfeinde spotteten, und einfältig fromme und brave Menschen wurden dadurch in ihrer Andacht gestört.

Es hat sicher Katharinas fein empfindliches Gewissen beunruhigt, bei ihren Brüdern und Schwestern innerhalb des Dominikanerordens so wenig Verständnis zu finden. Was sie indessen auch gegen sie taten oder sagten, Katharina betrachtete sie nur als ihre treuen Freunde und sah in ihren Unfreundlichkeiten die Sorge um das Heil ihrer Seele.

Am Abend des 17. Juli, am Vorabend des Festes des heiligen Alexius, bereitete sich Katharina auf den Empfang der heiligen Kommunion am nächsten Morgen vor, das heißt, wenn sie von dem Mönch, der die Messe las, und von den Schwestern die Erlaubnis erhielt. Als Antwort auf ihre Gebete um die Reinigung ihres Herzens sprach eine innere Stimme zu ihr, sie werde morgen gewiß den Leib des Herrn empfangen. Und da sie noch brennender bat, dessen würdig zu sein, fühlte sie einen Regen von Blut und Feuer in ihre Seele strömen und sie vollkommen mit übernatürlicher Liebe und Glut erfüllen. Es war, als dringe diese Läuterung bis in die verborgensten Winkel ihres Wesens. Als der Morgen kam, war sie jedoch so krank, daß sich kein Mensch denken konnte, sie werde auch nur einen Schritt gehen. Aber Katharina glaubte bedingungslos an das Versprechen, das ihr der Erlöser am Abend vorher gegeben hatte. Und zum maßlosen Erstaunen aller anwesenden Freunde stand sie auf und ging zur Kirche.

Es war ihr verboten, das Altarssakrament aus den Händen eines anderen Priesters als denen ihres Beichtvaters zu empfangen. Als sie zur Capella della Volte kam, sah sie keinerlei Anzeichen, daß hier heute eine Messe gelesen werden sollte, und sie sah auch nichts von Fra Tommaso. Dieser gestand später, er habe sich an jenem Tage nicht zur Feier der heiligen Messe würdig gefühlt und auch nicht geahnt, daß Katharina zur Kirche gekommen sei, weil er wußte, daß sie schwerkrank daheim lag. Plötzlich fühlte er, daß Christus sein Herz ergriff. Ihn erfüllte eine brennende Sehnsucht, die heilige Messe zu feiern. Als Katharina aus seiner Hand die heilige Hostie empfing, sah Fra Tommaso, wie ihr Gesicht aufleuchtete und mit kleinen Perlen aus Schweiß und Tränen bedeckt schien. Der Priester fühlte, wie ihre intensive Andacht sein eigenes Herz erleuchtete. Nach der Kommunion blieb Katharina lange in Ekstase. Auch nach Wiedererlangung des Bewußtseins war sie außerstande, den ganzen Tag über ein Wort zu sprechen.

Als Fra Tommaso später versuchte, mit ihr von dem zu reden, was sie an diesem Tag erlebt hatte, erklärte Katharina, das zu erzählen sei unmöglich. Nein, sie wußte nicht, wie sie ausgesehen hatte, ob sie rot oder blaß gewesen war. Menschliche Worte vermochten nicht das auszudrücken, was sie gesehen und gefühlt hatte. Es wäre eine Blasphemie, es überhaupt zu versuchen. Sie konnte nur sagen, sie habe eine so unsagbar wundervolle Süßigkeit geschmeckt, daß alle irdischen Dinge, nicht nur die sichtbaren, sondern auch der geistliche Trost, um den sie zu beten pflegte, nur Schmutz und Abschaum waren.

»Ich bat, alles dürfe mir genommen werden, wenn ich nur die Gabe erhielte, meinem Herrn zu gefallen und Ihn schließlich zu besitzen. Aus diesem Grunde bat ich meinen Herrn, allen Eigenwillen von mir zu nehmen und mir statt dessen Seinen Willen zu geben. Und Er antwortete mir gnädig: Sieh, liebe Tochter, Ich will dir Meinen Willen geben. Er wird dich so stark machen, daß dich nichts in der Welt bewegen oder verändern kann.«

»Und das geschah auch«, sagt Fra Tommaso. Und Fra Raimondo bestätigt, daß Katharina von jenem Tage an immer froh und vergnügt war, was auch um sie herum geschehen mochte.

Am gleichen Tage grübelte Katharina über das Wort des Propheten: »Cor mundum crea in me, Domine.« Sie bat Gott, ihr eigenes Herz und ihren darin verwurzelten Eigenwillen fortzunehmen. Da hatte sie ein Gesicht: Ihr himmlischer Bräutigam stieg zu ihr herab, öffnete ihre linke Seite, nahm ihr Herz heraus und trug es auf Seinen Händen fort. Dieser Eindruck war so stark, und die darauffolgenden leiblichen Symptome so gewaltig, daß Katharina Fra Tommaso in der Beichte versicherte, sie habe kein Herz mehr im Leibe. Der Mönch mußte lachen: »Ach nein, das ist ja unmöglich! Man kann nicht ohne Herz leben ...«

Aber Katharina blieb dabei: »Doch, es ist wahr, Vater. Ich müßte ja am Zeugnis meiner eigenen Sinne zweifeln, wenn ich daran zweifeln sollte, daß ich jetzt kein Herz mehr im Leibe habe. Bei Gott ist kein Ding unmöglich ...«

Ein paar Tage später hatte Katharina die Messe in der Capella della Volte gehört und blieb noch lange im Gebet zurück, nachdem alle anderen schon die Kirche verlassen hatten. Plötzlich erschien ihr Christus. In Seiner Hand hielt Er ein Menschenherz, von lieblicher roter Farbe und funkelnd von Licht. Als Katharina den Glanz gewahrte, fiel sie auf ihr Gesicht. Wieder öffnete der Herr ihre linke Seite und legte das brennende Herz in ihren Leib. »Meine liebe Tochter. Jüngst nahm Ich dir dein Herz. Heute gebe Ich dir Mein Herz, das dir ewiges Leben schenken soll.«

Ihre intimsten Freundinnen versicherten den Biographen, mit ihren eigenen Augen die Narbe auf der linken Brustseite gesehen zu haben, wo dieser Herzwechsel stattgefunden hatte. Von jetzt an betete Katharina nicht mehr: »Herr, ich über-

gebe Dir mein Herz.« Sie betete vielmehr: »Herr, ich über-
gebe Dir Dein Herz.« Und oft, wenn sie die Hostie empfing,
pochte das Herz in ihrer Brust so gewaltig und gleichsam so
voller Jubel, daß die, die in der Nähe standen, es hörten und
sich darüber wunderten.

Vor ihrer Kommunion sah Katharina oft, wie die Hostie
verwandelt wurde, wenn sie der Priester konsekrierte: Ein
unsagbar schönes Kind wurde von Engeln vom Himmel
herabgetragen und in die Hände des Priesters gelegt. Oder
sie sah den Schimmer einer leuchtenden männlichen Gestalt
oder nur Feuer, das vom Himmel herabfiel. Diese Gesichte
scheinen noch vor der eigentlichen Ekstase gekommen zu
sein, während sie gleichsam auf der Grenze zwischen Bewußtsein und Bewußtlosigkeit schwebte.

Nach Empfang des Herrn wurde sie immer in ein Reich
entrückt, in das keine Eindrücke von außen her einbrechen
und ihre Unterredung mit dem Geliebten stören konnten.
Katharina kniete still wie eine Statue. Aber zuweilen hörten
ihre Freunde sie flüstern: »Vidi arcana Dei!« Raimondo erzählt, er habe es selbst gehört. Aber als er sie nach Wiedererlangung des Bewußtseins bat, mehr davon zu berichten,
konnte sie es nicht. Obschon sie oft mit Raimondo von ihren
mystischen Erlebnissen sprach, auch wenn er sie nicht danach
gefragt hatte, so war es doch diesmal unmöglich.

In diesem entscheidenden Sommer des Jahres 1370 geschah folgendes: Katharina kniete vor dem Altar und sprach,
als sich ihr der Priester mit der geweihten Hostie näherte, die
gewöhnlichen Worte vor der heiligen Kommunion: »O Herr,
ich bin nicht würdig, daß Du eingehest unter mein Dach.«
Da hörte sie eine Stimme antworten: »Aber Ich, Ich bin würdig, bei dir Einkehr zu halten.«

Als sie das Sakrament empfangen hatte, vermeinte sie, ihre
Seele gehe in Gott ein, und Gott in ihre Seele, »wie der Fisch
ins Wasser geht, und das Wasser in den Fisch eindringt«. Dieses Gefühl, mit Gott eins zu sein, war so intensiv, daß sie

kaum in ihre Zelle heimgehen konnte. Und als sie auf ihre Pritsche niedersank, blieb sie lange unbeweglich liegen, während die Umstehenden bemerkten, wie ihr Körper emporgehoben wurde und eine Zeitlang schwebte, ohne daß sie sahen, ob etwas sie hielt. Als sie wieder auf ihrer harten Bank lag, hörte man, wie sie leise Liebesworte an Gott richtete, so innig und so glücklich, daß es wie ein Wunder war, ihnen zu lauschen. Nach einer Weile begann sie für eine Reihe Menschen zu beten, besonders für ihren Beichtvater.

Fra Tommaso erzählte später Raimondo, er habe immer gewußt, wenn Katharina für ihn betete. Es mochte vorkommen, daß er sich lau und geistig ausgedörrt fühlte, aber plötzlich wurde seine Seele bis an den Rand mit frommer Freude und Liebe erfüllt. Dann wußte er, daß Katharina für ihn gebetet hatte.

In diesem Sommer empfing Katharina während des Gebetes das erste Wundmal Christi. Sie hatte Christus angefleht, Er möge ihr das Ewige Leben für Fra Tommaso und alle ihre Freunde versprechen. Und Er antwortete, Er werde ihr Gebet erhören. Nicht weil sie an diesem Geschenk zweifelte, sondern um stets daran erinnert zu werden, bat sie um ein Pfand der Erlösung für alle, mit denen sie glücklich war. Christus sagte zu ihr: »Reiche Mir deine Hand.« Er setzte die Spitze eines leuchtenden Nagels mitten in ihre Rechte und drückte ihn tief ins Fleisch, bis sie meinte, daß Er ihre Hand durchbohrt hatte. Es wurde nach dieser Vision kein sichtbares Stigma. Doch sie fühlte immer den Schmerz, den dieses Durchbohren ihrer rechten Hand zurückgelassen hatte.

In diesem Sommer des Jahres 1370 verging kaum ein Tag, ohne daß Visionen und Offenbarungen Katharinas Wesen mit übernatürlicher Liebe überschwemmten und dem Verlangen, dem Herrn zu dienen, einem Verlangen, das umso stärker wurde, je mehr ihr Leib unter der Intensität des seelischen Erlebnisses litt. Ihr Bewußtsein von der ewigen Anwesenheit Christi in Seiner Kirche nahm die Form einer fast ununterbrochenen Vision an: Sie sah Ihn und hörte Seine Stimme in ihrem Herzen. Sie sah Seine Liebe zur Menschheit als Blut aus Seiner Seite strömen. Sie sah Seine Sehnsucht nach Erlösung aller Seelen als Flammenschein aufleuchten, sah den Glanz Seiner himmlischen Herrlichkeit.

Zuweilen war Er allein, zuweilen aber auch im Gefolge Seiner Mutter und einiger Seiner Heiligen. Maria Magdalena und Dominikus erschienen ihr. »Das Gesicht des heiligen Dominikus ähnelt dem des Herrn, oval, ernst und voller Milde; blond sind Haar und Bart.« Als sie Fra Bartolommeo de Dominici das Aussehen des Heiligen beschrieb, ging einer ihrer Brüder aus der Kirche. Sie wandte sich einen Augenblick um. Sofort verschwand auch das Gesicht. Katharina weinte bitterlich und klagte sich an, daß sie sich habe ablenken lassen, als ihr Gott eine Vision schenkte. Diese Ekstasen schienen ihre leiblichen Kräfte so mitzunehmen, daß es schließlich zuviel wurde. Am Feste Mariä Himmelfahrt wollte sie nach Santa Maria, der Domkirche, weil dort an diesem Tag die Messe besonders festlich gefeiert wurde. Siena hatte seit langem die Mutter Maria zur Schutzheiligen erkoren. Als der Tag kam, konnte Katharina nicht aufstehen. Sie lag unbeweglich. Doch wie durch ein Wunder hörte sie den Meßgesang aus der Domkirche und erhielt in einer Vision auch den Besuch der Mutter des Herrn.

An manchen Tagen war sie so schwach, daß sie sich kaum rühren konnte. Die meiste Zeit war sie in Ekstase. Ihre Freundinnen, die auf ihr Flüstern horchten, erzählten später, sie sei vor Glück anscheinend ganz entrückt gewesen: Sie habe gelächelt, während ihre Lippen glühende Liebesworte an ihren Bräutigam richteten und von ihrem unablässigen Verlangen sprachen, abberufen zu werden und in die himmlische Heimat einzugehen, wo Christus immer der ihre sein, und keine Trennung sie in die Welt der Sinne zurückziehen solle.

Sie war ihres Leibes so überdrüssig, weil er ihr alles verweigerte, nach dem sie verlangte. Aber als ihr der Herr sagte, sie dürfe nicht so egoistisch sein, da Er für sie noch Arbeiten unter ihren Mitmenschen habe, beugte sie sich demütig Seinem Willen. Sie bat nur um die Gabe, etwas – nur ganz wenig, soviel wie sie ertragen konnte – von jenen Schmerzen zu erdulden, die Er leiblich auf Erden für die Erlösung der Menschen erduldet hatte. Dann werde auch sie williger für die Menschen leiden und dulden. Ihr Wunsch ging in Erfüllung. Doch als sie so erfahren hatte, wie bitter Seine Qual war, wie bodenlos die Liebe, die sich solchen Qualen hingab, weil Sein heiliges Herz sich der Menschen erbarmte, da war es, als breche ihr eigenes Herz, und verlasse der Odem des Lebens ihren Leib.

Man schickte einen Boten in die Kirche zu Fra Bartolommeo de Dominici, er müsse zu Katharina kommen. Ihre Freunde waren überzeugt, daß sie im Sterben liege. Zusammen mit Fra Giovanni, einem anderen Dominikaner, mußte sich Fra Bartolommeo einen Weg durch die Menge vor ihrem Haus bahnen. Denn als bekannt wurde, die heiligmäßige Jungfrau liege im Sterben, waren die Leute scharenweise zusammengeströmt.

Um Katharinas Lager knieten weinend und schluchzend ihre nächsten Freunde. Fra Tommaso della Fonte, Fra Tommaso Caffarini, Madonna Alessia, Madonna Lisa und andere waren dort. Die trauernden Italiener machten ihrem Schmerze in lauter Klage und viel Geschrei Luft. Das alles machte einen so tiefen Eindruck auf den schwindsüchtigen Fra Giovanni, daß er einen schlimmen Anfall von Lungenblutung bekam. Im Vertrauen auf Gott und Seine Braut griff Tommaso della Fonte Katharinas Hand und legte sie auf die Brust des kranken Mönches. Sofort stockte die Blutung. Einen Augenblick später öffnete Katharina die Augen, sah sich mit einen Ausdruck tiefer Enttäuschung um, drehte sich nach der Wand und weinte.

Viele Tage lang mußte sie weinen. Nachher konnte sie Tommaso della Fonte von dem erzählen, was sie erlebt, als sie wie tot dagelegen hatte. Sie selber glaubte, daß ihre Seele dem Gefängnis des Leibes entronnen sei, daß sie etwas von der Pein und der brennenden Sehnsucht der Seelen im Fegfeuer erlebt habe, die ja wissen, daß sie eines Tages Gott von Angesicht zu Angesicht sehen werden, aber durch ihr eigenes Tun und Denken noch am Anblick ewiger Seligkeit gehindert sind. Sie hatte die Qualen der Verdammten in der Hölle erlebt. Und einen Augenblick lang hatte sie die Wonne der Seligen im Himmel gekostet.

An der Pforte des Paradieses jedoch hatte Jesus gestanden und ihr aufgetragen, zur Welt zurückzukehren und zu erzählen, was sie gesehen hatte. Nun ist es aber unmöglich, so von diesen Dingen zu erzählen, wie sie wirklich sind. Wir haben keine Worte, solch große Mysterien zu beschreiben. Alles, was Katharina tun konnte, war vor der Welt das Bekenntnis abzulegen, wie groß die Liebe Gottes zu ihr und allen Seelen ist, wie fürchterlich die Qualen der Hölle sind, und wie heiß das Fegfeuer die Seelen brennt, die über ihre Sünden trauern und sich nach der Vereinigung mit Ihm sehnen, von dem sie wissen, daß Er als einziges Ziel der Sehnsucht würdig ist. Darum liebe sie ihre Leiden, sagt Katharina viele Jahre später zu Raimondo. Sei doch deren Sinn, zu einer immer innigeren Vereinigung mit Christus zu führen.

Schließlich hatte ihr der Herr gesagt: »Vieler Menschen Erlösung hängt von dir ab. Das Leben, das du bisher geführt hast, wird sich nun ändern. Um der Erlösung der Seelen willen wirst du deine Vaterstadt verlassen müssen. Aber Ich werde immer bei dir sein. Ich werde dich wegführen und auch wieder zurückbringen. Du wirst den Ruhm Meines Namens vor Reichen und Armen, vor Laien und Klerikern bekennen; denn Ich werde dir Worte der Weisheit geben, denen keiner widerstehen kann. Ich will dich zu den Päpsten, den Fürsten Meiner Kirche, und dem ganzen Christenvolk senden. Ich will den Hochmut der Mächtigen durch Werkzeuge beschämen, die schwach sind.«

Dann fragte Katharina ihren Beichtvater, wie sie es zuweilen tat: »Vater, seht Ihr nicht, daß ich anders geworden bin? Seht Ihr nicht, daß Eure Katharina nicht mehr die ist, die sie früher war?«

Im August 1370 verließen drei Brüder Katharinas, Benincasa, Bartolommeo und Stefano, Siena, um sich in Florenz niederzulassen. Hier ließen sie sich als Bürger einschreiben und betrieben die Färberei, das alte Handwerk der Familie, offenbar nicht mit besonderem Glück. Einige Jahre später mußte Katharina ihren Florentiner Freund Niccolo Soderini bitten, ihnen mit einer Anleihe zu Hilfe zu kommen. Aber es sieht aus, als hätten sie unaufhaltsam Schulden auf Schulden gehäuft. Katharina mußte an Benincasa schreiben, doch nicht die alte Mutter um Hilfe zu bitten: »Sie hat dir deinen Leib aus ihrem Leibe geschenkt, hat dich aufgezogen und große Sorgen deinetwegen und unser aller wegen erduldet.« Daß Lisa, Bartolommeos Frau, – die einzige übrigens, die nach dem Tode des Vaters von allen Verwandten Katharina wirklich nahestand – mit ihrem Mann und ihren Kindern in Florenz bleiben mußte, scheint ihr eine große Sorge gewesen zu sein.

Die in Siena zurückgebliebenen Mitglieder der Familie – zumindest ein Bruder und möglicherweise einige Schwäger versuchten das Geschäft an der alten Stätte weiterzuführen – dürften auch kein besonderes Glück gehabt haben. Es dauerte nicht lange, bis die Benincasas aus ihrem alten Hause in der Via dei Tintori fortziehen mußten. Katharina scheint von dieser Zeit an bei verschiedenen Freundinnen gewohnt zu haben bis zu dem Augenblick, auf den ihr Bräutigam sie während ihres mystischen Todes vorbereitet hatte, und von dem an sie weite Wege wandern mußte. Sicher war es noch in Fontebranda, als sie den Besuch des Franziskaners Fra Lazzarino erhielt. Er war Lektor der Theologie am Kollegium seines Ordens in Siena und außerdem ein populärer Prediger.

Vielleicht hatte die alte professionelle Eifersucht zwischen den beiden Bettelorden etwas damit zu tun, auf jeden Fall war Fra Lazzarino eifersüchtig auf Fra Bartolommeo de Dominici, der das Lektorat am Dominikanerkolleg innehatte. Lazzarino war wütend über all den Unsinn um dieses angeblich heilige Benincasa-Mädchen. Er wetterte von der Kanzel gegen Katharina und ihre Freunde, die sich um sie sammelten und die in der Stadt allgemein »die Katharinaten« hießen. Er bereitete einen letzten großen Sturmangriff auf die Schwindlerin vor. Eine solche war sie; dessen war er gewiß. Darum entschloß er sich auch zu einem Besuch. Er zweifelte nicht, es werde ihm ein leichtes sein, dieses dumme junge Ding verächtlich zu machen und zu veranlassen, sich ihm auszuliefern als Heuchlerin oder als Ketzerin.

Er war kühn genug, Fra Bartolommeo zu bitten, ihn bei Katharina einzuführen. Der gutgläubige Dominikaner dachte, vielleicht habe der Franziskaner sein Unrecht gegenüber Katharina eingesehen. So ging er frohgemut mit seinem Begleiter hinab nach der Via dei Tintori. Es war am späten Nachmittag. Katharina bat ihn höflich, Platz zu nehmen. Der Fremde saß auf ihrer Kiste, Bartolommeo auf der Bettkante, sie selbst am Fußboden zu Füßen ihres neuen Gastes.

Fra Lazzarino begann mit einem Schwall von Schmeicheleien: »Ich habe soviel von deiner Heiligkeit gehört, davon, daß der Herr deiner Seele ein tiefes Verständnis für die Schriften eingegeben hat. Und so komme ich mit der Bitte, mir ein paar Worte der Erbauung und des Trostes zu schenken.« Kein Mensch auf der Welt war für Schmeicheleien weniger empfänglich als Katharina. Klug und bescheiden begegnete sie der höflichen Einladung und bat ihn, zu ihr zu reden, sie zu stärken und ihre arme Seele zu unterweisen.

Eine gute Weile währte auf diese Weise das Gefecht. Der Franziskaner konnte die junge Laienschwester nie der Ketzerei oder auch nur mißverständlicher Auslassungen überführen. Und er hatte offenbar nicht den entferntesten Verdacht, daß das bescheidene Mädchen ihn völlig durchschaute. Als die Kirchenglocken der Stadt den Angelus läuteten, mußten die beiden Bettelmönche sich von ihrer Wirtin verabschieden. Höflich folgte ihnen Katharina bis zur Tür, fiel auf die Knie und bat Fra Lazzarino um seinen Segen: »Aus Erbarmen, betet für mich.« Der selbstsichere Mönch schlug mit der Hand eine Art Kreuzzeichen über die kniende Frau und murmelte geistesabwesend: »Und bete auch für mich, Schwester.«

In der folgenden Nacht schlief Fra Lazzarino schlecht. Als er am Morgen aufstand, um sich für seine Vorlesung vorzubereiten, fühlte er sich besonders traurig und zu nichts aufgelegt. Dieses Gefühl der Verstimmung wurde stärker. Plötzlich brach er zum eigenen nicht geringeren Erstaunen, in krampfhaftes Schluchzen aus. So sehr er jede Art von Gefühl haßte und sich entsetzlich schämte, konnte er die Tränen doch nicht stillen. Er mußte seine Vorlesung absagen und in seiner Zelle bleiben. Da aber die Tränen immer weiterflossen, suchte er nach dem Grund für diesen unnatürlichen Anfall von Trauer. Vielleicht hatte er gestern abend zu gut gegessen und getrunken. Vielleicht war eine ernsthafte Erkältung unterwegs, weil er beim Schlafengehen versäumt hatte, die Kapuze über den kahlen Schädel zu ziehen. Oder vielleicht war der Anfall eine Warnung von oben, daß aus Pisa, seiner Geburtsstadt, schlimme Nachrichten für ihn unterwegs waren. Waren etwa die Mutter oder der Bruder tot oder in Lebensgefahr? Zu allerletzt begann er darüber nachzudenken, ob er vielleicht, ohne es zu wissen, Gott ernstlich auf die eine oder andere Art beleidigt haben könnte?

Er blieb den ganzen Tag in seiner Zelle. Gegen Abend dämmerte es ihm plötzlich: Er entsann sich der kleinen, kahlen Zelle Katharinas, des jungen Mädchens, das so bescheiden auf dem nackten Boden zu seinen Füßen saß. Er entsann sich, wie sie niederkniete und um seinen Segen bat. Und wie kalt und hochmütig hatte er ihr eine Art von Segen erteilt und, ohne etwas dabei zu denken, die Worte gemurmelt: »Bete für mich, Schwester.« Katharina hatte für ihn gebetet.

Er sah sich um. Seine eigene Zelle bestand in Wirklichkeit aus zwei Zellen, die zu einer vereinigt waren, so daß er ein komfortables Arbeitszimmer hatte, ausgestattet mit Bücherregalen, einem guten Bett und bequemen Stühlen. Weil er sich nun keines der bekannten Laster schuldig fühlte, denen so manche Priester der Stadt offen vor den Augen der Gläubigen frönten, hatte er sich selbst für einen guten und rechtschaffenen Mönch gehalten. Er hatte seinem Herrn und Meister mit den Lippen gedient. Katharina hatte das gelebt, was er nur predigte. Ja, sie besaß die Liebe, die brennende Liebe zu Gott und Seinetwegen auch zu all Seinen Geschöpfen. Sie litt für die Sünden aller Menschen, auch für seine Sünden. Sie war so arm, wie sein Vater Franziskus arm gewesen war. Sie war keusch, offen und ehrlich, heilig. Er sah sie, wie sie in Wahrheit war.

Sogleich beruhigte sich der Sturm in seinem Innern. Er hatte die Wahrheit über sich selbst erkannt. Und nun konnte er ihr ins Auge sehen, ohne unmännlich zu weinen. In der ersten Dämmerung eilte Fra Lazzarino hinab zum Hause in der Via dei Tintori. Katharina öffnete ihm die Tür. Als er sich vor ihr auf die Knie warf, kniete auch sie. Gemeinsam gingen sie in ihre Zelle, gemeinsam saßen sie am Boden und sprachen von ihrem gemeinsamen Meister. Der Mönch gestand, wie er bis jetzt die Schale des Glaubens in seiner Hand gehalten hatte, während sie den Kern besaß. Indes ihm Katharina zuredete, weich und mild wie einem Sohn, senkte sich Friede in Fra Lazzarinos Seele. Sie mahnte ihn an die Gelübde seiner Jugend, von denen noch seine grobe Kutte, der Strick um seine Hüfte und seine nackten Füße kündeten. »Folge deinem Vater Franziskus. Sein Weg ist für dich der Weg zur Erlösung« sagte die Schwester.

Fra Lazzarino ging nach Hause und verschenkte alles, was er an überflüssigen Dingen besaß, an die Armen. Seine Bücher verkaufte er, die Möbel gab er weg. Selber behielt er nur die nötigsten Kleidungsstücke und einige wenige Bücher, die er wirklich brauchte. Natürlich wurde er das Ziel für Kritik, Spott und Gelächter, weil er nicht wußte, wie er diese kleine Bußschwester, die er vorgestern so herzlich verachtet hatte, genug rühmen sollte. Fra Lazzarino kümmerte sich nicht darum. Einige Zeit später zog er sich in eine Einsiedelei außerhalb Sienas zurück. Diese verließ er nur, um zu predigen. Seine Predigten waren jetzt noch besser als früher. Fra Lazzarino und Katharina blieben für immer gute Freunde.

»Beata Popolana«

Seit sie ihr Einsiedlerdasein aufgegeben hatte, war Katharina von Werken »leiblicher« Barmherzigkeit in Anspruch genommen. Aber von dem Tag an, an dem ihre Seele für eine mystische Reise durch Hölle, Fegfeuer und Himmel den Leib verlassen hatte, wußte sie, daß sie vor allem Werke geistlicher Barmherzigkeit verrichten mußte. Als Christus sie erwählte, sie selber anlernte und ihr so großes Vertrauen und so ungewöhnliche Gnade schenkte, tat Er es, um sie zu einer Waffe zu schmieden, die Er im Kampf um die Menschenseelen brauchte.

Offenbar war die erste der wunderbaren Bekehrungen, die Katharina durch ihre Gebete erreichte, und die ihren Ruf weit über die Grenzen Sienas hinaustrugen, jene des Andrea de Bellanti gewesen. Er war ein junger Adelsmann, unmäßig reich und durch und durch ein Schlingel. Häßlich sprach die ganze Stadt von seiner Verworfenheit, obschon die guten Bürger von Siena manche recht schlimmen jungen Adeligen kannten.

Andrea de Bellanti war ein Säufer, ein Spieler, ein Raufbold und ein fürchterlicher Gottesverächter. Er mochte kein Wort von Religion hören. Er hatte selbstredend auch nicht das geringste mit der Kirche zu tun. Im Dezember 1370 erkrankte er plötzlich schwer. Als sein Pfarrer pflichtgemäß den Kranken besuchen wollte, jagte ihn Andrea mit einer Flut von Schimpfworten und Gotteslästerungen aus dem Zimmer. Seine Familie schickte nun Botschaft zu Tommaso della Fonte. Auch er vermochte nicht den jungen Mann zur Reue zu bewegen. Andrea sagte seinen Verwandten, er wolle so sterben, wie er gelebt habe. Fra Tommaso ging zu Katharina und bat sie, für eine Seele zu beten, die in Todsünde sterben wollte.

Katharina lag in Ekstase, als der Mönch zu ihrer Wohnung kam. Die anwesenden Frauen erzählten ihm, sie hätte auch schon morgens eine Ekstase gehabt. Da hätte sie in den Himmel gesehen, wo die Heiligen zum Feste der heiligen Luzia rüsteten, das am nächsten Tage gefeiert werden sollte. Fra Tommaso richtete den Frauen seinen Auftrag aus und bat sie, ihn Katharina zu übermitteln, sobald diese das Bewußtsein wiedererlange.

Am nächsten Morgen hörte Fra Tommaso, Andrea de Bellanti wäre als reuiger Sünder gestorben, gestärkt mit den Sakramenten der Kirche, nachdem er ein Testament gemacht und über sein Vermögen als guter Christ verfügt habe. Andrea hatte den Anwesenden erzählt, in einer Ecke des Zimmers sei der Erlöser gestanden und an Seiner Seite »diese Mantellatin, die man Katharina nennt«. Christus habe wie ein strenger Richter ausgesehen. Er habe gesagt, Andreas Sünden seien so fürchterlich, daß die Gerechtigkeit ihren Lauf nehmen müsse. Da habe die Jungfrau für Andrea gebetet, ja, sie habe sich sogar selbst zur Sühne angeboten, wenn nur Christus die Seele des jungen Mannes erlösen wollte. Nach diesem Gesicht sei Andreas verhärtetes Herz von Trauer über seine Sünden ergriffen worden. Er habe einen Boten nach einem Beichtvater geschickt und sei versöhnt mit seinem Schöpfer gestorben.

Katharina gestand Fra Tommaso, das alles sei wirklich geschehen. Während sie in ihrer Zelle den Himmel mit Gebeten für Andrea de Bellanti bestürmte, wäre sie mit Christus zusammen im Sterbezimmer des Mannes gewesen. Sie hätte sich erboten, in alle Ewigkeit die Strafe für seine Sünden zu tragen, wenn Christus mit Andrea nur Erbarmen haben wolle. Anfangs glaubte Fra Tommaso diese Geschichte nicht recht. Aber Katharina beschrieb den jungen Mann, den sie nie gesehen hatte, und das Sterbezimmer, wo sie nie gewesen war, das aber Tommaso nur allzu gut von seinen traurigen und vergeblichen Besuchen bei dem Kranken kannte.

»Es darf keinen verwundern, daß ich alle Seelen ungemein liebe,« sagte sie später zu Raimondo von Capua. »Ich habe sie wahrlich teuer erkauft, weil ich ihretwegen in der Welt bleiben wollte, getrennt von meinem Herrn.«

Nach diesem Vorabend des Sankt-Luzia-Tages folgte eine Periode völligen Fastens. Mehrere Monate lang war Katharina außerstande, auch nur die geringste Nahrung zu sich zu nehmen. Sie lebte nur vom Altarssakrament und gleichsam im Jenseits. Visionen folgten auf Visionen. Sie kam nur dann in die sie umgebende Welt zurück, wenn ihr der Herr einen Auftrag erteilt hatte, den sie für Ihn ausführen sollte. Obschon ihre physischen Kräfte schwanden, und sie oft so schwach schien, daß ihre Freunde um ihr Leben bangten, war Katharina selbst sicher, daß ihre Zeit noch nicht um war. Christus gab ihr wohl immer so viel Kraft, wie sie zur Ausführung Seines Auftrags brauchte.

Von Beginn des Jahres 1371 an wohnte Katharina bei ihrer Freundin Alessia Saracini. Alessia war eine Witwe, die ihren Schwiegervater Francesco Saracini bei sich wohnen hatte. Der war jetzt über achtzig Jahre alt, ein verhärteter Sünder und fanatischer Pfaffengegner. Nur einmal in seinem Leben, als er gefährlich krank war, hatte er gebeichtet. Jetzt lachte er über seine damalige Schwäche, die sich bestimmt nicht mehr wiederholen werde. Francesco nannte einen gewissen Prior in Siena seinen Lieblingsfeind: »Treffe ich den Kerl einmal, schlage ich ihn tot.«

An den langen Winterabenden saß Katharina mit dem alten Herrn zusammen und hörte zu, wie er die Religion verhöhnte und auf alle Pfaffen schimpfte. Katharina widersprach nicht. Sie erzählte ihm vielmehr von Jesus Christus, von Seiner Liebe zu den Menschen, von Seinem bitteren Tod, von der erlösenden Macht der Sakramente, die Er Seiner Kirche anvertraut hatte und die unverändert blieben, selbst wenn die

Priester als Verwalter schlimme und unwürdige Menschen waren. Und sie gewann schließlich. Francesco wollte sich mit Jesus Christus versöhnen. Katharina sagte ihm, er werde Vergebung für seine Sünden finden, wenn er allen vergebe, die ihn gekränkt hätten.

Am nächsten Morgen nahm Francesco Saracini seinen Lieblingsfalken. Mit dem edlen Vogel, der ihm auf dem Handgelenk saß, ging er zu der Klosterkirche, bei der sein Todfeind Prior war. Er meinte die erste Frucht seiner Sinnesänderung müsse ein Begräbnis seines Lieblingshasses sein. Und als Beweis seiner Aufrichtigkeit wolle er seinen Lieblingsfalken dem ehemaligen Feind schenken. Als der Prior den alten Saracini kommen sah, lief der Arme um das nackte Leben. Saracini mußte erst den anderen Priestern den Grund seines Kommens erklären und sie bitten, den Prior zurückzurufen. Nachdem der nicht sonderlich heldenmütige Prior sich vergewissert hatte, daß Saracini waffenlos war, wagte er sich hervor und kam mit ihm zusammen. Aber er bebte vor Angst, als er die kostbare Gabe von dem bußfertigen Alten entgegennahm. Saracini ging zu Katharina zurück und erzählte ihr das Geschehene: »Und was soll ich nun nach deiner Meinung tun?« Sie sandte ihn zu Bartolommeo de Dominici und forderte ihn auf, dem Mönch zu beichten. Nach drei Tagen hörte Fra Bartolommeo die Generalbeichte Francesco Saracinis, in der dieser alle Sünden seines achtzigjährigen Lebens bereute.

Gehorsam wie ein Soldat gegenüber seiner jungen »Mama«, wanderte Francesco Saracini jeden Morgen zur Messe in die Domkirche. Und hinterher betete er hundertmal das Vaterunter und hundertmal den Englischen Gruß an einer Schnur mit hundert Knoten, die ihm Katharina gegeben hatte. Er lebte noch ein Jahr und starb still und friedlich. Im gleichen Winter stand Alessia eines Morgens am Fenster und sah hinaus auf die Straße. Plötzlich schrie sie auf: »Ach, Mutter, welch fürchterlicher Anblick vor unserer Tür! Da fährt man zwei Karren mit zwei Männern vorbei, die zum Tode verurteilt sind und mit glühenden Zangen gefoltert werden ...«

Es waren zwei berüchtigte Räuber, die man schließlich gefangen und vor Gericht gestellt hatte. Die Liste ihrer Verbrechen war so schrecklich, daß sie nach einer unheimlichen Folterung hingerichtet werden sollten. Jetzt fuhr man sie kreuz und quer durch die Stadt. Gefesselt an einen Pfahl, stand jeder auf seinem Karren, während ihm die Henkersknechte mit rotglühenden Gabeln stachen und mit feurigen Zangen das Fleisch vom Leibe rissen. Anstatt die Zuschauer anzurufen und um ihre Fürsprache zu bitten, wie Verbrecher es meistens auf dem Weg zur Richtstätte taten, stießen sie Verwünschungen aus und lästerten Gott derart, daß es allen, die es hörten, angst und bange wurde.

Katharina sah einen Augenblick aus dem Fenster, nicht aus Neugierde, sondern aus Mitleid. Dann trat sie wieder zurück und suchte Zuflucht im Gebet. Mit der ganzen Glut ihrer Seele flehte sie ihren Bräutigam um Hilfe für die beiden Burschen an. »Du erlöstest den Räuber, der neben Dir am Kreuz hing, obschon er gerecht für seine Sünden verurteilt worden war! Erlöse auch diese beiden armen Menschen, die nach Deinem Bilde geschaffen und durch Dein teures Blut erkauft sind. Oder willst Du, daß sie noch vor ihrem Tode diese grausamen Qualen erdulden, um dann in die ewige Pein der Hölle einzugehen?« Also berichtet Raimondo, flehte Katharina um Erbarmen vor Ihm, der angefleht werden will, um Erbarmen üben zu können. Katharina erhielt das Recht, den beiden Todeskandidaten auf ihrem letzten harten Wege im Geiste zu folgen.

Die kniende Frau sah, wie die Schandkarren durch die Gassen auf dem Weg zur Richtstätte vor der Porta della Giustitia gezogen wurden. In der Luft um die beiden Räuber schwärmten Teufel so dicht wie Wolken von Moskitos. Die heulten und stachelten die Sünder zu noch wilderem Menschenhaß und noch schlimmerer Verzweiflung auf. Aber

137

auch Katharinas Seele umschwebte die Verbrecher. Mit ihrem feurigen und zugleich sanften Wesen versuchte sie, die beiden verlorenen Seelen zu Reue und Vertrauen auf das endlose Erbarmen Jesu Christi zu bewegen. Die Teufel, die sich bisher über ihre sichere Beute gestürzt hatten, wandten sich jetzt wütend gegen Katharina. Sie drohten ihr mit allen Schrecken, falls sie versuchen sollte, ihnen die sichere Beute zu entreißen. Ja, sie wollten sie bis zum Wahnsinn peinigen. Katharina antwortete: »Alles, was Gott will, will ich auch. Ich will Ihn nicht verleugnen, weil ihr mich bedroht.«

Die Karren fuhren nun durch das Tor. Und unter dem dunklen Bogen stand Christus, dornengekrönt, blutend nach der Geißelung. Katharina sah Ihn. Und die beiden Räuber sahen Ihn auch. Traurig blickte Er in Augen und Herzen der Sünder. Und plötzlich war ihr Trotz gebrochen: Sie riefen nach dem Priester, sie wollten beichten. Und die Stimmung der Menge, die den Karren folgte und beim Anblick der Qualen der beiden verhaßten Banditen schwelgte, schlug ebenso plötzlich um und sie schrie vor Freude, als sie sah, wie die beiden Verbrecher aus reiner und redlicher Reue zu weinen schienen, während sie ihre Sünden beichteten.

Solch plötzliche Bekehrung war zu dieser Zeit keine Seltenheit. Selbst die rachelüsternsten Feinde eines Todeskandidaten wechselten dann oft ihren Sinn und dankten Gott für die Erlösung einer Seele. Die unheimliche Prozession zog weiter. Doch jetzt sangen die beiden Männer auf dem Karren Kirchenlieder. Und als sie die Henkersknechte mit glühenden Zangen anpackten, riefen sie, sie hätten dies alles verdient, ja, noch Schlimmeres. Bei diesem Sinneswandel ihrer Opfer wurden selbst die Henkersknechte so ergriffen, daß sie die Marterwerkzeuge niederlegten. An der Richtstätte gingen die Räuber ruhig und freudig in den Tod, als gingen sie zu einem Gastmahl.

Der Priester, der bei den beiden Verurteilten war, erzählte Fra Tommaso von dieser seltsamen Bekehrung. Und Alessia konnte ihm berichten, daß in dem selben Augenblick, in dem die Räuber den Tod erlittten, Katharina ihr Gebet beendete und aus der Ekstase erwachte. Der selige Raimondo meinte später, er halte dies für das größte Wunder Katharinas. Auch Sankt Augustin und Sankt Gregor bekennen, Verbrecher zu bekehren, sei ein größeres Wunder, als sie nach der Hinrichtung wieder zum Leben zu erwecken.

Daß Katharina die beiden verstockten Sünder bekehrte, die für eine Reihe grausamer Untaten solche Strafen erlitten, ist und bleibt ein Wunder, mag es für den heutigen Menschen auch bis zu einem gewissen Grade erklärbar sein. Nach allem, was wir von ungewöhnlichen psychischen Phänomen wissen, konnte Katharina das, was sie dachte und sah, durch Konzentration ihrer ganzen seelischen Kraft auf die beiden Todeskandidaten übertragen. Aber so kann nur die Art und Weise, wie sie das Wunder ausübte, bis zu einem gewissen Grad erklärt werden.

Für ihre Zeitgenossen war die Fähigkeit Katharinas, auf Abwesende einzuwirken, so daß sie sahen, was sie nach ihrer Absicht sehen sollten, und taten, was sie ihnen zu tun befahl, wohl die seltsamste aller wunderbaren Kräfte dieser Frau. Niccolo Saracini, ein anderer alter Kriegsmann des Geschlechtes, sah sie eines Nachts im Traum. Er sagte seiner Frau, er wolle Katharina einen Besuch machen, natürlich nur um zu sehen, ob sie seinem Traumbild entspreche. Sonst war er an dem, was man von dem Mädchen erzählte, nicht interessiert. Aber als er von Katharina zurückkam, ging er zur Beichte. Und wie sein Verwandter Francesco wurde er ein braver und frommer Mann.

Die Tolomei waren eines jener großen Geschlechter, die Siena eine Reihe berühmter Bürger und mehrere Heilige geschenkt hatten. Sie waren führend bei den Welfen gewesen, die die Päpste gegen die deutschen Kaiser unterstützten. Aber der junge Jacopo Tolomei war weit und breit ob seiner Brutalität und Grausamkeit gefürchtet. Noch nicht zwanzig

Jahre alt, hatte er schon zwei Menschen getötet. Seine beiden schönen jungen Schwestern waren die eitelsten Frauen von Siena und dachten an nichts anderes als an Vergnügen und Lustbarkeiten. Wenn sie noch Jungfrauen waren, so doch nur, weil sie den Klatsch fürchteten, nicht aber aus Sorge um ihre Reinheit. Madonna Rabe, ihre Mutter, ging zu Katharina und flehte sie an, für die Erlösung dieser ihrer Kinder zu beten, für den wilden Sohn und die leichtfertigen Töchter. Und wieder bestürmte Katharina den Himmel mit Gebeten für die Tolomei.

Schon die erste Begegnung zwischen Katharina und den beiden jungen Mädchen endete damit, daß diese all ihre Dosen und Schächtelchen mit kosmetischen Mitteln in den Abort warfen. Sie schnitten sich das schöne blonde Haar ab und baten, die Tracht der Mantellatinnen tragen zu dürfen. Jacopo war damals nicht in Siena. Aber als ihm sein jüngerer Bruder Matteo die Nachricht überbrachte, wurde er fast wahnsinnig vor Wut. Matteos Wesen schien dem älteren Bruder verdächtig. Hatte er doch gesagt: »Paß auf, wenn du nach Siena kommst! Sie kann dich leicht bekehren.« Jacopo fluchte: »Nie! Eher schneide ich der ganzen Bande von Schwestern und Mönchen und Pfaffen den Hals ab!«

Monna Rabe hatte vor der Wut ihres ältesten Sohnes entsetzliche Angst. Doch Katharina sah innerlich und äußerlich die Lage und sandte Fra Tommaso zu Jacopo: »Du erzählst Jacopo von mir, und ich erzähle Gott von Jacopo.«

Fra Tommaso nahm Bartolommeo mit. Und auf Jacopos Burg draußen vor Siena trafen die beiden Mönche den jungen Banditen. Er schäumte vor Wut. Aber nach einer Weile hatte Jacopo das Gefühl, als würde sein Herz umgetauscht. »Ich fühle, ich muß alles tun, was diese Katharina will.« Es dünkte ihn gut, daß die hübschen Schwestern, auf die er so stolz gewesen war, nun in der groben Tracht der Bußschwestern Gott dienten. Und er verlangte selbst nach der Beichte und der Freundschaft mit Gott.

Jacopo Tolomei wurde ein sehr alter Mann, ein bekehrter Mann, ein rechtschaffener Bürger und Nachbar, ein guter Ehemann und Vater. Schließlich trat er in den Dritten Orden des heiligen Dominikus ein und wurde Laienbruder. Matteo, der jüngere Bruder, wurde Dominikanermönch. Und die beiden Schwestern lebten und starben als fromme Bußschwestern.

Nanni di Servanni war ein anderer großer Übeltäter Sienas. Verschlagen und grundverdorben, wie er war, wollte keiner mit ihm Feindschaft haben. Obschon man Nanni nie eines Verbrechens überführen konnte – vielleicht, weil keiner den Beweis anzutreten wagte –, war es seltsam, wie viele seiner Feinde Mordanschläge zum Opfer fielen. Katharina wünschte, Nanni zu treffen und mit ihm zu reden. Sie hoffte, mit Gottes Hilfe diese Feindschaften und Gewaltmorde beenden zu können. Aber Nanni hatte solche Angst vor ihr, »wie die Schlange Angst hat vor dem Schlangenbändiger«.

Immerhin scheint er kein Priesterhasser gewesen zu sein. Er befürchtete für seine Person nicht, daß ihn ein Pfaffe bekehrte. Er wollte nur leben, wie es ihm paßte. Eines Tages versprach er dem Augustinermönch William Fleete, einem jungen Engländer, der im Kloster von Lecceto unweit Sienas in den Wäldern lebte, Katharina zu besuchen, selbstredend nicht, um ihren Rat zu befolgen.

Katharina war nicht daheim, als er kam. Sie war draußen, um jemand zu helfen. Fra Raimondo von Capua, der inzwischen ihr Beichtvater geworden war, wollte sie ebenfalls besuchen. So empfing der Mönch den Lebemann. Die beiden sprachen miteinander. Aber plötzlich rief Nanni entsetzt: »O Gott, was ist das für eine Kraft? Ich will gehen, kann aber nicht. Ich habe nie eine solche Kraft verspürt. Eine unbekannte Kraft hat mich bezwungen ...« Und als Katharina eintrat, warf er sich ihr zu Füßen und schluchzte: »Alles, was ich habe, und was ich bin, lege ich in deine Hände. Befiehl mir, was ich tun soll. Ich werde gehorchen. Nur du, Jungfrau, sollst meiner armen Seele helfen.

Katharina sprach sanft zu ihm. Sie habe ihrem Herrn und Meister von ihm erzählt, sagte sie. Dann schickte sie ihn zu einem Beichtvater. Nanni wurde ein anderer Mensch. Kurze Zeit später wurde er von den Leuten des Podestà gefangengesetzt. Und man erzählte in der Stadt, er sei zum Tode verurteilt worden.

Raimondo wurde bei dieser Nachricht traurig und sagte zu Katharina: »Solange Nanni dieser Welt diente, schien ihm alles zu glücken. Doch jetzt, wo er sich Gott zugewandt hat, scheinen sich Himmel und Erde gegen ihn verbündet zu haben. Ich fürchte, er bricht verzweifelnd zusammen. Sein Glaube ist noch sehr schwach. Bete, daß er aus dieser Gefahr befreit wird.«

Doch Katharina verstand einen Mann wie Nanni besser: »Seht Ihr nicht, wie ihm Gott vergeben und von den ewigen Qualen erlöst hat? Statt dessen läßt Er ihn zeitliche Strafen für seine Sünden erleiden. Solange er die Welt liebt, liebt die Welt ihn. Jetzt, seit er sich bekehrt hat, haßt und verfolgt ihn die Welt. Keine Angst! Er, der Nanni aus der Hölle erlöst hat, wird ihn auch aus dieser Gefahr erlösen.«

Wirklich wurde Nanni ein paar Tage später auf freien Fuß gesetzt. Aber er verlor den größten Teil seiner irdischen Besitztümer. Katharina freute sich darüber, denn sie nahm dies als Befreiung von einer schweren Versuchung. Trotzdem besaß Nanni noch mehrere feste Burgen außerhalb Sienas. Eine davon ließ er Katharina gerichtlich übertragen. Sie nahm die Burg entgegen, um aus ihr ein Kloster für die betrachtenden Nonnen vom Ersten Orden des heiligen Dominikus zu machen. Diese Klosterstiftung war für Katharina eine große Freude. Doch es vergingen Jahre, ehe sie die Einwilligung der Regierung erhalten konnte, eine Festung in ein Nonnenkloster umzuwandeln. Außerdem brauchte sie die päpstliche Bestätigung ihrer Stiftung. Diese gab ihr Gregor XI. durch eine Bulle. Es ist indessen unsicher, ob das Kloster bis zum Tode Katharinas eingerichtet war. Immer neue Söhne und Töchter schlossen sich der großen Familie der »seraphischen Mutter Katharina« an. Die Schar der »Katharinaten« wuchs von Monat zu Monat. Unzählige Geschichten von ihrer Macht über die Menschenseelen fanden ihre Biographen, als Fra Raimondo und Fra Tommaso Caffarini den Stoff für ihre Schriften sammelten. Eine Heerschar von Zeugen stand voller Eifer bereit, alles zu berichten, dessen man sich hinsichtlich ihres wunderbaren Lebens, ihres bezaubernden Wesens und ihrer heiligen Fröhlichkeit erinnerte. Alle, die etwas wußten, brannten darauf, von der »Beata Popolana« zu erzählen, – so nannten die Sieneser das begnadete Kind des Volkes, die Färberstochter aus der Via dei Tintori.

Birgitta von Schweden

Es waren harte Zeiten für den gemeinen Mann in Italien. Jede Stadt oder Gemeinde mußte befürchten, von den Heeren der Nachbarrepublik überfallen und verwüstet zu werden, oder auch von einem Kondottiere an der Spitze seiner Landsknechte, der im Dienste irgendeines Herrschers stand oder auch arbeitslos war und sich unterwegs auf einer Plünderung befand.

Es war das Los der Unterlegenen, Opfer für die Orgien von planlosem Blutdurst und Quälsucht, von Massakern und Plünderungen zu sein. Den Fußspuren der Soldaten folgten Pest und Hungersnot. Männer und Jünglinge, die inmitten dieser Gesetzlosigkeit aufwuchsen, zogen in die Wälder und Berge und wurden Räuber oder Mörder, die weder Erbarmen übten noch erwarteten. Man darf nicht vergessen, daß die Straßen, die Katharina und ihre Gefährten wie alle Reisenden dieser Zeit benutzen mußten, von Räubern und feindlichen Soldaten überflutet waren und sich außerdem in einem fürchterlichen Zustand befanden.

Die Wurzeln dieses Elends waren so zahlreich wie die des Unkrauts und eine der schlimmsten war das selbstgewählte Exil des Papsttums in Avignon.

Nicht etwa, daß sich die Päpste des Mittelalters immer in Rom aufgehalten hätten. Das unruhige und eigenwillige römische Volk und der römische Adel waren nur allzu geneigt, Christi Stellvertreter, der auch ihr Bischof war, als Besitz zu betrachten: Tumult und Aufruhr, wenn man mit den Anordnungen des Papstes unzufrieden war, Tumult und Aufruhr bei den Papstwahlen, wenn der bewaffnete römische Mob die Kardinäle zwingen wollte, seinen Kandidaten zu wählen.

Es kam vor, daß der Kandidat der Römer nur deshalb Favorit war, weil er als »Romano di Roma«, als eingeborener Römer galt. Deutsche Kaiser fielen in Italien ein, um die Päpste zu zwingen, ihre Forderung auf Unterwerfung der geistlichen Macht unter die weltliche Macht nachzugeben. Man zwang die Päpste, nach Neapel oder Lyon zu flüchten, während sich, gestützt auf deutsche Lanzen, im Lateranpalast ein Gegenpapst niederließ. Einige Päpste hatten es vorgezogen, jahrzehntelang in Viterbo zu wohnen. Auch Anagni, Rieti, Perugia und andere italienische Städte hatten Päpsten als Residenz gedient, als sie der ewigen Unruhe und Unsicherheit in Rom entgehen wollten.

Als Bertrand de Got, Erzbischof von Bordeaux, im Jahre 1305 zum Papst gewählt wurde und den Namen Klemens V. annahm, weigerte er sich, sein französisches Vaterland zu verlassen und nach Italien zu ziehen. Avignon, am Ufer der Rhone, lag nicht im Bereich des französischen Königs, wohl aber in der Provinz Venaissin, die dem König von Aragonien gehörte, bis sie Papst Urban V. von der Königin Johanna von Neapel kaufte. Moralisch betrachtet, waren die Päpste Gefangene des Königs von Frankreich, seit sich Bertrand de Got unter dem Einfluß Philipps des Schönen begab. König Philipp der Schöne war ein Mann ohne jede Spur moralischer Hemmungen. Er hatte sich schon des Mordes und des Sakrilegiums schuldig gemacht, als er de Got bei der Papstwahl half.

Eines der dunkelsten Kapitel in der Geschichte der Kirche Christi ist die, wie der schwache und geldgierige Papst Klemens V. sich zur Hilfe für König Philipp überreden ließ, als dieser die Auflösung des Templerordens beschloß, dessen Reichtümer er haben wollte und dessen politischen Einfluß er fürchtete. Entgegen den jahrhundertealten prinzipiellen Forderungen der Kirche, durch Tortur erzwungene Eide und Geständnisse, die durch Tortur bei weltlichen Gerichten erzwungen wurden, als ungültig zu betrachten, stützte sich Klemens V. auf Geständnisse über Ketzerei und Homosexualität, die die Henkersknechte des französischen Königs aus mehreren Ordensrittern herausgepreßt hatten. Als die Kirche ihr früheres Prinzip der Nichtanerkennung derart erzwungener »Geständnisse« aufgab, schuf sie einen Präzedenzfall, der später ihre ärgsten Feinde mit den besten Waffen gegen sie versorgen sollte. Für das Volk wurde damit gleichfalls das stärkste Bollwerk gegen die ständig anwachsende Brutalität der weltlichen Obrigkeit allmählich unterminiert. Die Renaissance und Reformation gab dann den weltlichen Herren überall in Europa nahezu absolute Gewalt, und die Opfer ihrer Willkür und Ungerechtigkeit blieben gegenüber der organisierten Grausamkeit in einem Grade ohne Verteidigungsmöglichkeit, wie wir ihn erst in unseren Tagen bei autoritären Staaten in gleicher Weise wiederfanden.

Bei seinem Tode hinterließ Papst Klemens V. ein Vermögen von einer Million Florinen. Sein Testament verriet, daß er zwei christlichen Königen, dem französischen und dem englischen, Geld geliehen hatte, damit sie gegeneinander Krieg führen und ihre unglücklichen Länder verwüsten konnten. Sein Nachfolger war Jacques d'Euse, gleichfalls ein Franzose, der sich Johann XXII. nannte. Auch er blieb in Avignon und führte die Bauten seines Vorgängers weiter. Er wollte die Papststadt an der Rhone zu einer der stärksten Festungen und prächtigsten Städte Europas machen.

Schließlich rebellierte der Orden der Franziskaner gegen den weltlichen und korrupten Hof der Päpste von Avignon, dessen Simonie und Geldgier sich frech ausbreitete. Die Franziskaner schufen das Schlagwort von der »babylonischen Gefangenschaft des Papstes«. Der Papst antwortete mit Bannbullen gegen »Fratres, Beginen und Brüder der heiligen Armut«.

Jahrelang zehrte der Streit zwischen den Päpsten in Avignon und dem radikalen Flügel des Franziskanerordens wie eine Krankheit an den inneren Organen der Kirche. Die Päpste verurteilten die Franziskaner als Ketzer. Die Franziskaner antworteten mit einem erbitterten Widerspruch, der sie zuweilen zu Ketzereien verleitete und sie schließlich auch zum schicksalsschweren Bündnis mit Fürsten und Herrschern führte, die sich nicht im geringsten um das Wohl oder Wehe der Kirche kümmerten. Während dessen klagte Dante den Papst an, er habe gemeinsam mit Frankreich das Papsttum vergiftet, der Papst sei heute nichts anderes als der Kaplan des Königs von Frankreich. Auch Petrarca erhob seine anklagende Stimme gegen Avignon, das Babylon der Offenbarung. Es nutzte nichts. Nacheinander wurde eine ganze Reihe Franzosen Päpste, und sie ernannten ihrerseits wieder neue französische Kardinäle, oft Verwandte oder Freunde des regierenden Papstes. Einige waren rechtschaffene und fromme Priester. Doch diese waren in der Minderheit.

Auch für die Kirche in Frankreich hatte die Abhängigkeit der Päpste von der weltlichen Macht betrübliche Folgen. Während der endlose Krieg mit England das Land materiell und kulturell zerstörte, verlor das Volk Vertrauen und Liebe zur Kirche Christi, da deren Kraft, die Seelen auf den rechten Weg zu führen und die Wunden zu heilen, äußerst geschwächt worden war. Die Moral innerhalb der Geistlichkeit, der höheren wie der niederen, war mancherorts so tief gesunken, daß es die Herzen der Gläubigen mit Angst und Sorge erfüllte. Vielfach war die Unwissenheit in religiösen Dingen ungeheuerlich. Das Volk erhielt keine religiöse Unterweisung. Männer und Frauen wußten nichts vom Glauben, dem sie offiziell angehörten. Was sie an christlichen Traditionen besaßen, war vom Aberglauben überwuchert, vom alten des Heidentums wie auch von solchem neueren Ursprungs.

Die Folgen dieser verheerenden Zustände wurden allerorts in der Christenheit empfunden, freilich weniger stark, je weiter die Länder von der Quelle des Übels entfernt lagen. Aber kein Ort litt so sehr wie Rom unter dem Umstand, daß die Stellvertreter Christi die alte Hauptstadt der Kirche verlassen hatten.

Nachdem die Päpste auch weltliche Fürsten innerhalb des Kirchenstaates geworden waren, der sich jetzt über die Romagna hinaus erstreckte, so daß er an das Mailand der Visconti grenzte, und die toskanischen Republiken wie Inseln innerhalb der päpstlichen Hoheit lagen, übertrugen sie ihre weltliche wie geistliche Herrschergewalt an Legaten. Viele von diesen waren Franzosen, ohne Spur von Verständnis oder Sympathie für die Italiener. Die beiden »lateinischen Schwesternationen« hatten damals ebensowenig gegenseitige Liebe und Verständigungsbereitschaft füreinander wie heute. Die Sprecher der italienischen Stadtstaaten – ebenfalls Mitglieder alter Fürstenhäuser – die in einer Reihe befestigter kleiner Städte als erbliche Herrscher und Vasallen des Heiligen Stuhles ihre Regierungsgewalt ausübten, unterlagen fast immer, wenn Zwistigkeiten entstanden, und versuchten, zu einem Einverständnis mit dem päpstlichen Legaten aus Avignon zu gelangen.

In Rom fand sich keinerlei Autorität, die die Angriffe der großen Barone in Schach halten konnte, wenn diese, gestützt auf ihre Anhänger innerhalb des niederen Adels und beim gemeinen Volk, sich gegenseitig bekämpften. Sie hatten ihre Festungen innerhalb der Mauern der Stadt, oft errichtet auf Ruinen aus dem alten Rom der Kaiserzeit. Und in den Bergen rings um die römische Campagna hatten sie ihre Kastelle, feste Burgen mit einem anliegenden Dorf.

Muratoris Schilderung im dritten Bande seiner »Fragmenta historiae Romanae« ist berühmt: »Rohe Macht hatte das Recht verdrängt. Es gab keine Achtung vor dem Gesetz, kein Schutz für das Eigentum, keine persönliche Sicherheit. Die Pilger, die zu den Apostelgräbern wallfahrten, um dort zu beten, wurden ausgeplündert, die Bauern außerhalb der Stadtmauern überfallen, Frauen vergewaltigt. Ungerechtigkeit hatte sich auf den Thron der Gerechtigkeit gesetzt, die Liederlichkeit in den Heiligtümern breitgemacht, die Not in den Familien ihren Einzug gehalten. Die Kirchen in der Heiligen

Stadt waren Ruinen. In Sankt Peter und im Lateran grasten die Rinder am Fuß der Altäre. Das Forum war ein Küchengarten geworden oder auch Winterlager für wilde Tiere. Die ägyptischen Obelisken waren umgestürzt oder zerbrochen. Die Viehweiden lagen unter Mauerbrocken und Schutt begraben. Infolge der Abwesenheit des Papstes wucherten Parteikämpfe und Fehden zwischen kleineren Gruppen. Eine allgemeine Verwirrung und Entvölkerung folgte. Und die großen Dichter in dem einst so stolzen Rom hingen ihre Harfen an Weidenbäume und stimmten in die Klage des Propheten ein: »Wie verlassen ist doch die einst so volkreiche Stadt. Die Herrscherin der Völker ist eine Witwe geworden.«

Aber dennoch war Rom immer noch die Heilige Stadt der Christenheit. Immer noch trotzten die Pilger Gefahren und Ermüdung und eilten aus fernen Landen herbei, um an den Apostelgräbern zu beten, um die traditionellen Besuche bei den Heiligtümern innerhalb Roms und draußen in der schönen grünen Campagna zu machen, die der Erinnerung an Heilige und Martyrer aus der Heldenzeit der Kirche geweiht waren. Sie kamen heim mit Ablässen, die sie gewonnen hatten, und mit Reliquien und Heiligenbildern, die ihren Kindern und ihren Pfarrkirchen vermacht werden sollten, und nicht zuletzt mit Geschichten, wie schlimm es um die Stadt des heiligen Petrus und des heiligen Paulus bestellt war.

Cola di Rienzo verursachte ein Zwischenspiel, das für kurze Zeit die Wiedergeburt Roms erhoffen ließ. Niccola di Lorenzo war von bürgerlicher Herkunft, glänzend begabt, beredt, phantasievoll, hochgesinnt, erfüllt von brennender Liebe zu seiner Vaterstadt, deren große Vergangenheit er kannte. Er träumte von seiner Berufung, der Stadt diese Größe zurückzubringen. Im Jahre 1344 war einer seiner Brüder ermordet worden. Und als Cola vergeblich versucht hatte, den Mörder vor das Gericht zu bringen und ein Urteil zu erzwingen, zog er an der Spitze einer Gesandtschaft von Vertretern der dreizehn Bezirke Roms nach Avignon. Das drastische Bild, das er vom Elend in Rom und von der Tyrannei der Barone malte, bestimmte Klemens VI., Cola als Notar des Heiligen Stuhles zurückzuschicken. Durch seine Rednergabe hatte dieser bald das römische Volk fest in seiner Hand.

Im Jahre 1347 entfachte er einen Aufstand. Auf dem Kapitol vollzog er die Konstitution der Römischen Republik: Cola war zutiefst davon überzeugt, daß es die alte Republik war, die hiermit von den Toten auferstand. Das Volk verlieh ihm den Titel eines Tribunen und Befreiers. Der Papst war klug genug, die neue Lage anzuerkennen, indem er seinen Vertreter, den Bischof Raimondo von Orvieto, beauftragte, mit Cola zusammen zu arbeiten. Gesetz und Ordnung wurden wieder aufgerichtet. Die Kirchenruinen bekamen wieder Dächer. Man baute Magazine, um Korn für die Zeiten der Not und Teuerung zu lagern, die ja die Stadt in Abständen heimzusuchen pflegten. Die Macht der Barone war gründlich beschnitten. Die Pilger, die nach Rom kamen, konnten unbesorgt von Wallfahrtsort zu Wallfahrtsort innerhalb und außerhalb der Stadt wandern. Es schien zu schön, um wahr zu sein. Es zeigte sich bald, daß es zu schön war, um Dauer zu besitzen. Die wankelmütigen Römer wandten sich gegen ihren Tribun und jagten ihn aus der Stadt.

Das meiste, was durch Cola di Rienzos Revolution gewonnen war, wurde wieder vernichtet, als 1348 und 1349 der »schwarze Tod«, die asiatische Beulenpest, durch Europa fegte und die Völker aller Länder in einem Maße dezimierte, das weder vorher noch nachher seinesgleichen hatte. Schätzungsweise ist die Hälfte der italienischen Bevölkerung der Pest zum Opfer gefallen. In allen Ländern empfand man sie als eine Geißel Gottes, die Er über einer Welt schwang, die Ihn verleugnet hatte und sich in Schamlosigkeiten erging.

In den Chor der Stimmen, die nach Buße und nach Rückkehr des Papstes in die Stadt verlangten, wo der Heilige Stuhl rechtens stehen sollte (das letztere deuchte die gewöhnlichen

Christenmenschen dieser Zeit als unumgängliche Vorausset-
zung für jegliche christliche Wiedergeburt) mischte sich eine
dröhnende Frauenstimme vom nördlichen Rand der christlichen Welt.

Vergeblich hatten Dichter, Patrioten und Heilige, die
selbst in den dunkelsten Tagen der Kirche nicht ausstarben,
den Papst angefleht, sich seiner Kinder zu erbarmen und zurückzukehren. Im Jubeljahr 1350 kam eine Witwe, die später
als die heilige Birgitta von Schweden bekannt wurde, mit
einigen frommen schwedischen Priestern, Verwandten und
Freunden nach Rom. Die heilige Birgitta, die Seherin und
Prophetin, befahl dem Papst, Avignon zu verlassen. Sie sagte
ihm Gottes Zorn voraus, wenn er nicht auf ihre leidenschaftlichen Warnungen höre.

Ihre Zeitgenossen in Italien und viele ihrer späteren Bewunderer haben Birgitta Birgerstochter eine schwedische
Prinzessin genannt. In einem Brief vom Jahre 1374 spricht Katharina von Siena von ihr als der »Gräfin, die kürzlich in Rom
starb«. Es ist richtig, daß sowohl Birgitta als auch ihr Mann
mit fast allen großen schwedischen Geschlechtern verwandt
oder bekannt waren, die während der blutigen Kämpfe des
Mittelalters die schwedische Krone getragen und verloren
hatten. Aber sie gehörten zu den uralten Großgeschlechtern,
die unbekümmert um Titel und dergleichen ihren eigenen
Stammbaum bis in die graue Heidenzeit zurückführen konnten und die jahrhundertelang in ihrer engeren Heimat als
Oberhäupter einer Gemeinschaft freier Bauern regiert hatten.
Gewiß konnten sich ihre Söhne von ihrem König zum Ritter
schlagen lassen, wenn sie ihn liebten und sich denken konnten, daß sie ihm auch treu blieben. Aber sie schauten auf die
emporgekommene Aristokratie der Grafen und Barone herab
und zeigten keinerlei Wünsche nach derartigen Titeln.

Birgitta erzählt, in einer ihrer Visionen sei sie von der
Mutter Jesu gefragt worden, was die stolzen Frauen ihres
Landes sagten. Birgitta antwortete, sie sei selber eine von

ihnen und schäme sich deshalb, es zu sagen. Maria sagte darauf: »Das weiß ich besser als du. Doch ich möchte gern, daß du es mir sagst.« Da gestand Birgitta: »Denen, die uns wahre Demut predigten, antworteten wir: Von unseren Vätern haben wir große Güter und höfische Sitten geerbt; warum sollen wir nicht so sein, wie diese waren? Und unsere Mütter saßen unter den ersten Frauen des Landes, prächtig gekleidet und mit viel Dienerschaft, und erzogen uns zu weltlichen Ehren und Würden; warum soll ich alles dies nicht meiner Tochter weitergeben, die ich erzogen habe, daß sie sich edel und würdig benehmen, glücklich leben und in den Augen der Welt mit Ehren sterben kann?«

Aber Birgitta war trotzdem ein frommes Kind gewesen, eine fromme und tüchtige Frau eines ebenso frommen und guten Mannes, eine liebevolle und gewissenhafte Mutter, eine hochgesinnte und kluge Herrin, die ihre großen Güter mit Umsicht und Tüchtigkeit verwaltete. Nach dem Tode ihres Gatten gelobte sie, in Armut, Keuschheit und Gehorsam gegenüber ihren geistlichen Ratgebern zu leben. So wie sie nun einmal war, konnte sie nicht ihre Natur verleugnen. Ihre große Milde zu allen in Not befindlichen Menschen und ihre fürstliche Freigebigkeit waren angeboren. Die Gnade verändert nicht unsere Natur, sondern vervollkommnet sie. Die Gnade machte Birgitta zu einer Heiligen und zugleich zu einer Seherin und Prophetin.

Schon vor ihrer Abreise von Schweden hatte Birgitta an Papst Klemens VI. einen Brief geschrieben, in dem sie ihm auftrug, zwischen Frankreich und England Frieden zu stiften und zum Jubeljahr nach Rom zu kommen. Im Namen Christi sagte Birgitta die fürchterlichen Demütigungen und Unglücke voraus, die über den Papst kommen würden, wenn er nicht ein neues Leben beginne und an die Leiden denke, die die Kirche seinetwegen erdulden müsse, während er um sein leibliches Wohl besorgt sei. »Erforschet Euer Gewissen und seht, ob es nicht wahr ist, was ich sage!«

Zwei schwedische Prälaten brachten diesen Brief nach Avignon. Der Papst war tief ergriffen von der gewaltigen Sprache dieser Seherin aus den fernen nordischen Landen. Sie waren für die Völker Europas von einer Art Märchennebel und Seltsamkeit umgeben, obwohl die Verbindung zwischen dem Nord- und Südeuropa in der katholischen Zeit bedeutend intimer und lebhafter war als nach der Reformation. Außerdem gehörte die Schreiberin dem Königshaus ihres Heimatlandes an und war gewohnt, im politischen Spiel mitzuwirken, ehe sie der Welt den Rücken kehrte.

Aber Klemens war eben jetzt in einer ungemein schwierigen Lage: In Deutschland hatte Ludwig der Bayer Händel mit der Kurie, so daß die Deutschen über den Hof von Avignon äußerst erbost waren; in Spanien tobte der Krieg zwischen den Königen von Kastilien und Aragonien; und der Krieg zwischen England und Frankreich war auch wieder in vollem Gange. Vergeblich versuchte der Papst, in einer Welt Frieden zu stiften, in der der Friede heimatlos geworden war. Die Engländer beschuldigten ihn, nicht ohne Grund, der Parteinahme für Frankreich. Ein dreijähriger Waffenstillstand war alles, was der Papst erreichen konnte. Und dieser Waffenstillstand wurde in kurzer Zeit wieder gebrochen.

Als der »schwarze Tod« nach Avignon kam, bewies Papst Klemens VI., daß ihm keineswegs physischer Mut fehlte. In dieser Unglückszeit zeigte er sich als wahrer Vater seines Volkes. Erschüttert über die Berichte aus Rom, versuchte er auch, eine Reihe der geforderten Reformen durchzusetzen. Aber – es geschah von Avignon aus. Er weigerte sich strikt, nach Rom überzusiedeln. Im Gegenteil, er bestärkte die Bande zwischen dem Papsttum und Frankreich und ernannte eine ganze Reihe französischer Kardinäle. Als er 1352 starb, rief Birgitta aus: »Gesegnet sei dieser Tag, aber nicht dieser Papst.«

Wie ein Meteor kehrte auch Cola di Rienzo im selben Jahr nach Rom zurück. Jetzt kam er wirklich als Gesandter des

Papstes. Zwei Jahr später erlosch der Glanz. 1354 wurde Cola bei einem Aufruhr in Rom getötet.

Birgitta erhoffte viel von Innonzenz VI., dem Nachfolger von Klemens VI., wurde aber bitter enttäuscht. Sie schrieb ihm, donnerte, flehte, drohte mit zeitlichen und ewigen Strafen, wenn er nicht nach Rom komme. Aber auch er starb in Avignon, ohne seinen Fuß auf italienischen Boden gesetzt zu haben. Ihm folgte Papst Urban V. Und trotz der Proteste und Überredungsversuche der französischen Kardinäle und des französischen Königs fuhr er 1367 von Marseille ab und landete in Corneto, wo er von den italienischen Volksmassen mit geradezu frenetischer Freude empfangen wurde. »Es war der schönste und erbaulichste Anblick, der je gesehen wurde«, schrieb der heilige Johannes Colombini, der als Vertreter Sienas anwesend war.

Im Herbst 1367 hielt Urban V. seinen Einzug in Rom. Der Jubel der Italiener schien alles Vorangegangene zu übertreffen. Im nächsten Jahr kam Karl IV., der neue Kaiser des Heiligen Römischen Reiches deutscher Nation zur Krönung in die heilige Stadt. Der Papst setzte ihm die Kaiserkrone auf. Aber bald darauf verließ Urban Rom, nachdem er nur drei Jahre und drei Monate in Italien gewesen war. Vergeblich versuchte ihn Birgitta zu überreden; sie erzählte ihm von den fürchterlichen Offenbarungen, die sie empfangen hatte, vom Los der Kirche und seinem eigenen Los, wenn er seine Pflicht nicht erfülle. Kurze Zeit nach seiner Ankunft in Avignon wurde Urban todkrank. Er entsann sich der Prophezeiungen der schwedischen Seherin und versprach jetzt feierlich, nach Rom zurückzukehren und die heilige Stadt nie mehr zu verlassen, wenn ihm Gott das Leben schenken wollte. Ein paar Tage später starb er.

Kardinal Pierre Roger de Beaufort wurde zu seinem Nachfolger gewählt. Er war ein Neffe des Papstes Klemens VI. und hatte sich am Hofe zu Avignon durch tiefe Frömmigkeit und reines Leben ausgezeichnet. Als er unter dem Namen Gregor

XI. den päpstlichen Thron bestieg, jubelten alle gläubigen Christen: Endlich schien der würdigste Mann zum Nachfolger des heiligen Petrus gewählt zu sein. Der neue Papst war noch verhältnismäßig jung, noch keine vierzig Jahre. Doch er war kränklich. Und später zeigte sich, daß trotz seiner guten und liebenswerten Eigenschaften die angeborene Ängstlichkeit ihn immer wieder zögern und schwanken ließ.

Birgitta hatte in einer Vision das Los gesehen, das seiner harrte, wenn er seine Pflicht versäume und nicht nach Rom komme. Jetzt sandte sie ihm einen Brief, der gewaltigen Eindruck auf das überempfindliche Gemüt des Papstes machte. In seinem Antwortbrief schickte er ihr den apostolischen Segen und ein Versprechen: Er sei fest entschlossen, nach Rom zu ziehen. Doch als die Zeit verstrich, und man nichts von Reisevorbereitungen merkte, schrieb ihm Birgitta abermals und erzählte ihm von einer neuen Offenbarung, die sie über ihn gehabt hatte. Wenn die Liebe zu seinen Verwandten und Freunden und seinem französischen Vaterland ihn von der Reise Abstand nehmen lasse, werde Gott ihm den übernatürlichen Trost entziehen, den Er bisher dem Papste geschenkt habe. Außerdem werde Frankreich nie Freude und Frieden haben, wenn nicht die Franzosen ihre Sünden gegen Christus büßten. Im Hinblick auf den Kreuzzug, den der Papst plane, habe die göttliche Mutter ihr, Birgitta, gesagt, ihr Sohn wolle nicht, daß der Papst Banden gottloser Krieger zu Seinem Grabe schicke, ebensowenig wie Er es gewollt habe, daß die Juden in alter Zeit ihr Gold opferten – um ein Kalb daraus zu machen ...

Es ist eine seltsame Tatsache, daß Katharina später einen ganz anderen Standpunkt zu dem geplanten Kreuzzug einnimmt. Im großen und ganzen scheint die junge sienesische Popolana die politischen Probleme weit realistischer gesehen zu haben als die alte schwedische Adelsfrau, die, Tochter und Mutter von Kriegern, von Jugend auf gewohnt war, sich in Kreisen zu bewegen, in denen politische Intrigen auf der

Tagesordnung standen. Katharina neigte viel mehr als die strenge und leidenschaftliche Witwe aus Schweden dazu, bei allen Menschen auf den Sieg des Guten zu hoffen und die Welt so zu nehmen, wie sie ist, schließlich aber natürlich auch zu versuchen, sie zu verändern.

Abermals antwortete Gregor, es sei sein Herzenswunsch, den päpstlichen Thron wieder in Rom zu errichten. Doch gerade jetzt war dies unmöglich. Der Krieg zwischen England und Frankreich hielt ihn in Avignon zurück. In Italien aber lagen die Dinge so, daß seine Rückkehr dringend notwendig schien, selbst wenn es nur darum ging, die weltliche Macht des Kirchenstaates zu retten. Das hielten die meisten Christen dieser Zeit für außerordentlich bedeutsam, auch in religiöser Hinsicht.

Früher hat der Umstand, daß die Päpste als Stellvertreter Christi gleichzeitig weltliche Fürsten waren, die Freiheit geistlicher Autorität soweit gesichert, wie sie überhaupt in einer Welt gesichert werden konnte, in der sich sündige Menschen fast unablässig aus reiner Machtgier treiben ließen. Aber große Päpste hatten Vorrang und Freiheit geistlicher Macht gegen deutsche Kaiser und europäische Fürsten beschützt, wenn diese zum Angriff übergingen, um die Diener der Religion zur Unterwerfung unter weltliche Herren zu zwingen.

Von Norden her waren jetzt die Grenzen des Kirchenstaates durch Bernabo Visconti, den Tyrannen von Mailand, bedroht. Und die toskanischen Republiken, die voll banger Ahnungen gesehen hatten, wie die päpstlichen Heere unter dem spanischen Kardinallegaten Albornoz über andere italienische Fürsten gesiegt hatten, spähten jetzt voller Mißtrauen, ob Angriffe auch ihre Unabhängigkeit bedrohten. Es gab also neben dem Hauptgrund genügend andere Gründe, daß Gregor sein der heiligen Birgitta gegebenes Versprechen, nach Rom zu kommen, endlich einlöste. Aber noch zögerte der Franzose.

Indessen hatte Christus der heiligen Birgitta in einer Offenbarung gesagt, sie solle nach Palästina reisen: Er wollte ihren alten Wunsch erfüllen, an den heiligen Stätten zu beten. Sie solle sich nicht zurückhalten lassen aus Furcht, für die lange Reise zu alt oder zu schwach zu sein. Noch immer war Gregor nicht in Rom, als Birgitta wieder aus Jerusalem zurückkam. Einige Monate später – am 23. Juli 1373 – starb sie. Sie war siebzig Jahre alt geworden. Birgitta und Katharina sind sich nie begegnet. Aber noch ehe Birgitta ihre Augen schloß, hatte die Jungfrau aus Siena ihre Aufgabe übernommen. Es war Katharinas Schicksal, sie auch zu vollenden. Sie sollte das größte Werkzeug in Gottes Hand werden, das den Nachfolger des heiligen Petrus in seine eigentliche Heimat bei den Apostelgräbern zurückführte.

Magma und Asche

Es kamen immer mehr Männer und Frauen, Priester, Mönche und Laien, die Katharinas Rat und Führung suchten, obwohl sie keine andere Autorität besaß, als die ihrer glühenden Gottesliebe und ihres Eifers für Sein Reich auf Erden. Das hieß, daß sie zudem eine immer größere Korrespondenz führen mußte.

Schreiben konnte sie nicht. So diktierte sie ihre Briefe. Anfangs scheinen Alessia Saracini und Francesca Gori ihre Korrespondenz geführt zu haben. Aber schon bald mußte sie mehrere Sekretäre beschäftigen. Die Hilfe, die sie brauchte, fand sie unter ihren männlichen Schülern. Alle ihre Sekretäre haben erklärt, daß sie zwei bis drei Briefe gleichzeitig diktieren konnte, ohne dabei einen Augenblick lang den Faden zu verlieren oder die verschiedenen Themen zu vermischen.

Die Trennung von Religion und Politik existierte für die mittelalterlichen Menschen nicht. Nach der allgemeinen Überzeugung waren gesellschaftliche wie politische Probleme, die Dinge von guter oder schlechter Regierung, von Wohl oderWehe des Volkes zuguterletzt religiöse Probleme. Als die fundamentale Frage galt: was *ist* der Mensch? Was braucht er vor allem zur Erlangung dessen, das er am nötigsten hat: Frieden, Gerechtigkeit, Sicherheit, befriedigende Verhältnisse unter den Mitmenschen.

Katharina zweifelte nie an der Antwort. Der Mensch an sich ist nichts; und aus sich besitzt er nichts. Von seinem Schöpfer hat er sein Dasein; vom Schöpfer hat er alles bekommen, was er besitzt. Vereint mit dem Schöpfer, der grenzenlose Liebe, ewige Wahrheit und die Weisheit selber ist, wird der Mensch der Eigenschaften Gottes innerhalb menschlicher Grenzen teilhaftig. Wenn er Gott liebt, kann er seinen Nächsten lieben, Weisheit gewinnen und gerecht und wahrhaftig werden. Weil Gott die ewige Seligkeit ist, wird ein Gotteskind zum Segen seiner Mitmenschen. Liebe zum eigenen Ich, zu etwas, das in Wirklichkeit nichts ist, führt zum Abgrund des Nichts, ist eine Jagd nach flüchtigen, unwirklichen Zielen. Eines egoistischen Menschen Liebe ist nichts; die Wahrheit schwindet unter seinem Zugriff. Seine Weisheit erweist sich als Torheit, seine Gerechtigkeit als Ungerechtigkeit. Und schließlich führen ihn Enttäuschungen und Mißgriffe in die Hölle, zum Teufel, der ja der Geist der Enttäuschung und der Unfruchtbarkeit ist. »Wenn nicht der Herr das Haus baut, arbeiten sie vergeblich an dem, was sie bauen.«

Zu Beginn des Jahres 1370, des »Annus mirabilis« Katharinas, von dem sie sagte, es habe sie zu einer anderen Frau gemacht als jener, die sie früher gewesen sei, schien es den Betrachtern noch, als verliefe ihr Leben ganz so wie sonst. Visionen und Ekstasen waren ihr tägliches Brot. Ihr Leib verzehrte sich, bloß um die wunderbare Elastizität zu offenbaren, sooft die Liebe zu Christus und den Mitmenschen sie aufzustehen und die Hand an den Pflug zu legen zwang. Der sonderbare Zustand, in dem sie völlig ohne Nahrung lebte, wurde nur selten von Perioden unterbrochen, in denen sie eine kleine Menge Speise zu sich nehmen konnte, etwas Fruchtsaft, etwas Gemüse, das sie kaute, und dessen feste Teile sie ausspie, ein wenig Wasser.

Die ganze Zeit wuchs die Schar der »Katharinaten«, ihrer geistlichen Söhne und Töchter. Mit Erstaunen sah Siena, wie von den starken und schlimmen Männern der Stadt einer nach dem anderen durch die kleine Bußschwester gezähmt wurde und sich von ihr zurück zur Schafherde führen ließ. In der Tat war es vielleicht noch merkwürdiger, wie viele der raffinierten jungen Adeligen mit ihrem Geschmack für intellektuelle Genüsse und verfeinerte Wollust Katharinas Schüler und ihr täglicher Umgang wurden.

Neri di Landoccio dei Pagliaresi liebte die Poesie und war auch selbst kein schlechter Dichter. Seine anmutigen Verse wurden überall in Siena gelesen und gesungen. Nervös und empfindsam, zu Anfällen von Schwermut neigend, wenn er lebensmüde war und an seiner Erlösung zweifelte, klammerte er sich an seine »Mama«, deren heilige Glut keine Widerwärtigkeiten und körperlichen Schmerzen verdunkeln konnten. Katharina war genial, weil ihr christusähnliches Herz Raum für alle ihre geistlichen Kinder hatte. Vielleicht liebte sie nicht alle gleich stark. Aber sie liebte sie immerhin so, daß uns keine Andeutung von Eifersucht zwichen ihnen bekannt ist. Es war, als liebte sie jedes einzelne auf besondere Art, so daß sie für jeden Sohn und jede Tochter gerade das war, was sie brauchten.

Das Leitmotiv all ihrer Briefe an Neri di Landoccio ist immer das gleiche: Seid guten Mutes. Aber sie rät ihm auch ernsthaft, diese Welt zu durchschauen, zu sehen, wie wenig ihre Gaben wert sind, sich mit Gottesliebe zu füllen, weil Seine Liebe zu uns all unsere wahrhaftigsten und heiligsten Sehnsüchte stillen könne. Das kostbare Blut Jesu Christi ist die Arznei für die Seele, die Katharina an einer Stelle mit einem Blatt vergleicht, das in jedem Windhauch zittert.

Neri arbeitete für Katharina als einer ihrer Sekretäre und war ständig mit ihr zusammen. Er führte ihr mehrere seiner alten Kameraden zu; und mehrere davon wurden ihre Schüler. Einer von diesen Freunden war Francesco di Vanni Malavolti, jung, reich, sinnlich, gierig nach Genüssen und Abwechslung. Seine Familie hatte ihn mit einem jungen und netten Mädchen aus edlem Geschlecht verheiratet. Doch er war ein seltsam treuloser Ehemann, der sich unter den Mädchen und jungen Frauen auf den Gütern seiner Familie wie ein Scheich aufspielte. Als er zusammen mit Neri zu Katharina ging, schwor er, sie solle, falls sie ihm von Bekehrung und Beichte spreche, eine Antwort bekommen, daß sie den Mund halte. Doch als er der jungen Schwester gegenüberstand, in ihre strahlenden Augen schaute und ihre ersten Worte hörte, die sie mit ihrer bezaubernd weichen Stimme sprach, begann er zu zittern. Das hier war eine Macht, der er früher nie begegnet war. Und impulsiv, wie er war, übergab er sich sofort ihren Händen und bat, ihr Sohn werden zu dürfen.

Francesco Malavolti meinte es sicher ehrlich mit seiner Bekehrung. Doch es fiel ihm nicht leicht, mit seinen alten, bösen Gewohnheiten zu brechen. Einige Zeit später, nachdem ihn Katharina als Sohn angenommen hatte, kam er zu ihr auf Besuch. Sie fragte ihn sofort: »Sohn, wann hast du zuletzt gebeichtet?« »Vergangenen Samstag« gestand Francesco keck. »Und morgen, Samstag, will ich wieder gehen.« Doch da wandte sich seine »Mutter« zu ihm und sagte: »Sohn, glaubst du wirklich, daß ich nicht weiß, was du getan hast? Weißt du nicht, daß ich all meinen Kindern auf all ihren Wegen folge? Du kannst nichts tun oder sagen, ohne daß ich es nicht augenblicklich weiß.« Sie sagte ihm, daß er da und dort diese und jene Sünde begangen habe. Gehe nun sofort und befreie dich von solch großem Elend.«

Es war nicht Francesco Malavoltis letzter Abfall von der Gnade. Besonders wenn Katharina nicht in Siena war, geriet der junge Mann in Versuchung, wieder in die alten Sünden zu verfallen. Katharina schrieb ihm und bat ihn unendlich sanft, zur Herde zurückzukehren. »Ich, deine arme Mutter, irre umher, suche und frage nach dir. Ich möchte wünschen, dich auf den Schultern meiner Bitternis heimtragen zu können. Du bist arm geworden, du bist in Not, und deine Seele hungert sich zu Tode ... Tröste meine Seele und beende die Grausamkeit gegen dich selbst und deine Erlösung! Liebster Sohn, ich darf dich wohl mein Herzenskind nennen, denn du hast mir viele Tränen gekostet und große Bitternis und Mühe ...«

Francesco kam zurück, glücklich, wieder zu Füßen seiner Mutter zu sitzen. Doch aufs neue geriet er auf Irrwege, bis ihn die meisten von Katharinas Freunden aufgaben: Er werde wohl nie ein zuverlässiges Mitglied ihrer Schar werden. Katharina lächelte nur. Sie sagte, sie sei gewiß, dieser wilde Vogel werde ihr schließlich nicht entschlüpfen. Aber erst, als Katharina tot und Francesco Malavolti nach Verlust von Frau und Kindern Benediktinermönch geworden war, begriff er vollends, wie tapfer seine gütige Mutter für die Erlösung seiner Seele gekämpft hatte. Nun verstand er, wie er wirklich ihr liebster Sohn gewesen war, obschon sie eine nicht minder große Liebe zu vielen anderen gehabt hatte. Wie das freilich geschehen konnte, ist und bleibt wohl ihr Geheimnis, das nur so verständlich erscheint, weil es zu einem Gleichnis des Herzens Jesu umgeschaffen wurde.

Aber es waren nicht nur die jungen, leichtsinnigen und brutalen Sünder aus den Adelsgeschlechtern Sienas, die von Katharinas feuriger Persönlichkeit mitgerissen wurden. Messer Matteo di Cenni Fazi war ein Mann ganz anderen Schlages, ein Bürger gesetzteren Alters, der mit einem anderen würdigen Herrn Katharina einen Besuch machte. Sie kamen aus Neugierde. Aber der Anblick des Mädchens, die, still wie eine Statue, im Gebet kniete, machte einen so tiefen Eindruck auf die beiden, daß sie sich ihr anschlossen und treue Freunde und Schüler wurden. Messer Matteo, der auf eine gutmütige und ehrenhafte Art sehr weltlich gewesen war, gab sein ganzes Besitztum als Almosen hin und wählte das mühselige Leben eines Dieners der Armen und Kranken, indem er Rektor der Casa della Misericordia wurde, des zweitgrößten Spitals der Stadt.

Christofano di Gano Guidini war gleichfalls ein Bürger reiferen Alters, ein sehr arbeitsamer Notar. Auch er wurde ein Sohn Katharinas und einer ihrer Sekretäre. Andrea di Vanni, der Maler, der eine Skizze der zwanzigjährigen Katharina auf einem Pfeiler der Dominikanerkirche entworfen hatte, schloß sich ebenfalls dem Kreis der Katharinaten an.

Als sich die Gerüchte von Katharinas Heiligkeit und ihrem seltsam übernatürlichen Leben in der Umgebung Sienas und noch weiter ausbreiteten, hatten auch dort die Kritiker und Klatschbasen mancherlei Stoff über die Färberstochter von Fontebranda. Der Augustinereremit Fra Giovanni Tantucci lebte in Lecceto, einem Kloster, das an einem kleinen See inmitten der herrlichen Eichenwälder nördlich von Siena lag. Er war tiefbetrübt, weil diese unwissende Frau die einfachen und einfältigen Seelen mit ihren angeblichen Offenbarungen und ihrer willkürlichen Kommentierung der Glaubenswahrheiten verführe. Der hochgelehrter Doktor der Theologie und berühmte Prediger einigte sich mit seinem Freund, dem Franziskaner Fra Giovanni da Volterra, ebenfalls ein Doktor der Theologie, Katharina zu besuchen und sie als das zu entlarven, was sie war: eine gefährliche Fanatikerin und vermutlich auch eine Ketzerin, auch wenn sie es vielleicht selbst gar nicht wußte.

Die beiden kamen gerade zu einer Zeit, als einige Freunde bei Katharina weilten. Außer Francesco Malavolti, der die Geschichte erzählt, war Fra Tommaso della Fonte bei Katharina, damals noch ihr Beichtvater, und weiterhin Matteo Tolomei, Neri und etliche Söhne, Alessia, Cecca und andere Bußschwestern. Die beiden Gelehrten stürzten sich »wie reißende Löwen« auf das Mädchen und überschütteten es mit subtilen theologischen Fragen, wie nur sie solche ausklügeln konnten. Aber sie wurden durch die klaren und klugen Antworten derart beschämt, daß sie sich schnellstens zurückziehen wollten, als plötzlich Katharina die Offensive ergriff. Sie erinnerte die beiden Männer daran, daß auch sie einmal versprochen hatten, in Armut zu leben. Doch wie es damit stehe; sie lebten ja wie Kardinäle in geräumigen Zellen mit Bücherregalen, guten Betten und Lehnsesseln. »Wie könnt ihr wagen, etwas vom Himmelreich zu verstehen? Ihr habt den Kern weggeworfen und kaut an der leeren Schale. Um Christi willen, lebt nicht länger ein solches Leben.«

Der gelehrte Franziskaner reichte Katharina den Schlüssel zu seiner Zelle: Ob sie so freundlich sein wolle, die überflüssige Einrichtung auszuräumen und den Armen zu geben. Fra Giovanni Tantucci tat das gleiche. Er wurde später einer von Katharinas engsten Freunden und folgte ihr auch nach Avignon und nach Rom. Als der Papst anordnete, daß immer drei Priester in Katharinas Gefolge sein sollten, um bekehrten Sündern die Beichte zu hören und die Sakramente zu reichen, war Fra Giovanni Tantucci einer von ihnen.

Gemeinsam mit Fra Giovanni besuchte Katharina die Einsiedelei in Lecceto und wurde so mit den Mönchen bekannt, die dort lebten. Einer von ihnen, ein Engländer namens William Fleete, war ein schwermütiger Ästhet und Träumer, der in der Religion vor allem eine geistliche Freude für sich selber suchte. Er wurde ein Bewunderer Katharinas, blieb mit ihr im Briefwechsel und machte nach ihrem Tode ihren Namen und ihre Wirksamkeit in England bekannt. Aber er wollte sich dem Kreis um eine Heilige durchaus nicht anschließen, die das Leben der Tat mit dem der Betrachtung verband. Er war allzuglücklich in seiner Einsamkeit an dem schönen Waldsee, wo er solch wunderbare Stunden in Gebet und Betrachtung verlebt hatte.

Katharina Benincasa war kontemplativ und aktiv. Vergötterung oder Schmähung machten gleich wenig Eindruck auf sie. Sie war zur Schlichterin von Streitigkeiten zwischen einzelnen Menschen und politischen Gruppen geworden, zwischen Wundertätern und Ärzten. Von ihrem Wirken in der Welt, die für diese nicht sonderlich robuste Frau allzu rauh schien, konnte sie nur in jenen Stunden ausruhen, da ihre Seele gleichsam aus der körperlichen Hülle in den Schoß ihres himmlischen Bräutigams floh. Aus den Worten, die Er zu ihrer Seele sprach, aus Seinen Händen, die sie aufrechthielten, aus der Lebenquelle, die aus Seiner durchbohrten Seite rann, schöpfte Katharina ihre Geisteskraft zum Widerstand wie ihre physische Stärke zu einem von materiellen Gütern entblößten Leben. Freunde, die bei Katharina weilten, sahen, wie sie während der Ekstasen vom Boden, auf dem sie kniete, gleichsam emporgehoben wurde und schwebte, als zöge ihre Seele auf der Flucht zur Höhe den Leib mit sich empor, anstatt umgekehrt von ihm in der Welt zurückgehalten zu werden.

Raimondo von Capua, der wohl selber mystische Erlebnisse gehabt hatte, obschon sie selten waren und fast immer nur in Verbindung mit seinem Beichtkind Katharina vorkamen, versucht in der Darstellung ihres Lebens liebevoll manches zu erklären, was er von ihrer seltsamen Lebensart verstehen konnte:

Wenn die Seele nach dem Himmel strebt und sich vollkommen intellektuellen Visionen hingibt, wird sie unabhängig vom Leibe. Im Verlangen, sich mit Gott, den sie erblickt, völlig zu vereinen, wünscht sie brennend, gänzlich vom Leibe geschieden zu werden. Wenn Gott dann nicht durch ein Wunder das Leben im Leibe erhält, müßte sich dieser auflösen und vergehen. Kehrt die Seele zurück, erscheint dies wie eine Demütigung. In ihrem Wissen um die göttliche Vollkommenheit und die eigene Unvollkommenheit scheint die Seele wie auf zwei ausgebreiteten Schwingen zwischen Abgründen zu schweben. Sicher und selig hat sie die Gestade des ewigen Lebens berührt. Doch solange sie eins mit dem sterblichen Leibe ist, kann sie weder im Jenseits noch am Strande des Weltenmeeres Ruhe finden. Raimondo glaubt, dies habe auch der heilige Paulus gemeint, als er an die Korinther schrieb: »Daß ich nicht stolz werden soll angesichts der großen Offenbarungen, die mir Gott geschenkt hat, ließ er mir einen Stachel im Fleisch zurück.« Und später: »Die Kraft vollendet sich in der Schwäche.«

Die intensive Reue, die Katharina über ihre Sünden fühlte, kam aus ihrer Vertrautheit mit dem, was wirklich die vollkommene Reinheit und die vollkommene Liebe ist. Wenn sie sich leidenschaftlich anklagt, Gott vernachlässigt zu haben, nur weil sie sich einen Augenblick von ihm löste, um einem Bruder nachzuschauen, der in der Kirche vorbeiging, wenn sie sich weiterhin bitterlich der Unwahrhaftigkeit zeiht, weil sie aus Höflichkeit einigen Dominikanern, die sie zum Besuch eines Klosters einluden, zugesagt hatte, was sie gar nicht zu halten dachte, dann kann die Empfindlichkeit ihres Gewissens derart übertrieben scheinen, daß man leicht in Zweifel gerät: War Katharina wirklich ganz ehrlich, wenn sie sich selbst die schlimmste aller Sünderinnen nannte?

Selbst Raimondo von Capua muß gestehen, daß er zuweilen einen solchen Zweifel empfand. Aber schließlich begriff er, daß Katharina Vollkommenheit und Unvollkommenheit mit einem Maße maß, das gewöhnliche Menschen nicht kennen. Nur Gott ist vollkommen: Das hatte sie in ihrer Vision sehen dürfen. Alles außerhalb Gottes aber ist Unvollkommenheit. Wenn Katharina ihre Ansicht äußert, ihre Sünden seien am Elend der Kirche und der ganzen Welt schuld, dann meinte sie das ehrlich. Selbstredend wußte sie gut, daß Hunderttausende anderer Seelen sündig genug waren, um das gleiche Elend über die Welt und die Kirche zu bringen. Aber darüber hatte sie nicht zu richten; sie hatte nur für sich selbst einzustehen.

Wie die Verdienste der Heiligen in den Schatzkammern der Kirche aufgespeichert sind, um allen armen und verkrüppelten Seelen Anteil an diesem Reichtum zu gewähren, so machen die Sünden der Gläubigen auf eine geheimnisvolle Weise die ganze Christenheit arm. Unser Geschlecht, das erlebt hat, wie die Schrecken des Krieges und der Konzentrationslager sowohl Schuldige trafen als auch solche, die menschlich gesprochen, am unschuldigsten sind, dürfte leichter das Dogma der Kirche verstehen, demzufolge wir alle an den Verdiensten der Heiligen wie an den Sünden der Sünder teilhaben; eher wenigstens als unsere Väter, die naiv glaubten, ein persönlicher Erfolg sei der Lohn für eine persönliches Verdienst.

Bei einem Vulkanausbruch fließen die Ströme des glühenden Magma über den Kraterrand, während Steinblöcke und

167

brennende Gase emporgeschleudert werden. Plötzliche Einsicht in die Struktur der eigenen Seele kann einem Vulkanausbruch gleichen. Aber nach einer Weile erkaltet und erstarrt die Lava, um fruchtbarer Boden zu werden, der Wälder und Haine trägt oder auch, um als schwarze und unfruchtbare Wüste liegen zu bleiben. Noch Jahre nach dem Ausbruch können Wolken feinsten Staubes in den höheren Luftschichten schweben, die meist unsichtbar sind, jedoch bei einer gewissen starken Beleuchtung ganz nah erscheinen. In den Augen der Heiligen werden die Staubwolken der kleinen Sünder, die wir kaum bemerken, immer in der Glut des himmlischen Lichtes sichtbar sein.

Die Dienstmagd Gottes

Feindschaft war zwischen dem Papsttum und Bernabo Visconti, dem Tyrannen von Mailand. Sie bestand schon, seit Bernabo an die Macht gekommen war, obschon es zwischen Perioden offenen Krieges Zeiten gegeben hatte, in denen die Parteien in einem gespannten Waffenstillstand die weitere Entwicklung der Dinge abwarteten.

Die Legaten Innozenz' VI., die 1361 die Bannbulle überbrachten, zwang Bernabo, das Dokument aufzuessen, das Pergament, die Seidenschnüre und sogar das Bleisiegel. Er überschüttete sie zudem mit so groben Beleidigungen, daß der Erzbischof von Mailand ihn zu beschwichtigen suchte. Selten wagten das die Prälaten innerhalb seines Reiches, weil Bernabo, wenn er Anfälle von wahnwitziger Wut bekam, niemanden schonte, weder Priester noch Laien, weder Mann noch Frau. Und so brüllte er auch den Erzbischof an: Hier auf seinem eigenen Grund und Boden sei er selber Papst und Kaiser und Gott dazu, weil Gott hier nichts tun könne, ohne die Erlaubnis dazu von ihm, Bernabo, zu erhalten.

Die Menschen waren von all dem, was sie täglich sahen, verhärtet: Von den grausamen Strafen, die Schuldige wie Unschuldige trafen, von all dem, was man an Gewalttaten erfuhr, von der Ungerechtigkeit und der Rachgier großer und kleiner Tyrannen. Und Bernabos Grausamkeit schien geradezu satanisch zu sein. Er war ein mächtiger Jäger und quartierte seine fünftausend Jagdhunde bei seinen niedergetrampelten Untertanen ein. Auch Klöster innerhalb seines Bereiches mußten einen Teil der Hundeschar aufnehmen. Starben Tiere, ließ er die unglücklichen Wächter auspeitschen oder mit Ketten schlagen, manchmal sogar derart, daß sie daran starben.

Um seine Jagdgesetze durchzusetzen, ließ er Bauern und Bürger, die im Verdacht standen, sie übertreten zu haben, foltern, blenden oder niedermetzeln.

Er fürchtete weder Gott noch Menschen, sondern vertraute auf seine bodenlose Schlauheit als Politiker und auf seine kriegerische Kraft wie auch darauf, daß er alle Kniffe und Finessen der Kriegskunst kannte. Sein Bruder Galleazzo, der Herrscher Pavias, war ebenso verdorben, aber weniger begabt. Seine Gattin Beatrice della Scala von Verona war weltlich gesonnen und fast ebenso frei von moralischen Hemmungen wie ihr Gemahl.

Als Urban V. zum Papst gewählt wurde, ließ ihm Bernabo durch Gesandte seine Glückwünsche überbringen. Das war die Form der Höflichkeit, der alle christlichen Fürsten nachkamen. Aber der Papst erinnerte die Gesandten daran, daß sich ihr Herr im Bann befinde und nicht eher davon befreit und wieder in die Kirche aufgenommen werden könne, bis er seine Sünden bereut und Schritte getan habe, die Räubereien und die ungerechten Handlungen gegenüber dem päpstlichen Stuhl zu bereinigen. Als Bernabo keinerlei Notiz von der Anklage des Papstes nahm, erklärte ihm dieser als Herrscher des Kirchenstaates den Krieg und schloß sogar ein Bündnis gegen ihn. Er lud den deutschen Kaiser, die Könige von Ungarn und Frankreich und die Königin Johanna von Neapel dazu ein; und zwar sowohl in offensiver wie in defensiver Absicht.

Bernabo Visconti rechnete mit der schwelenden Wut bei den italienischen Untertanen des Papstes und dem Verhalten der französischen Legaten, die zur Verwaltung des Kirchenstaates entsandt worden waren. Jetzt hatte mancherorts der Haß schon eine Siedehitze erreicht. Es würde daher wohl nicht schwer fallen, die Stadtstaaten und Provinzen, die Vasallen Roms waren, zum Aufstand zu bewegen und das Joch, das während der Abwesenheit des Papstes in Avignon schier unerträglich geworden war, abzuschütteln. Im Jahre 1371

hatte der neue päpstliche Legat Pierre d' Estaing Perugia genommen. Die toskanischen Republiken, die von Provinzen
des Kirchenstaates umgeben waren, fürchteten für ihre Unabhängigkeit. Zwar war Visconti kein angenehmer Bundes-
genosse, doch wenn es der Koalition mit dem Papst an der
Spitze gelingen sollte, Visconti eine ernsthafte Niederlage
beizubringen, dann konnte ihre eigene Situation noch schlimmer als schlimm werden.

Zu Beginn des Jahres 1372 schrieb Katharina einen Brief
an den Kardinallegaten d'Estaing, der sich in Bologna aufhielt: »An den liebenswerten und ehrwürdigen Vater in Jesu
Christo schreibe ich, Katharina, Dienstmagd und Sklavin der
Diener Gottes, angesichts seines kostbaren Blutes, aus dem
Verlangen heraus, Euch mit den Banden der Liebe gebunden
zu sehen, so Ihr gebunden seid durch Eure Aufgaben in Italien ... Diese Nachricht war eine große Freude für mich. Ich
bin gewiß, daß Ihr viel für Gottes Ehr und das Wohl der
Kirche tun könnt. Ich möchte wünschen, Euch mit den Banden der Liebe gebunden zu sehen, denn Ihr wißt, daß ohne
Liebe die Gnade nichts bei Euch und unseren Nächsten ausrichten kann.«

Eindringlich spricht Katharina zu d'Estaing von der Liebe,
die das Band zwischen der Seele und ihrem Schöpfer, zwischen Gott und dem Menschengeschlecht sei, von der Liebe,
die den menschgewordenen Gottessohn an das Kreuz genagelt
habe. Nur die Liebe könne die Uneinigkeit überwinden, Ge-
trennte vereinen, reich machen, die arm an Tugend sind. Die
Liebe allein wolle allen anderen Tugenden das Leben geben,
Frieden schenken, den Krieg beenden, Geduld, Stärke und
Ausdauer in allen guten und heiligen Taten gewähren. »Sie
wird nie Gericht. Sie läßt sich nie trennen von der Liebe zu
Gott und dem Nächsten, nicht durch Leiden oder Ungerechtigkeit, Spott oder Kränkung. Sie läßt sich nie durch Unge-
duld ins Wanken bringen; auch nicht durch die Freuden und
Genüsse, die diese falsche Welt zu bieten hat.«

»Ich fordere«, schreibt die junge Mantellatin an den Kardinal, »daß Ihr dieses Band besitzt und eine solche Liebe habt, daß Ihr der süßen Wahrheit lauscht, die Euren Weg bahnt, die Euch Leben, Form, Regel gegeben und die Dogmen der Wahrheit gelehrt hat.« Sie befiehlt ihm, mit aller Macht daran zu arbeiten, daß die Schändlichkeiten und das Elend ausgerottet werden, von denen die Welt so voll ist, und die die Sünden verschulden, die den Namen Gottes kränken. Er müsse die Macht gebrauchen, die ihm der Stellvertreter Christi übertragen habe. Ohne Liebe könne er seine Pflicht nicht erfüllen. Aber um Gott aus seinem ganzen Herzen zu lieben, müsse er die Liebe zu sich selbst und alle Nachgiebigkeit gegenüber dem Egoismus und der Welt aus seinem Herzen reißen. Denn diese beiden Arten von Liebe seien Gegensätze. Die Eigenliebe trennt uns von Gott und dem Nächsten. Die eine Liebe bringt uns das Leben, die andere den Tod. Die eine das Licht, die andere das Dunkel. Die eine den Frieden, die andere den Krieg.

Eigenliebe lasse das Herz so zusammenschrumpfen, daß es nicht einmal mehr das eigene Ich, geschweige das eines Nächsten beherbergen kann. Sie erzeuge eine sklavische Furcht, die einem Mann an der Erfüllung seiner Pflicht hindere, aus Dummheit oder auch aus Angst, seine Stellung in der Welt zu verlieren. Katharina rät dem Kardinal sich in dem »süßen Jesus Christus« zu stärken, einen heiligen Eifer und das heilige Banner des Kreuzes zu entfalten. Sie unterzeichnet diesen Brief ebenso wie alle ihre anderen Briefe: »Dolce Gesù, Gesù Amore.«

In einem zweiten Brief nimmt sie das gleiche Thema auf: »Eine Seele, die an sklavischer Furcht leidet, kann nichts Rechtes tun, gleichviel, in welcher Lage sie sein mag, ob es kleine oder große Dinge sind. Sie wird immer Schiffbruch erleiden und nie vollenden, was sie begonnen hat. Ach, wie gefährlich ist diese Furcht! Sie lähmt die Arme des heiligen Verlangens, sie blendet den Mann, daß er die Wahrheit nicht mehr sehen oder erkennen kann. Diese Furcht ist aus der Blindheit der Eigenliebe geboren; denn sobald ein «vernünftiges Geschöpf» (das bedeutet in Katharinas Sprache: ein Mensch) sich selbst mit sinnlicher Eigenliebe liebt, lernt es das Fürchten. Die Ursache dieser Furcht ist die Liebe zu zerbrechlichen Dingen, die weder Substanz noch Festigkeit haben und die fortfliegen wie der Wind ...«

Katharina bittet den Kirchenfürsten, bei dem stummen Lamm in die Schule zu gehen, das weder die Bosheit, noch Hohn oder Kränkung fürchtet, das nicht zurückweicht vor der Schande des Kreuzestodes. »Sucht nichts anderes als die Ehre Gottes, die Erlösung der Seelen und den Dienst für Christi liebste Braut, die heilige Kirche ... Christus, der die Weisheit des Vaters ist, sieht, wer teilhat an Seinem Blute und wer aus eigener Schuld nicht. – Und weil dies Blut für alle vergossen wurde, leidet Er für alle, auch für die, die nicht daran beteiligt sein wollen. Dieses Leiden, das Recht, die Seelen zu erlösen, war Sein Verlangen von Seiner Geburt an bis zu Seinem Tode. Aber nachdem Er Sein Leben hingegeben hat, ist Sein Verlangen nicht zu Ende. Nur ist es freilich nicht mehr länger ein Kreuz ...«

»Faßt Mut!« ruft sie. »Handelt als Mann! Ist es nicht traurig, uns mit Gott im Kriegszustand zu befinden angesichts der zahllosen Sünden, die große und kleine Leute begehen, und angesichts des Aufruhrs gegen Seine heilige Kirche? Uns in Waffen zu sehen, um uns gegenseitig zu bekämpfen, da doch alle Gläubigen sich gegen den Unglauben und die falschen Christen rüsten sollen?« Und ihre letzten Worte an den Kardinal sind: »Frieden! Liebster Vater, denkt an Euch selbst und an alle anderen! Und bestimmt den Heiligen Vater, sich mehr um die zerstörten Seelen zu kümmern als um die zerstörten Städte! Gott schätzt die Seelen höher ein als die Städte.«

Pierre d'Estaing war einer der besten all der Legaten, die nach Italien kamen. Er nahm sich die Ratschläge zu Herzen, die ihm Katharina gab, diese junge Frau, die aus dem Volk kam und für eine Heilige gehalten wurde, die von Gott mit besonderer Gnade und Macht ausgerüstet war. Nachdem er Bernabo Visconti besiegt hatte, schloß er Frieden mit ihm. Er gewann das Haus d'Este für den Heiligen Stuhl, indem er dessen Souveränität in Ferrara als Vasall des Papstes anerkannte. Indessen blieb der Friede mit Mailand nicht von langer Dauer. 1347 wurde Kardinal d'Estaing abberufen. An seine Stelle kam Guillaume de Noellet als Legat nach Bologna. Und dieser war als Prälat weitaus weniger würdig.

Noch während der Anwesenheit d'Estaings in Italien hatte man dem Land einen weiteren Vertreter der Päpstlichen Regierung aufgenötigt, nämlich Gerard de Puy, den Abt von Marmoutiers, einen Neffen des Papstes Gregor XI. Er hatte die heilige Birgitta gekannt. Er wollte ebenso gern die Freundschaft der sienesischen Prophetin gewinnen. Ihr Brief an diesen Nuntius ist nämlich die Antwort auf ein Schreiben, das er an sie gerichtet hat. Sie gesteht ihre Dankbarkeit, daß er sich eines so elenden und erbärmlichen Geschöpfes wie sie erinnert.

Dann beantwortet sie seine Fragen: »Was Eure erste Frage bezüglich unseres geliebten Statthalters Christi auf Erden betrifft, so bin ich der Meinung, daß er Gott wohlgefällt, wenn er schnellstens zweierlei beseitigt, was Christi Braut verdirbt: Das erste ist eine allzu große Liebe und Sorge um seine Angehörigen. Dieser Mißbrauch muß ein für allemal beseitigt werden. Das zweite ist eine allzu übertriebene Milde, die ihn zu nachsichtig sein läßt; sie ist die Ursache der Korruption, die nie hart genug getadelt werden kann. Der Herr haßt mehr als alles andere drei widerliche Laster: Habsucht, Unkeuschheit und Hochmut. Sie herrschen auch bei Christi Braut, das heißt bei den Prälaten, die nichts anderes als Genuß, Ruhm und Reichtum suchen. Offenbar schleppen die Dämonen der Hölle die ihrer Obhut anvertrauten Seelen weg. Das beruhigt sie aber nicht, weil sie Wölfe sind und mit der göttlichen Gnade Handel treiben. Es bedarf einer strengen Gerechtigkeit, um sie zu züchtigen; denn hier ist übertriebene Barmherzigkeit in Wahrheit die schlimmste Grausamkeit. Um solchem Übel abzuhelfen, müssen Gerechtigkeit und Erbarmen zusammengehen.«

Gleichwohl ist Katharina voller Hoffnung, daß Christi Braut selbst noch in der Verfolgung ihre Schönheit bewahrt, wenn sie sich von den Mißbräuchen befreit, die sie bis ins Innerste erschüttern. Was sie selbst betreffe, seine unwürdige kleine Tochter, so sei sie bereit, seine Sündenlast auf sich zu nehmen. »Gemeinsam wollen wir Eure und meine Sünden im Feuer der Liebe verbrennen, das sie verzehren soll.« Sie rät ihm, Seine Sünden aufrichtig zu bereuen, und bittet ihn, nicht nur für das zeitliche Wohl der Kirche zu arbeiten, was sicher auch wichtig sei, sondern vor allem die Wölfe aus der Schafhürde zu vertreiben, die Teufel in Menschengestalt, die für nichts anderes empfänglich seien als für ihre sündigen Freuden und ihre verbrecherische Prunksucht. Schließlich bittet sie ihn um Verzeihung wegen ihrer Kühnheit und um sein Gebet.

Aber Gerard de Puy blieb seinem Vorhaben treu und reizte die Italiener zu wachsender Erbitterung. Er selbst war ein häßliches Beispiel für den Nepotismus Gregors, den Katharina so offenherzig in ihren Briefen gebrandmarkt hatte. Der Helm stand ihm wohl besser als die Mitra; aber mit der Protektion des Onkels bot ihm die Kirche die beste Karriere. Es war wesentlich seine Schuld, daß etwas später der Krieg zwischen Florenz und dem Papsttum ausbrach. 1375 wurde er zum Kardinal ernannt. Und 1377, als das Schisma ausbrach, ergriff er für Robert von Genf gegen den rechten Papst Partei und starb als Schismatiker.

Im Winter 1373/1374 kam es wieder zu offener Feindschaft zwischen dem Papst und den Visconti. Ihre Übergriffe gegen die Geistlichkeit und die Mönche aus dem Mailänder Erzstift waren so grob, daß das Oberhaupt der Kirche sich zum Eingreifen genötigt sah. Jetzt war Katharinas Einfluß in allen Angelegenheiten der Religion und Politik derart anerkannt, das Bernabo Visconti Boten nach Siena sandte, um zu versuchen, das Wohlwollen der Republik für seine Sache zu gewinnen. Auch hatte er Order erteilt, daß man mit der Färberstochter Verbindung suchen und sich nach Möglichkeit ihrer Unterstützung versichern solle. Katharina antwortete in einem Brief, der von Neri di Landoccio geschrieben ist. Sie redet den im Kirchenbann befindlichen Tyrannen als ihren ehrwürdigen Vater in Jesu Christo an und bestürmt ihn mit Bitten, zurückzukehren und teilzuhaben am Blute des Gottessohnes. Ob unser Herz so hart sei, daß es nicht mürbe würde beim Anblick der Liebe, die ihm die göttliche Güte schenke. »Liebe. Liebe. Liebe. Erinnert Euch, daß Ihr geliebt waret, noch ehe Ihr gelebt habt. Gott, der Sich selbst sieht, liebt die Schönheit Seines Geschöpfes leidenschaftlich. Er schuf es, weil Seine Liebe ohne Grenzen ist, weil Er das ewige Leben schenkt und die unsagbare Seligkeit genießen läßt, die Er selber besitzt.« Keine Macht ist etwas wert, ohne die Macht über die eigene Seele. »Diese Stadt ist so stark und Ihr darinnen seid so mächtig, daß sie weder Teufel noch Menschen gegen Euren Willen einnehmen können.«

Die Seele bekommt diese Stärke von dem stummen Lamm, von Jesus Christus. Katharina braucht ihre ganze begeisternde Beredsamkeit, um den Tyrannen an das Opfer der Erlösung zu erinnern, das Er am blutigen Kreuz für alle Menschen dargebracht hat. Aber die Kirche besitzt den Schlüssel zu diesem Blut. Darum ist der, der sich vom Stellvertreter Christi trennt oder sich gegen ihn erhebt, verdammt. »Darum bitte ich Euch, nicht länger ein Empörer gegen ihn zu sein, der Euer Oberhaupt ist. Hört nicht auf das, was Euch der Teufel einflüstert, daß Ihr die Pflicht hättet, gegen die schlechten Hirten innerhalb der Kirche einzuschreiten ... Unser Erlöser will das nicht.« Er allein hat das Recht, über Seine unwürdigen Diener zu Gericht zu sitzen. Wir müssen uns gleichwohl unserer eigenen Erlösung wegen auch fernerhin an sie wenden, um die Sakramente zu empfangen, die Gott Seiner Kirche zur Verwaltung überlassen hat.

Katharina, willens, sich mit Leib und Seele Qualen und Tod hinzugeben, wenn Gott sie als Sühneopfer für die Reform der Kirche annehme, glaubte felsenfest wie die heilige Birgitta und alle Heiligen, daß es keine Erlösung außerhalb der Kirche gibt, sobald sich ein Mensch freiwillig außerhalb stellt. Die Sehnsucht nach der ursprünglichen Schönheit der Braut Christi, das Verlangen, die Kirche von allem reingewaschen zu finden, mit dem sie unwürdige Diener beschmutzt hatten, wurde mehr und mehr für Katharina das Kernstück des Kampfes um eine vollkommene Vereinigung mit Jesus Christus.

Ihr Brief an Bernabo Visconti schließt mit einer leidenschaftlichen Aufforderung, dem Aufruf des Heiligen Vaters zum Kreuzzug gegen die Ungläubigen Folge zu leisten. Gregor XI. hatte die christlichen Fürsten Europas zu einem Heiligen Krieg gegen den Islam aufgerufen, der alle alten christlichen Lande in Kleinasien, Afrika und außerdem den Südwesten Europas erobert hatte. Jetzt standen die Ungläubigen am Bosporus und bedrohten Byzanz. Es schien fast, als sei es nur eine Frage der Zeit, daß das Konstantinopel der Patriarchen das Schicksal der Geburtsstätte des heiligen Paulus, des heiligen Athanasius und des heiligen Augustinus erleiden sollte. Der Halbmond, der schon Jahrhunderte über den Stätten der Geburt und des Todes des Heilandes wehte, schien innerhalb der christlichen Welt weiter vorzurücken.

Im 19. Jahrhundert zeigte sich eine gewisse Schule von Historikern allzu geneigt, sich die Kreuzfahrer als blutdürstige Barbaren vorzustellen. Abergläubische Vorstellungen und Freude an Plünderungen hätten sie zu einer Kriegserklärung gegenüber einer vorrückenden höheren Kultur getrieben. Man braucht nicht zu verschweigen, daß sich manche christliche Fürsten und Ritter, die das Kreuz nahmen und über Land und Meer zogen, um gegen die »ungläubigen Hunde«

zu kämpfen, oft wie Barbaren benahmen. Ebenso sicher war die materielle Kultur des mittelalterlichen Europa primitiver als die der Orientalen, das heißt, der kulturellen Oberschicht der orientalischen Länder. Daß aber diese morgenländischen Regierungen Länder, die unter dem oströmischen Imperium dichtbevölkert und reich gewesen waren, zu Wüsten machten, obschon sie in Wissenschaft, Kunst und Handwerk überlegen waren, beeindruckte vermutlich die Ansicht dieser Historiker über die ganze Entwicklung ebensowenig wie Katharina.

Für Katharina waren die Moslem nur Feinde des Kreuzes. Wo sie herrschten, wurden christliche Männer und Frauen zu Sklaven an Leib und Seele gemacht. Birgitta von Schweden mochte davon sprechen, daß brutale und ruchlose Soldaten ausgesandt wurden, um Christi Grab zu befreien. Sie war ja Gattin und Mutter von Kriegern und kannte aus eigener Erfahrung vieles, was auch die Jungfrau von Siena zeitlebens gesehen hatte, wodurch sie sich aber nicht abschrecken lassen wollte. Katharina kannte besser als Birgitta die Verwüstungen orientalischer Piraten an den Küsten Italiens und an allen Küsten des Mittelmeers. Sie kannte die Verhältnisse gefangener Christen in der Sklaverei bei den Mohammedanern. Katharina meinte, daß es, selbst wenn solch ein Tollkopf von einem Krieger das Kreuz nähme, um die Flut des Unglücks aufzuhalten, für ihn mit göttlicher Gnade immerhin ein erster Schritt auf dem Weg zu Gott hin sei.

Da die Kriegsflammen über immer größere Teile ihrer geliebten Toskana und Italiens loderten, überlegte Katharina: Wenn diese Männer, Fürsten, Kondottieri und gewöhnliche Waffenknechte den Krieg lieben, warum sollen sie sich dann nicht gegen die Ungläubigen wenden, die Christus und die Christen verfolgen, anstatt Bruderkriege mit ihren Mitchristen zu führen?

Im Frühjahr 1374 wurde Katharina nach Florenz gerufen. Anfangs Sommer sollte der Dominikanerorden hier in der

Stadt sein Generalkapitel abhalten. Sie hatte Befehl, dort zu erscheinen. Offenbar waren Gerüchte über die Mantellatin aus Siena bis zu den höchsten Ordensinstanzen gedrungen; und die Gerüchte waren recht unterschiedlich. War sie eine Heilige oder eine Heuchlerin und Schwindlerin? Der Ordensgeneral, Fra Elia von Toulouse, wollte nunmehr selber sehen, welche Art Mensch sie eigentlich war, diese Katharina Benincasa.

Die Sendboten

Katharina und ihr Reisegefolge, unter anderem einige Mantellatinnen, die ihre besten Freundinnen waren, zogen durch kriegsverwüstete Gegenden. Das Haus Salimbeni führte mit seinen eigenen Landsleuten Krieg.

Die Sieneser hatten einen der Autoritäten des Clans, den Räuberbaron Andrea di Niccolo Salimbeni, mit sechzehn seiner Gefolgsleute gefangengenommen und hingerichtet. Aus Rache dafür griffen seine Angehörigen zu den Waffen. Die Gemeinden rund um Siena trugen die Last davon. Auch war die fürchterliche Landplage der Beulenpest wieder aufgetaucht. Die Sterblichkeitsziffer erreichte noch nicht die Höhe wie etwas später im Sommer. Doch als Katharina mit ihrem Gefolge um den 20. Mai herum in Florenz eintraf, hatte die tödliche Pest in der Stadt bereits um sich gegriffen.

Auf dem Generalkapitel scheint Katharina nicht angeklagt worden zu sein, obschon wir wenig von den Verhandlungen wissen. Sie fand mehrere neue Freunde in Florenz, so den reichen und mächtigen Niccolo Soderini und den Schneider Francesco Pippino mitsamt seiner Frau Monna Agnese, mit denen sie seitdem ständig im Briefwechsel blieb. Aber das wichtigste Ereignis während ihres ersten Aufenthaltes in Florenz ist die Begegnung mit Raimondo von Capua. Nach den letzten Forschungsergebnissen scheint bewiesen, daß sie sich hier erstmals begegneten, obgleich Raimondo natürlich schon von Katharina gehört hatte. Bisher war er den Geschichten über sie mit reichlicher Skepsis begegnet. Und auch nach ihrem ersten Bekanntwerden war er offenbar nicht bereit, all ihre Erzählungen für bare Münze zu nehmen. Er bezweifelte nie ihren guten Glauben. Aber konnte so ein junges, ungelehrtes Mädchen immer zwischen echten Offenbarungen, eigenen Phantasien und Blendwerk des Teufels unterscheiden?

Katharina schloß sich sofort Raimondo an. Sie war überzeugt, daß er der Beichtvater war, den ihr die Gottesmutter versprochen hatte. Er sollte jetzt nach Siena ziehen, um dort Lektor im Dominikanerkloster zu werden. Als sich der treue Tommaso della Fonte als Seelsorger Katharinas zurückzog, übergab er seinem Nachfolger die vier Tagebücher über Katharina, die er seit 1358 aufgezeichnet hatte. Unzweifelhaft war Raimondo, der ältere der beiden Dominikaner, mit seiner großen Erfahrung besser geeignet, sich eines solchen Phänomens, wie Katharina es war, anzunehmen. Er zeigte unter anderem auch mehr Verständnis für ihren Wunsch, die Sakramente möglichst oft zu empfangen. Für die Missionswirksamkeit unter Männern und Frauen, die das Schicksal von Land und Volk bestimmten, war es wohl auch von Bedeutung, daß sich Katharina mit einem Manne vom Format Fra Raimondos beraten konnte. Selbst wenn es sich um Dinge handelte, bei denen Katharina ihr Tun zumeist von ihren Inspirationen her bestimmte, ließ sie Raimondo doch um ihre Aufträge wissen.

Raimondo della Vigne entstammte einer alten aristokratischen Familie des Königreichs Neapel. Er war um 1330 zu Capua geboren, so daß er nach den Begriffen der Zeit schon ein Mann gesetzteren Alters war, als er Katharina kennenlernte. Als Kind war er wahrheitsliebend, rein und fromm gewesen und hatte die Gottesmutter besonders innig verehrt. Als blutjunger Mensch trat er in den Dominikanerorden ein, wo er ein Vorbild für seine Brüder wurde. Trotz seiner Jugend übertrugen ihm die Ordensvorgesetzten mehrere wichtige Aufgaben. Zwischendurch eignete er sich ein gründliches theologisches Wissen an. 1363 wurde er zum Seelsorger der Dominikanerinnen in Montepulciano ernannt. Während seines dortigen Aufenthaltes schrieb Raimondo eine Biographie der heiligen Agnes, einer Schwester dieses Klosters, die 1307 gestorben war, berühmt ihrer Wunder wegen, die sie zu Lebzeiten und nach ihrem Tode gewirkt hatte. Ihr unverwester Leichnam ruhte jetzt in der Klosterkirche.

Von Montepulciano wurde Raimondo nach Rom gerufen, um dort Hausgeistlicher im Nonnenkloster von Santa Maria sopra Minerva zu werden. Doch nach kurzer Zeit schon bat er um Entlassung aus dieser Stellung, weil er sich gern ganz der Männerseelsorge widmen wollte. 1374 wurde er als Lektor an das Bruderkloster in Siena gesandt; und da die Bußschwestern des Dritten Ordens immer unter der geistlichen Führung der Brüder gestanden hatten, wurde Raimondo auch Katharinas Beichtvater. Sein liebenswürdiger Charakter, der nur durch eine gewisse Ängstlichkeit und Unentschlossenheit beeinträchtigt wird, schimmert aus jeder Zeile seines Buches über Katharina, die er wie seine Mutter und Tochter in Christo liebte und als seines geliebten Meisters erwählte Braut verehrte. Gewissenhaft bis zum Äußersten, gelehrt und erfahren als Seelsorger, unterwarf er das ganze angesammelte Material der strengsten Quellenkritik. Er ist fest entschlossen, sein Thema auf eine Weise zu behandeln, die Katharinas würdig ist. So konnte er der Nachwelt eine der interessantesten Darstellungen eines Frauenlebens überlassen, einer reichen und glänzenden Naturbegabung, die sich unter Einwirkung der heiligmachenden Gnade auf eine unnachahmliche Art entwickelte.

Die Bande zwischen Katharina und Raimondo müssen weiterhin verstärkt worden sein, weil sie beide sofort bei ihrer Rückkehr nach Siena zu unermüdlicher Selbstaufopferung berufen wurden. Sie kamen in eine Stadt, auf die die große Volksgeißel, die Pest, mit voller Kraft niedergesaust war. Mit ihnen war Katharinas Bruder Bartolommeo von Florenz zurückgekommen, weil er den Gedanken aufgegeben hatte, florentinischer Bürger zu werden, vielleicht auch nur, weil er seine alte Mutter und einige seiner Kinder, die er bei Lapa zurückgelassen hatte, wiedersehen wollte. Aber es wurde eine Rückkehr, um an der Pest zu sterben.

Außer dem Sohn verlor die alte Lapa auch noch eine Tochter namens Lisa. Sie war älter als Katharina, unverheiratet und ist nirgends in der Geschichte der Schwester erwähnt; vielleicht hatte sie einen leiblichen oder seelischen Mangel. Acht von Lapas Enkelkindern starben gleichfalls an der Pest. Katharina kleidete die kleinen Leichen ein, während sie leise seufzte: »Diese Kinder zumindest werde ich nicht verlieren.« Sie mochte wohl Grund zur Befürchtung haben, daß es mit ihren Brüdern nicht gut stand. Stefano starb zur selben Zeit in Rom. Widerwärtigkeiten scheinen Benincasa in Florenz verbittert zu haben; und aus einigen Worten der Briefe Katharinas an ihn können wir schließen, daß sein häusliches Leben alles andere als glücklich war.

Die Pest wütete fürchterlich in Siena. Ungefähr ein Drittel der Einwohner wurde dahingerafft. Wie so oft in solchen Unglückszeiten, zeigten sich Priester und Mönche von ihrer besten Seite. Selbst viele von denen, die weltlich und gleichgültig gesinnt waren, solange ihr Leben in friedlichen Bahnen dahinfloß, gedachten jetzt ihrer hohen Aufgabe und setzten ihr Leben angesichts der Szenen voller Grauen und Jammer ein, um die Kranken zu pflegen, den Sterbenden die Sakramente zu reichen und die Toten zu begraben.

Unermüdlich ging Katharina von Spital zu Spital, ging ein und aus in den Häusern, wo Kranke lagen, pflegte sie, betete mit ihnen, tröstete sie, wusch sie und richtete die Leichen für das Begräbnis her. Tag und Nacht war sie zwischen den Opfern der Pest unterwegs, bewaffnet mit einem Riechfläschchen als Schutz gegen Ansteckung aus der verpesteten Luft und mit einer Handlaterne.

Die Dominikaner arbeiteten tapfer, bis sie fast vor Müdigkeit umfielen. Den ganzen Tag lang ging Raimondo von Sterbebett zu Sterbebett, mußte aber zwischendurch eine kleine Weile ausspannen. Dann ging er zum Misericordia-Spital, wo er in dem Rektor, Messer Matteo Cenni Fazi, einen guten Freund gefunden hatte. Hier konnte er eine kleine Weile ausruhen, obschon er immer bereit war, wenn Messer Matteo ihn zu einem der Armen des Spitals rief, der priesterlichen Beistand brauchte.

Als Fra Raimondo eines Morgens nach der Konventualmesse von daheim fortging und beim Spital stehenblieb, um zu fragen, wie da drinnen die Dinge lägen, begegnete er einigen Brüdern, die Messer Matteo auf einer Bahre trugen. Er schien noch im Sterben zu liegen. Raimondo ging mit hinein, sah zu, daß sein Freund auf ein Bett gelegt wurde, und nahm ihm die Beichte ab. Der Zustand des Kranken schmerzte ihn sehr, zumal die Ärzte meinten, der Fall sei hoffnungslos. Voller Trauer ging Raimondo an seine Arbeit. Er bat Gott inständig, doch den Mann am Leben zu erhalten, der für seine Mitmenschen so nützlich war. Sobald wie möglich ging er zurück zur Casa della Misericordia. Dort traf er Katharina, die grade hinausging. Ihr Gesichtsausdruck war fröhlich und ruhig wie immer. In seiner Trauer wandte sich Raimondo mit bitteren Vorwürfen gegen sie: »Mutter, wollt Ihr diesen Mann sterben lassen, mit dem wir so glücklich sind, und der so viel Gutes tut?«

Katharina schüttelte den Kopf: »Was sagt Ihr da? Meint Ihr, ich sei Gott und könne einen Sterblichen vom Tode erlösen?« Aber Raimondo blieb bei seiner Bitterkeit: »Das sagt denen, die es glauben, aber nicht mir, der ich Euer Geheimnis kenne! Ich weiß gut, Gott erfüllt Eure Bitten, wenn Ihr nur innig darum betet.« Katharina lächelte: »So freut Euch. Diesmal wird er nicht sterben.«

Als Raimondo zu Messer Matteo zurückkehrte, saß dieser in seinem Bett und verzehrte ein solides Mittagessen, Gemüse und rote Zwiebeln, bestimmt nicht die richtige Diät für einen Mann, der eben an der Pest sterben wollte. Jetzt hörte der Dominikaner, daß Katharina schon dagewesen war. Sie habe bereits von draußen laut und deutlich ins Krankenzimmer gerufen: »Steht auf, Messer Matteo, steht auf. Jetzt habt Ihr keine Zeit, um im Bett zu liegen.« Plötzlich fühlte Matteo, daß er keine Schmerzen und kein Fieber mehr hatte. Er setzte sich aufrecht, und im selben Augenblick wandte Katharina sich um und floh, verschüchtert, weil alle erstaunt waren und ihr danken wollten. Als er gegessen hatte, stand Messer Matteo gesund und munter auf und ging sofort zu seiner Caritasarbeit ins Spital.

Nun war Messer Matteo schon früher Zeuge gewesen, daß Katharina sterbenden Menschen durch ein Wunder Leben und Gesundheit zurückgegeben hatte. Raimondo hingegen erlebte erstmalig in diesem Pestsommer ihre seltsame Macht. Da gab es einen alten Einsiedler, den man nur unter dem Namen Fra Santo kannte. Als ihn die Pest befiel, ließ ihn Katharina aus seiner Einsiedelei draußen vor der Stadt in die Casa della Misericordia bringen. Er war sehr elend. Katharina sagte zu ihm: »Keine Angst. Ihr sollt noch nicht sterben.« Doch es schien schlimm mit ihm zu werden, so daß sie sagte, alle seine Freunde müßten für ihn beten. Sie flüsterte ihm immer wieder zu: »Du sollst nicht sterben.« Noch im Todeskampf sagte sie ihm leise ins Ohr: »Du sollst nicht sterben.« Der Todeskampf zog sich lange hin, bis Katharina dem bewußtlosen Fra Santo befahl: »Ich befehle dir im Namen unseres Herrn Jesu Christi: stirb nicht!« Sofort kehrte seine Seele, die eben den Leib verlassen wollte, zurück. Der Einsiedler richtete sich auf und bat um Essen. Später erzählte Fra Santo seinen Freunden, was ihm Katharina ins Ohr geflüstert habe; und er lebe nur deshalb, weil ihm Katharina im Namen Jesu zu leben befahl.

Die Pestkarren voller blauschwarzer Leichen rumpelten Tag und Nacht durch die Gassen Sienas. Man meinte, diesmal sei die Pest noch schlimmer als früher. Sie fuhr wie ein Blitz hernieder: Man konnte morgens offenbar kerngesund aufstehen und war abends bereits tot. Auch die Ansteckungsgefahr war größer geworden. Selbst die Luft schien mit Bazillen geschwängert. Man konnte von der Pest befallen werden, ohne überhaupt in der Nähe eines Kranken gewesen zu sein. Beim weiteren Zunehmen der Panik verloren sogar manche Priester und Mönche den Mut und flohen hinaus aufs Land. Raimondo und seine treuen Kameraden mußten noch härter arbeiten als zuvor. Aber er vertraute darauf, »daß Christus mächtiger ist als Galen, und die Gnade stärker als die Natur.« Er diente den Kranken furchtlos; denn für einen Mann ist die Seele des Nächsten teurer als das eigene Leben.

Als er eines Nachts nach einigen Stunden Schlaf aufstehen und sein Brevier beten wollte, spürte er einen stechenden Schmerz in der Hüfte. Er fühlte eine Beule, das sichere Zeichen der Pest. Von Schrecken wie gelähmt, sank er auf sein Bett und wartete auf die Dämmerung, um zu seiner »Mama« zu gehen und Hilfe zu suchen. Fieber und fürchterliche Kopfschmerzen kamen hinzu. Doch er versuchte sein Offizium zu beten. Endlich wurde es Morgen. Er rief einen Bruder und schleppte sich mit seiner Hilfe zu Katharinas Wohnung. Sie war nicht zu Hause. Man legte Raimondo, der sich nicht rühren konnte, auf ein Bett. Indessen bat er die Leute, Katharina zu suchen. Im selben Augenblick trat sie ein, fiel auf die Knie, legte die Hand auf seine Stirn und begann zu beten.

Raimondo sah stumm auf die Frau in der Ekstase und dachte, nun werde entweder sein Leib oder seine Seele gesund. Er fühlte sich elend und meinte, jetzt komme das fürchterliche Erbrechen, das dem Tod voranzugehen pflegte. Noch bevor Katharina aus ihrer Bewusstlosigkeit erwachte, spürte der Mönch, als würde etwas mit aller Kraft aus seinem Leibe herausgezogen und von seinen Gliedern weggenommen, so daß die Schmerzen nachließen und bald ganz aufhörten. Als sich Katharina aus ihrer Ekstase erhob, bat sie ihn liegen zu bleiben und ein wenig zu ruhen, während sie hinausging, ihm Essen kochte und eine Mahlzeit auftrug. »Geht jetzt und arbeitet für die Erlösung der Seelen«, meinte sie zu dem Genesenen, »und dankt dem Allmächtigen, der euch aus dieser Gefahr errettet hat.«

Raimondo sollte Augenzeuge mehrerer wunderbarer Geschehnisse werden, die Katharina durch ihre Gebete erreichte. Endlich ebbte die Seuche ab, dafür griff nun eine Hungersnot um sich. Daheim bei Alessia Saracini buk die Färberstochter Brot, das Alessia unter die Armen verteilte. Gegen Ende des Sommers wurde Katharina selbst krank, wahrscheinlich aus Überanstrengung. Wieder äußerte sie den innigsten Wunsch ihres Herzens, »sterben zu können und aufgelöst zu werden in der Liebe Jesu Christi«. Am Feste Mariä Himmelfahrt erschien ihr die Muttergottes und sagte, ihr Sohn wünsche, daß sie lebe; Er habe weitere Aufträge für sie in dieser Welt. In einer Vision zeigte ihr die Muttergottes die Seelen, die sie noch erlösen sollte; und zwar so deutlich, daß Katharina sie später wiedererkennen konnte, als sie ihnen wirklich begegnete.

Dann traf ein Brief aus Pisa ein, geschrieben von Pier Gambacorti, dem eigentlichen Machthaber dieser Republik. Die Schwestern der Stadt wünschten einen Besuch Katharinas und übersandten durch Gambacorti die Einladung. In ihrem Antwortbrief übermittelte Katharina ihre gewöhnliche Warnung vor der Weltlichkeit und der Liebe zu den unwirklichen Dingen. Für dieses Thema findet sie immer neue, wechselnde und malerische Ausdrücke: ein Mann, an die Verderbnis der Sünde gebunden, ist gleichsam gefesselt, trägt Handschellen um die Hände der Seele und kann daher nicht Christi gute Taten tun. Die Füße seiner Seele sind zusammengebunden, so daß sie ihn nicht zu den guten Taten tragen können, die Früchte der Gnade sind. Was ihre Reise nach Pisa betreffe, so bedaure sie, daß sie im Augenblick unmöglich sei. Ihre Gesundheit gestatte sie nicht. Und außerdem könnte sie »Ärgernis« geben. Aber mit Gottes Gnade hoffe sie, die Reise ein andermal antreten zu dürfen, in Frieden und ohne Veranlassung zu irgendeinem »Ärgernis«;

denn sie wolle immer nur das tun, was die höchste Wahrheit befiehlt.

Wer sich über ihre Reise nach Pisa ärgern könnte, war die Regierung der »Riformati« ihrer Heimatstadt. Das Verhältnis zwischen Siena und Pisa war, milde ausgedrückt, gespannt: Die Johanniterritter von Pisa hatten Talamone erobert, die Hafenstadt Sienas am Tyrrhenischen Meer. Und während Pisa der Sache des Papstes die Treue hielt, war Siena noch unentschlossen, nach welcher Seite es sich entscheiden sollte. Katharinas Anwesenheit in Pisa half wohl auch die Pläne Bernabos durchkreuzen, der intrigierte, um die Republik auf seine Seite zu bekommen.

Etwas später, im Herbst, brach Katharina auf, um nach Montepulciano zu wallfahren. Vermutlich hatte Raimondo, der mit auf Reisen ging, sie zum Besuch des Grabes der heiligen Agnes überredet. Wallfahrten waren die einzige Form von Ferien und Tourismus, die die Menschen im Mittelalter entdeckt hatten. Das eigentliche Ziel der Wallfahrt war natürlich religiöser Natur: Abseits von der bekannten und alltäglichen Umgebung und dem einförmigen Werktagsleben konnte man mit frischer Kraft an das Wohl seiner Seele denken.

Die Luft der fernen heiligen Stätten blies den Staub der Einförmigkeit von der Seele und stärkte zu neuem, innigerem Gebet. Schon die Reise, die wechselnden Landschaften, der Anblick neuer und unbekannter Gesichter brachte Entspannung für den ganzen Menschen, für Leib und Seele. Katharina dachte nur an den Besuch der heiligen Agnes, jener Jungfrau ihres eigenen Ordens, die sie so sehr liebte und von der sie durch Raimondo so vieles gehört hatte. Sie freute sich auf die Begegnung mit Agnes im Himmel. Aber es mußte für Katharina gesund sein, eine Zeitlang aus Siena fortzukommen nach so viel Beanspruchung durch Überanstrengung und Krankheit.

Katharina und die sie begleitenden Mantellatinnen kamen noch vor Raimondo im Kloster an. Sie ging sofort zur Kirche, um die heilige Agnes zu verehren. Alle Schwestern des Kloster begleiteten sie. Und all die Frauen sahen, wie die heilige Agnes auf ihrer Bahre höflich den Fuß hob, als Katharina davor kniete, um ihn zu küssen. Als Raimondo am nächsten Tag ankam, war das ganze Haus in heller Aufregung über dieses Wunder. Da Raimondo vom Provinzial für das Kloster autoritative Vollmacht erhalten hatte, rief er sofort die Schwestern zu einem Kapitel zusammen, um die Sache zu untersuchen.

Alle Frauen hatten das Geschehene gesehen. Aber sie waren sich über die Bedeutung nicht einig. Einige Nonnen zweifelten, daß es ein Wunder war. Es konnte ein Betrug des Bösen sein. Andere wieder meinten, eine natürliche Erklärung zu finden, daß der Leichnam etwas tiefer in die Unterlage eingesunken sei, und dabei die Füße emporschnellten ... Aber Raimondo entschied, daß dann wohl beide Füße gleichzeitig emporgeschnellt wären. Gott habe Agnes nur den einen Fuß hochheben lassen, damit niemand die Wahrheit des Wunders bezweifle. Und als eine Nonne eifrig zu erklären suchte, was wohl die heilige Agnes mit dieser Geste habe sagen wollen, schnitt ihr Raimondo kurz das Wort ab: »Liebe Schwester, wir fragen dich nicht, was Sankt Agnes tun wollte. Wir wissen, daß du weder ihre Vertraute noch ihre Sekretärin bist. Wir fragen dich nur, ob du das wunderbare Hochheben des Fußes gesehen hast oder nicht?« »Doch«, sagte die Nonne.

Diese kleine Geschichte erzählte Raimondo mit inniger Freude. Es stimmte sein warmes Herz fröhlich, daß die beiden Jungfrauen, die er so sehr verehrte, ihre gegenseitige Hochachtung auf solche Weise bekundet haben sollen. Katharina besuchte Montepulciano einige Jahre später noch einmal und zwar mit ihren beiden Nichten, den Mädchen Lisas, die als Novizen in das Kloster eintreten sollten. Auch diesmal geschah etwas, das Zeugen als Zeichen dafür nahmen, daß die beiden Jungfrauen Agnes und Katharina für alle Ewigkeit Schwestern bleiben sollten.

Es war von größter Bedeutung für Katharina, daß ihr Raimondo den Empfang der heiligen Kommunion viel häufiger gestattete, als dies ihre früheren Beichtväter gewagt hatten. Auf Raimondo machte es keinen Eindruck, daß einige Schwestern flüsterten, Katharina sei zu fanatisch, um aufrichtig sein zu können, ja, vielleicht werde sie sogar vom Teufel in die Irre geführt. Einige Mönche betrachteten sie voller Skepsis, während sich andere über ihre Ekstasen und Tränen ärgerten, die in der Messe einfache und brave Christen störten und deren Aufmerksamkeit von den eigenen Gebeten ablenkten. Raimondo dagegen versicherte, er habe oft ein Beben in seiner Hand verspürt, als er sie Katharina reichen wollte, gleichsam als sei auch der Herr im Sakrament ungeduldig, sich ihr hinzugeben, die Ihn mit der ganzen Kraft ihrer feurigen Natur so sehr liebte. Einmal war er sogar überzeugt, ein Stück konsekrierter Hostie sei auf unerklärliche Weise vom Altar verschwunden und ohne Hilfe von Menschenhänden Katharina überreicht worden.

Er bezweifelte nie ihre brennende Liebe zu Gott und ihre vollkommene Aufrichtigkeit. Aber zuweilen zweifelte er, ob sie wirklich alle die Visionen und Empfänge erlebt hatte, die sie ihm schilderte, ob nicht vielleicht einiges davon auf Einbildung beruhte?

Während ihres Aufenthaltes in Montepulciano meinte Raimondo eines Abends zu Katharina, sie solle doch von ihrem himmlischen Bräutigam die völlige Vergebung aller seiner, Raimondos, Sünden erreichen. Er werde dabei mit nicht weniger als mit einer Ablaßbulle zufrieden sein, wie man sie von der römischen Kurie bekam. Katharina lächelte und fragte, welcherart Bulle er denn haben wolle. Ernsthaft antwortete der Priester, wenn er einen so tiefen Schmerz über seine Sünden empfinden könnte, wie er ihn vorher nie gefühlt habe, werde er glauben, dies sei ebensogut wie die Bulle. Katharina nickte. Etwas später gingen beide an ihre Arbeit.

Am nächsten Morgen fühlte sich Raimondo unwohl. Er mußte im Bett liegen bleiben. Ein Mönch war bei ihm, um ihn zu pflegen. Katharina war ebenfalls krank und hatte Fieber, stand aber trotzdem auf, um nach Raimondo zu sehen. Er wehrte ab: »Du bist noch schwächer als ich. Du hättest nicht kommen sollen.« Doch Katharina setzte sich und begann, wie sie zu tun pflegte, von der Güte Gottes und der Undankbarkeit der Menschen zu reden. Indessen stand Raimondo auf, ein wenig beschämt und auch etwas belustigt über diesen Besuch seiner »Mama«. Er setzte sich auf die Bank. Plötzlich überkam es den Mönch wie eine Offenbarung:

Er sah alle seine Sünden vor sich; und zwar so, daß er vor einem strengen Richter die ewige Verdammnis verdient hatte. Aber er sah auch das Erbarmen und die Liebe des Richters, der ihn nicht nur losgekauft, und von jeglicher Strafe befreit, sondern der auch seine Nacktheit mit den eigenen Kleidern bedeckt und ihn gewärmt hatte, und der ihn schließlich sogar im eigenen Haus ruhen ließ. Durch Seine Gnade und durch Seine unendliche Güte war der Tod zum Leben geworden, die Furcht zur Hoffnung, die Trauer zur Freude, die Schande zur Ehre. Raimondo brach plötzlich in Schluchzen aus und weinte, als wollte ihm das Herz brechen. Und die so seltsam kluge Jungfrau saß an seiner Seite und ließ ihn weinen. Plötzlich erinnerte er sich der Unterhaltung vom Abend vorher. Da ging es ihm auf: »Ist das die Bulle, die ich von dir verlangt habe?« »Das ist sie«, gab sie zur Antwort und stand auf. Einen Augenblick ließ sie ganz leicht ihre Hand auf seiner Schulter ruhen: »Denk an die Gaben Gottes.« Dann ging sie.

Sie wohnten noch im Kloster. Katharina lag mit hohem Fieber zu Bett. Raimondo kam und sah nach ihr. Voller Eifer begann sie, ihm von ihren letzten Offenbarungen zu berichten. Raimondo bekannte offen seine eigene Schwäche. Obschon er die seltsame Gnade als Antwort auf seine Bitte empfangen hatte, zweifelte er: Ja, dies alles sei gewiß sehr seltsam und ungewöhnlich. Aber es solle ihn doch wundern, ob alles was sie erzähle, wirklich wahr sei. Er sah in das fieberheiße Gesicht der jungen Frau. Und mit einem Mal wurde es zum Gesicht eines Mannes, eines Mannes von dreißig Jahren, von königlichem Reiz, oval, mit blondem Haar und Bart. Es blickte streng in das Gesicht des Mönches. Und Raimondo begann zu zittern, hob die Hände auf und rief laut: »Ach, wer ist's, der mich so anstarrt?«

Die Stimme Katharinas antwortete: »Der, der ist.« Dann schwand die Vision, Das Gesicht in dem groben Kissen war wieder das Katharinas. Als er dieses Erlebnis aufschreibt, schließt Raimondo feierlich: »Wahrlich, ich sage dies vor dem Angesicht Gottes, vor Gott selbst, dem Vater unseres Herrn Jesu Christi, der weiß, daß ich nicht lüge.«

Von jetzt an zweifelte Raimondo nicht mehr, daß Katharina auserwählt war, als Botin Christi an die Zeitgenossen zu handeln und zu sprechen. Den neuen und tieferen Einblick in geistliche Dinge, den er erhielt, schrieb er dankbar Katharinas Gebeten und Kräften zu. Ihre Wege auf Erden trennten sich schon nach wenigen Jahren. Doch bis zum Ende seiner Tage lebte Raimondo von Capua von der Inspiration, die er von seiner »Mutter« empfangen hatte. Nie wurde er müde, Gott für Seine Gabe an das Menschengeschlecht, Seine auserwählte Botin Katharina Benincasa, zu loben und zu preisen.

Verstand, um zu verstehen

Katharina scheint die Nonnen von Montepulciano schnell für sich eingenommen zu haben. Sie schreibt von dem Glück, das sie hier bei den betrachtenden Nonnen fühle, wo der Friede und das Schweigen des Klosters nur von Gottesdienst und Chorgesang in der Kirche unterbrochen würden. Aber Katharina war keine lange Atempause vergönnt. Die Verwicklungen dieser Welt und die zügellosen Leidenschaften der Menschen forderten abermals ihre Dienste.

Die »Reformatoren« in Siena hatten ihr Botschaft geschickt; man wünsche daheim ihre Anwesenheit. In ihrem Antwortbrief legte sie dar, daß Männer, die andere regieren wollen, vor allem sich selbst regieren müssen. Wie könnte ein Blinder einen Blinden führen oder eine Leiche eine Leiche begraben, sagt sie, indem sie das alte Sprichwort erweitert. »Weil ihr zu wenig aufgeklärt seid, wie ich gesehen habe und auch jetzt noch sehe, bestraft ihr die Unschuldigen und laßt die Schuldigen laufen.«

Ihr Rat ist immer der gleiche: Brecht die Fesseln der Sünde, reinigt euch in der Beichte, versöhnt euch mit Gott! Dann würden sie ihrer Ansicht nach die wahren Herrscher sein. Denn wer könnte wirklich Herr sein, wenn er nicht Herr ist über sich selbst, wenn nicht die Vernunft seine Sinne regiert? Was ihre Heimreise betreffe, so habe sie in Montepulciano noch einiges zu tun. »Laßt jeden die Arbeiten tun, die ihm Gott zugeteilt hat, und nicht sein Talent begraben«, schließt der Brief. »Sonst verdienen wir strenge Strafe. Wir müssen immer und überall für die ganze Schöpfung arbeiten. Gott läßt sich nicht durch Orte und Geschöpfe hemmen. Er sieht auf unser ehrliches, heiliges Verlangen, mit dem wir arbeiten.«

Gegen Ende 1374 war Katharina wieder daheim in Siena. Dort erhielt sie Besuch von Alfonso da Vadaterra, einem Spanier, der einmal Bischof von Jaen gewesen, jetzt aber Augustinereremit war. Er war der Beichtvater der heiligen Birgitta von Schweden und zudem ihr guter Freund. Jetzt hatte ihn der Papst von Avignon gesandt, um Katharina den päpstlichen Segen zu bringen und sie zu bitten, seine Pläne durch ihr Gebet für die heilige Kirche wie für Gregor selbst zu unterstützen.

Einer dieser Pläne war, alle christlichen Fürsten zu einem neuen Kreuzzug aufzurufen. Fast zwei Jahre waren seit dem ersten Aufruf vergangen; und noch waren die Fürsten ausschließlich mit ihren eigenen Zänkereien beschäftigt. Besessen von gegenseitigem Mißtrauen und dem Verlangen, die eigene Macht zu mehren und die des Nachbarn, der vielleicht einmal zum Feind werden könnte, zu beschneiden, hatten sie nur Entschuldigungen und Ausflüchte als Antwort auf die Versuche des Papstes, sie gegen den Islam als ihrer aller Feind zu den Waffen zu rufen.

Für Katharina bedeutete dieser Kreuzzug die Befreiung der Christen, die jetzt von den Ungläubigen unterjocht wurden, und die Wiedereroberung der heiligen Stätten, wo Christus und die Apostel und Martyrer der alten Zeit gewirkt und den Tod erlitten hatten. Jederzeit konnte eine Welle orientalischer Heere die chistlichen Lande überschwemmen. Ein Kreuzzug würde wohl auch die Bruderkriege beenden, die die Welt verwüsteten, die Katharina kannte. Wenn sich die kriegslüsternen Fürsten und Völker bewaffneten, um demütig für Gottes Ehre zu streiten, anstatt für ihren eigenen Ruhm, könnte es vielleicht auch den Seelen der Kreuzfahrer große Vorteile bringen.

Von nun an ging aus Katharinas armer, kleiner Zelle ein Strom von Briefen hinaus an die Könige, die Staatsmänner und bekannten Heerführer ringsum in den Landen. Um ihrer eigenen Seele willen rät sie ihnen, sich zur wahren Gottesliebe zu bekehren und sich für die heilige Sache, den Kreuzzug, zu rüsten. An die Mächtigen dieser Welt schreibt die kleine Popolana aus Siena wie jemand, der Vollmacht hat, gewiß auch im Bewußtsein, daß sie mehr oder weniger nur ein Werkzeug in der Hand Jesu Christi ist. An die Herrlichkeiten dieser Welt glaubte Katharina ohnehin nicht. Diese waren für sie nur wie eine Luftspiegelung, die einen Augenblick lang glänzt und dann ins Nichts versinkt. Trotzdem sind ihre Urteile in weltlichen Dingen oft scharfsinnig, und die Ratschläge, die sie ihren Korrespondenten gibt, sind äußerst vernünftig. Nur waren sie allzu richtig und ehrlich für Leute, die ihr Vertrauen auf Schläue und Intrigen setzten; bei solchen fand sie kein Gehör.

Zu dieser Zeit schrieb Katharina zum ersten Mal an Papst Gregor XI. selbst und flehte ihn bei Christi kostbarem Blut an, »uns die Erlaubnis zu lassen, den eigenen Leib jedem Schmerze hinzugeben«. Katharina spricht vom Martyrertum des Papstes, dessen Frömmigkeit und warme Herzlichkeit durch Weichheit und übertriebene Liebe zum eigenen Geschlecht und zum schönen französischen Vaterland geschmälert werde, so daß sein Wille, die nötigen Schritte zur Beseitigung der Korruption innerhalb der Kirche zu tun, machtlos werde, und er nie zu einer wirkungsvollen Tat käme, um zu verhindern, daß die ihm anvertrauten Schafe in die Irre gingen. Martyrium, hebt Katharina hervor, sei das einzige Mittel, das Christi Braut die jugendliche Schönheit zurückgeben könne. Sie sollte bald zeigen können, wie ernst sie das meinte.

Bei der Reise nach Pisa im Februar 1375 wollte sie die Gelegenheit ergreifen, auch der Sache des Papstes zu dienen. Bernabo Visconti war an einer Allianz mit den toskanischen Republiken Pisa, Lucca, Siena, Florenz und Arezzo interessiert. Ihr Anschluß an den Papst, das heißt, an den weltlichen Fürsten des Kirchenstaates, lag in der Waagschale politischer Entscheidungen. Man mußte sehen, daß sie nicht nach der falschen Seite hin ausschlug, zumal die französischen Legaten unablässig die Italiener reizten. Katharina und alle treuen Kinder der Kirche in Italien wußten kein anderes Mittel gegen die Verelendung des Landes als die Rückkehr des Papstes nach Rom. Aber noch war Katharina nicht zu der Erkenntnis gelangt, daß es notwendig war, sich mit ihrer ganzen Kraft für diese Sache einzusetzen. Immerhin tat sie schon den ersten Schritt auf dieses Ziel hin, als sie die Einladung der Pisaner annahm, Gast in ihrer Stadt zu sein. Ihr dortiger Aufenthalt konnte eine Zeitlang die Loyalität gegenüber der Sache des Papstes stärken. In ihrem Gefolge befanden sich Alessia, Lisa und mehrere Mantellatinnen. Eine von ihnen war auch Lapa, ihre Mutter. Diese hatte schon einige Zeit zuvor die schwarze Kapuze der Bußschwestern genommen, so daß sie jetzt auch zur »geistlichen Familie« ihrer Tochter gehörte. Katharinas »Kinder« nannten sie »Nonna«, die Großmutter. Leider haben uns Katharinas Biographen nichts Näheres von Lapas Bekehrung erzählt. Man kann annehmen, daß die Einsamkeit der alten Mutter der Anlaß war, nachdem sie so viele Kinder verloren hatte, und ihr Liebling Katharina ein solch sonderbares und unheimliches Leben führte. Da mochte sie wohl den heldenmütigen Entschluß gefaßt haben, Katharinas Lebensweisheit zu erproben. Vielleicht konnte es ihr helfen zu verstehen, was rings um sie geschah, und sie näher an ihr eigenes Kind heranzuführen. Sie klammerte sich an Katharina. Sie wollte endlich immer bei ihr sein. Und sie war mehrmals verzweifelt, als Katharina sie nicht mitnehmen konnte.

Fra Raimondo, Fra Bartolommeo de Dominici und Fra Tommaso della Fonte begleiteten sie auf der Reise. Jetzt waren es so viele geworden, die sich durch Katharinas Missionswirksamkeit bekehren ließen, daß der Papst bestimmt hatte, es sollten immer drei Priester in ihrem Gefolge sein, um Beichte zu hören und Absolution zu erteilen.

In Pisa wurde die Schwester aus Siena so empfangen, wie das Volk im Mittelalter einen Gast empfing, den es für einen

Heiligen hielt. Der Gouverneur Pisas, der Erzbischof und viele andere prominente Persönlichkeiten gingen ihr entgegen. Und die Massen huldigten ihr so, wie es Volksmassen immer und überall mit ihren Lieblingshelden zu tun pflegen, ob es sich um siegreiche Generäle, angebetete Führer, populäre Fußballkönige oder weltberühmte Filmstars handelt. Aber im Mittelalter waren vor allem die Heiligen Lieblingshelden; auch für Leute, die selber keineswegs Heilige waren und auch nicht im entferntesten den Wunsch hatten, je heilig zu werden, da Heiligkeit, wie man wußte, Heldenmut voraussetzt, und zwar Heldenmut von einer ungewöhnlich strengen und anstrengenden Art.

Katharina und ihre Reisegefährten nahmen Herberge im Hause des Gherardo Buonconti, eines Mannes, der sehr einflußreich in der Stadt war. Neben seinem Haus stand eine kleine Kirche der heiligen Christina. Dorthin ging Katharina jeden Morgen zur Messe.

Kranke Leute wurden zu ihr gebracht und gingen fort, geheilt durch ihre Gebete und ihre Ratschläge, die Sünden zu beichten und Vergebung dafür zu erhalten. Immer mehr Menschen kamen zu ihr.

Doch die gewaltigste Begebenheit während ihres Pisaner Aufenthaltes, ja in Katharinas Leben überhaupt, war der Empfang der Wundmale des gekreuzigten Heilandes. Raimondo erzählt, wie er es sah:

Am Sonntag Laetare las er die Messe in St. Christina und hatte Katharina die heilige Kommunion gereicht. Danach blieb die Jungfrau bewegungslos auf ihrem Gesicht liegen. Raimondo und die Freunde warteten geduldig. Sie hofften, nach dem Erwachen aus der Entrückung vielleicht eine Botschaft aus dem Munde ihres Bräutigams zu hören. Plötzlich war es, als würde die ausgestreckte Gestalt emporgehoben. Katharina kniete aufrecht, mit geschlossenen Augen und einem Gesicht, das von überirdischem Glanze leuchtete. Sie hob ihre Arme auf, die Handflächen nach außen gewandt, steif und still. Dann stürzte sie plötzlich zu Boden, als hätte sie einen tödlichen Schlag erhalten. Nach einer Weile kam sie wieder zur Besinnung.

Etwas später rief sie Raimondo zu sich und flüsterte: »Vater, wisset, daß ich jetzt durch die Gnade unseres Herrn Jesus Seine Wundmale an meinem Leibe trage.« Raimondo hatte es schon aus ihren Bewegungen erraten. Aber er bat, zu berichten, wie ihr diese Gnade geschenkt worden sei. »Ich sah den Erlöser am Kreuz in flammendem Licht zu mir niederschweben. Und da meine Seele die schnellste Vereinigung mit ihrem Schöpfer suchte, riß sie den Leib mit sich empor. Da sah ich fünf Blutstrahlen aus Seinen fünf Wunden springen und auf meinen armen Leib zuströmen. Ich rief: O mein Herr und Erlöser. Ich bitte Dich, laß die Wunden an meinem Leib nicht äußerlich sichtbar sein. Und während ich das sagte, wechselten die Strahlen ihre Farbe vom Blut zu blendendem Licht. Und diese Lichtstrahlen trafen meine Hände, meine Füße und mein Herz.«

Auf seine Frage gestand Katharina, der Schmerz der Wunden, besonders der Herzwunde, sei so gewaltig, daß sie unmöglich leben und solche Qualen leiden könne, wenn nicht Gott ein neues Wunder tue.

Sofort nach ihrer Rückkehr zum Hause Buoncontis mußte sie sich zu Bett legen. Und eine ganze Woche lang lag sie unbeweglich. Sie sah aus, als wäre sie tot. Raimondo und die Freunde versammelten sich um sie, weinten und klagten. Sie baten Gott, sie nicht mutterlos werden zu lassen. Wie sollten sie den Stürmen dieser Welt widerstehn, wenn Er ihnen die Mutter und Lehrmeisterin nahm, der sie alles verdankten, was sie vom heiligen Weg der Tugend wußten? Sie baten Katharina: »Mutter, wir wissen, daß du nach Christus verlangst, deinem Bräutigam. Doch du bist deines Lohnes sicher. Drum habe Erbarmen mit denen, die ohne dich draußen in Sturm und Wellen zurückbleiben sollen und noch so schwach sind .... Wir bitten dich, bete zu Ihm, daß du mit Seiner Erlaubnis noch eine Weile bei uns bleiben darfst.«

Katharina weinte. Sie antwortete: »Ich wünsche von ganzem Herzen, daß ihr in alle Ewigkeit glücklich werdet. Aber Er, der mein und euer Erlöser ist, weiß am besten, wie ihr geführt werden müßt. Sein Wille geschehe.« Dieses für alle ihre Lieben scheinbar so fürchterliche Wort nahmen sie als Ausdruck des Abschieds. Sie weinten noch mehr und bestürmten Gott um die Erhaltung ihrer Mutter.

So verging eine Woche. Da begriffen ihre Kinder, daß sie Katharina nicht zu verlieren brauchten. Am Passionssonntag fühlte sie sich so gesund, daß sie aufstehen und zur Messe und Kommunion nach St. Christina gehen konnte. Ihr Körper schien neue Kräfte und Energien zu haben. Und als Raimondo fragte, ob die Wunden an ihrem Leibe noch schmerzten, bejahte sie, bemerkte aber gleichzeitig, diese Schmerzen stärkten sie auf wunderbare Weise und hielten sie aufrecht. Zu Lebzeiten blieben die Wundmale unsichtbar, wie sie den Herrn gebeten hatte. Aber an ihrer Leiche traten sie deutlich hervor.

In Pisa geschah auch ein neues Wunder mit einem Weinfaß. Katharina war äußerst schwach. Da sie aber gar nichts essen wollte, kam Raimondo auf den Gedanken, sie vielleicht ein wenig zu erfrischen, wenn er ihr Handgelenk in einer besonderen Sorte Weißwein bade. Buonconti besaß diesen Wein nicht, glaubte aber, etwas von einem Nachbarn erhalten zu können. Der Nachbar bedauerte; er habe zwar ein Faß mit diesem Wein gehabt, es sei aber leer. Und zum Beweis zog er den Zapfen heraus. Da spritzte ein Weinstrahl heraus, daß alle drei Männer völlig durchnäßt wurden. Das Gerücht von diesem seltsamen Geschehnis lief durch die Stadt und erregte solches Aufsehen, daß Katharina ganz verlegen wurde und betete, der Weinstrom möge versiegen. Und die nun kamen, um noch etwas von dem Wunderwein zu erhalten, mußten enttäuscht ihres Weges gehen.

In der Bucht von Livorno, der Hafenstadt Pisas, liegt eine Insel, die Gorgona heißt. Auf dieser Insel war ein Kartäuserkloster. Der Prior und die Mönche schickten eine Einladung an Katharina, zu kommen und sie zu besuchen. Sie nahm schließlich die Einladung an. Von Livorno aus nahmen Katharina und ihre Freunde ein Boot, um nach Gorgona überzusetzen. Es war Katharinas erste Seereise; und sicher auch das erste Mal, daß sie überhaupt die See sah. Man möchte wohl wissen, wie sie sich dabei fühlte. Spielte doch stets in ihrer Phantasie das Meer eine große Rolle, da sie oft Bilder gebrauchte wie jenes vom Fisch im Wasser und vom Wasser im Fisch oder von Dingen, die im Meer versunken sind.

An der Landungsbrücke wurden sie von dem Prior und einigen seiner Mönche empfangen. Katharina und die Frauen ihres Gefolges wurden ein Stück weit vom Kloster weg zu einer Herberge geführt, während die Männer bei den Mönchen wohnen sollten. Am nächsten Morgen besuchte der Prior mit allen Kartäusern Katharina. Er bat sie, zu ihnen von geistlichen Dingen zu sprechen. Zuerst wehrte sich Katharina, mußte dann aber den flehentlichen Bitten nachgeben und sprach über die Versuchungen und die Siege über die Versuchungen, »wie der Heilige Geist ihr zu reden gebot». Der Prior gestand später Raimondo: »Ich bin der Beichtvater aller meiner Söhne. Aber wenn Katharina ihrer aller Beichte gehört hätte, würde sie nicht klarer und sachlicher gesprochen haben. Als sie von den Schwierigkeiten und Gefahren des Klosterlebens sprach, konnte jeder meiner Mönche eben das hören, was für ihn bestimmt schien. Sicher ist sie eine Seherin, erfüllt vom Heiligen Geist.«

Vor ihrer Rückkehr nahm Katharina den Prior beiseite und warnte ihn: »Der Teufel wird versuchen, hier im Kloster Ärgernis zu erregen. Aber habt keine Angst. Es gelingt ihm nicht.« Auf seine Bitte hin überließ Katharina dem Prior ihre Kapuze. Und als einige Tage später ein junger Mönch plötzlich in einem Anfall von Verzweiflung sich das Leben nehmen wollte, heilte ihn der Prior, indem er ihm Katharinas Kapuze über die Schultern legte. »Ich weiß, daß sie für mich betet«, sagte der Mönch zu seinen Brüdern. »Ohne ihr Gebet wäre ich jetzt verloren.«

Katharinas Aufenthalt in Pisa war keineswegs ein Urlaub. Obschon Visionen ihre Seele zutiefst erschütterten, und unermüdliche Arbeiten sie körperlich überanstrengten, brauchte sie ihren Einfluß bei Pier Gambacorti und seinem Rat, um die Bande zwischen Pisa und dem päpstlichen Stuhl zu verstärken. Sie schrieb Briefe an die Königin von Ungarn und an die Königin Johanna von Neapel, um sie für den geplanten Kreuzzug zu gewinnen. Auch hier erschienen Zweifler, die sie der Ketzerei oder des Schwindels überführen wollten, ließen sich aber von ihrer Klugheit und ihrem gesunden Menschenverstand besiegen. Ein Dichter aus Florenz schrieb ihr, sie vor Wahnvorstellungen zu warnen; vor allem fürchtete er, sie sei ein Opfer teuflischen Betruges, wenn sie ohne Nahrung zu leben versuche. Katharina dankte ihm sehr demütig für seine Sorge um ihr Seelenheil. Sie selber habe stets Angst vor den Streichen des Bösen. Und bezüglich ihrer Nahrungslosigkeit bitte sie Gott, daß sie in dieser Beziehung wie andere Menschen werden dürfe. Aber Er scheine sie mit diesem seltsamen körperlichen Zustand heimgesucht zu haben. Sie bat ihn zu beten, damit sie davon befreit werde.

Dann geschah etwas, das ganz Italien wie ein Blitzschlag traf. Am 7. Juni ritt ein Kurier des Kardinals de Noellet, des päpstlichen Vikars in Italien, mit der Botschaft in Pisa ein, der Papst habe in Boulogne einen einjährigen Waffenstillstand mit Bernabo Visconti geschlossen.

Der Bote trug einen Ölzweig in der Hand. Den Pisanern mußte es wie grausamer Hohn vorkommen. Sie sahen in diesem Waffenstillstand den ersten Schritt zu einer neuen Verschwörung gegen die Freiheit der toskanischen Republiken. Jetzt lag der Weg zu ihren kleinen Stadtstaaten offen für die Heere des Papstes wie die des Bernabo Visconti. Die Toskaner hatten zu keinem der beiden Vertrauen. Und der englische Kondottiere Sir John Hawkwood war mit seinem aus zügellosen Landsknechten bestehenden Söldnerheer arbeitslos geworden. Er hatte im Solde des Papstes gegen die Visconti gestanden. Jetzt mußte er sich nach Beute umsehen, seine Söldner zu bezahlen. Und das Wahrscheinlichste war, daß er sich gegen die kleinen, reichen Republiken und das fruchtbare Toskana wandte.

Diese Republiken waren Schulbeispiele für die Vorteile und Mängel, die immer und überall im Gefolge der Demokratie zu finden sind. Die Freiheit hatte die Bürger reich, kultiviert und intelligent gemacht; und ihre besten Männer waren begeisterte Patrioten und nahmen ihre Verantwortung gegenüber ihren Landsleuten todernst. Aber diese freien Bürger waren auch in unendlich viele private Händel und Fehden verwickelt, die durch kindische Feindschaften oder kleinlichem Egoismus verschuldet waren, oder aber durch ernsthafte Konflikte zwischen den Idealen und Weltanschauungen, die zu verschiedenartiger Ansicht über die Voraussetzungen einer guten und gerechten Regierung führten. Unablässig kam es zu Zusammenstößen zwischen Männern, die zynisch ihren eigenen Vorteil suchten oder blind ihrer eigenen unfehlbaren Klugheit vertrauten. Das Volk wechselte innerhalb dieser Parteikämpfe die Fronten aus Überzeugung oder des Vorteils wegen. Die Freiheit hatte ihr Füllhorn über das schöne Toskana ausgeschüttet und ließ ihre guten wie bösen Gaben niederregnen.

Die Aussichten wurden noch trüber, da der Legat jede Ausfuhr von Korn aus dem Kirchenstaat verbot. Und gleichzeitig bat er die Florentiner um eine Anleihe von 60000 Gulden, um sich damit von Sir John Hawkwood freizukaufen. Bekomme er diese nicht, müsse er alle Verantwortung für die Taten des Kondottiere ablehnen.

Die Florentiner beschlossen, anstatt de Noellet diese Gelder zu leihen, lieber selbst Hawkwood und seine Truppen zu engagieren. Der Kondottiere nahm das Geld von den Florentinern und versuchte, auch die anderen toskanischen Republiken zu erpressen. Noch war der Krieg nicht offen erklärt. Aber Florenz, das wohl das erste Opfer des geplanten Angriffs werden sollte, ging zu den Ghibellinen über und rüstete auf. Man bildete eine Regierung von acht Ratsherren, die man die Otti della Guerra, die »acht Kriegsherren« nannte. So war der Weg der florentinischen Politik unmißverständlich vorgezeichnet.

Als in Prato, einer Stadt, die zur florentinischen Republik gehörte, eine Verschwörung entdeckt wurde – man sagte, ihr Ziel sei die Übergabe an den Kardinal gewesen –, wurden die Verschwörer, an ihrer Spitze ein Priester, nach Florenz geschleppt und von der rasenden Menge getötet. Man riß ihnen buchstäblich das Fleisch von den Knochen und warf es den Hunden hin. Jetzt bestand kaum noch Hoffnung, den Frieden zu retten. Die Florentiner wollten unbedingt für die Freiheit ihrer Stadt kämpfen. Als ersten Schritt zur Vorbereitung des Krieges mit den päpstlichen Legaten schlossen sie einen fünfjährigen Waffenstillstand mit Bernabo Visconti.

Indessen war Sir John Hawkwood mit einigen Abteilungen seiner Söldner – verzweifelten Männern verschiedener Nationalität, die ihrem Vaterland den Rücken gekehrt hatten und von Menschlichkeit und Moral nichts wußten – gegen Pisa vorgerückt und hatte unweit der Stadt ein Lager aufgeschlagen. Von Pisa aus schickte Katharina durch Fra Raimondo einen Brief an den Kondottiere: »Im Namen des gekreuzigten Jesu Christi und Mariä, Seiner milden Mutter« wendet sie sich an den Räuberhauptmann und nennt ihn und seine Unterführer ihre geliebten Brüder in Christo. Sie bitte sie zu überlegen, welch große Qual und Mühe sie im Dienste des Teufels erduldet hätten. Sie rät ihnen zur Umkehr und zum Dienst des Kreuzes Christi. »Ich bitte euch im Namen Jesu Christi, wie es uns Gott und der Heilige Vater befohlen, gegen die Ungläubigen zu Felde zu ziehen. Da ihr gerne kämpft und Kriege führt, so kämpft nicht länger gegen Christen, das Gott kränken hieße, sondern gegen deren Feinde. Ist es nicht entsetzlich grausam, daß wir als Christen, als Glieder der Kirche, uns einander angreifen?« Es wundere sie, daß Hawkwood jetzt hier Krieg führen wolle. Habe er doch, wie sie wisse, gelobt, für Christus auf einem heiligen Kreuzzug zu sterben. Dies hier sei keine gute Vorbereitung, um dem Rufe Gottes nach den heiligen Stätten zu folgen. Er und seine Kameraden sollten sich vorbereiten, um die Wege der Tugend zu suchen, und sich als wahre und edle Ritter erweisen. Sie empfiehlt Raimondo dem Kondottiere und unterzeichnet als »Katharina, die unnütze Dienstmagd«.

Der Erfolg dieses Briefwechsels zwischen einem Söldnerführer und einem jungen Mädchen, das keine andere Macht besitzt als den Ruf ihrer Heiligkeit, ist für Menschen unserer Tage unbegreiflich: Raimondo wird im Lager vom Kondottiere gut aufgenommen, und der gelobt, sich gemeinsam mit seinen Hauptleuten dem Kreuzzug anzuschließen, sobald das Heer aufbreche. Er besiegelte sein Gelübde durch den Empfang der heiligen Kommunion. Es sieht aus, als habe Katharina wenigstens für den Augenblick Pisa eine Atempause verschafft. Pier Gambacorti und seine Ratsherren brauchten nicht mit dem päpstlichen Stuhl zu brechen, was für treue Christen ein böser Schritt gewesen wäre. Sie beschlossen, neutral zu bleiben, – eine stets schwierige und zweifelhafte Politik.

Im September konnte Katharina die Heimreise nach Siena antreten. Sie hatte von daheim mehrere Briefe erhalten, die ungeduldig ihre Rückkehr verlangten. Doch ihr Aufenthalt war nur von kurzer Dauer. Noch schien der Papst keinerlei Furcht zu hegen, daß ihn die Republik Siena im Stich ließ. Und so sandte er einen Boten an Katharina und bat sie, nach Lucca zu reisen und zu versuchen, diese Republik, eine der kleinsten Italiens, in der Treue zur päpstlichen Sache zu bestärken. Katharina nahm den Weg über Pisa. Vermutlich schrieb sie von Lucca aus einen langen Brief an den Papst.

Dieser Brief an Gregor XI. ist eine ernste Warnung. Wenn er nicht mannhaft seine schwere Verantwortung trage, könnten die schweren Übel, unter denen die Kirche Christi leide, nicht gebüßt werden. Wie immer beginnt sie im Namen Christi und der Mutter Maria und wendet sich an den Papst als an ihren liebsten und ehrwürdigsten Vater in Jesu Christo. Für sich selbst wählt sie den Namen einer Dienstmagd und Sklavin der Diener Gottes, was an die traditionelle Unterschrift der Päpste, Diener der Diener Gottes, erinnert. Sie schildert ihren Wunsch, in ihm einen Fruchtbaum zu sehen, schwer von edlen Früchten, weil er in fruchtbarer Erde wachse. Aber wenn er nicht in der fruchtbaren Erde der Selbsterkenntnis wachse, der Erkenntnis daß wir nichts sind außer Ihm, der ist, werde der Baum verdorren. Der Wurm des Egoismus werde an den Wurzeln nagen; denn wer sich selber liebe, nähre seine Seele mit tödlichem Hochmut, dem Ursprung und dem Prinzip des Bösen bei allen Menschen und in allen Lagen, bei den Regierenden wie bei den Untertanen. Ein Mann, der ein Opfer der Selbstliebe geworden sei, werde gleichgültig gegenüber den Sünden seiner Untertanen; denn er habe Angst, sie zu kränken und sie zu seinen Feinden zu machen.

In der Tat sagt Katharina dem Papste gerade heraus, daß er die volle Verantwortung für all die fürchterlichen Mißbräuche trage, die am Mark der Kirche zehrten, wenn er andererseits, menschlich gesprochen, auch ein guter Mensch mit vielen liebenswerten Eigenschaften sei. Ihm bleibe gleichwohl die Verantwortung für die schlechten Hirten und falschen Mönche, deren schandbares Leben den Glauben der Gläubigen untergrabe. »Wenn ein Blinder einen Blinden führt, stürzen sie beide in den Abgrund. Der Kranke und der Arzt eilen gemeinsam zur Hölle«.

Jede Schonung, die man vermeine, der Eigenliebe oder der Liebe zu den Angehörigen, den Freunden und dem irdischen Frieden gegenüber schuldig zu sein, sei in der Tat die schlimmste Grausamkeit; denn wenn eine Wunde nicht mit glühendem Eisen gereinigt, und das Messer des Arztes nicht dort angesetzt werde, wo es nötig sei, werde die Fäulnis schließlich zum Tode führen. Eine Salbe könne angenehm für den Kranken sein, mache ihn aber nicht gesund. »Liebet Euren Nächsten um Jesu willen und für den Ruhm und die Ehre Seines süßen Namens. Ja, ich möchte wünschen, Ihr wäret ein guter und getreuer Hirte und bereit, tausend Leben zu vergeben, wenn Ihr sie hättet, für die Ehre Gottes und die Erlösung Seiner Geschöpfe. Ach, mein geliebter Vater, Ihr seid Vertreter Christi auf Erden, Nachbild des verehrten heiligen Gregor. Ihr könnt tun, was er tat; denn Ihr seid ein Mann wie er. Und Gott ist immer der, der Er war. Das einzige, was uns fehlt, ist der Hunger nach der Erlösung unseres Nächsten und – Mut. Aber um diesen Hunger in uns zu erwecken, die wir nichts anderes als unfruchtbare Bäume sind, müssen wir uns am fruchtbaren Baum des Kreuzes aufpfropfen. Das Lamm, das um unserer Erlösung willen geschlachtet wurde, schreit noch vor Durst. Sein Verlangen nach unserer Erlösung ist größer als Sein Leiden zeigen kann; denn Sein Leiden ist nicht endlos wie Seine Liebe.«

Katharina appelliert an den Papst, er solle seinen Städten gute Hirten und gute Regenten geben. Die schlimmen Hirten und die schlechten Regenten seien am Ausbruch der Erhebung schuld. »So geht hin und vollendet mit heiligem Eifer die guten Entschlüsse, die ihr gefaßt habt. Kommt zurück nach Rom und eröffnet den herrlichen Kreuzzug ... Mut, Heiliger Vater! Kein Zögern mehr! Richtet auf das heilige Banner des Kreuzes! Der Duft des Kreuzes möge Euch Frieden bringen.« »Vergebt mir, Vater, alles, was ich Euch sagte. Die Zunge spricht das aus, von dem das Herz überfließt.« »Und was die Bürger von Lucca und Pisa betrifft, so sendet ihnen solch väterliche Worte, wie sie Euch der Heilige Geist eingibt. Helft ihnen, so gut Ihr könnt! Und sie werden feststehen und treu sein.«

Katharina berichtet, wie sie ihren ganzen Einfluß auf die Volksmassen der beiden Republiken aufbot, um sie von einem Bündnis mit den Schuldigen fernzuhalten, die sich gegen den Papst aufgelehnt hatten. Aber man könne nicht begreifen, daß keine Hilfe von ihm komme, wenn sie von ihren Feinden so hart bedrängt würden. Schließlich spricht sie von der bevorstehenden Nominierung der Kardinäle und warnt ihn: Er möge die würdigsten Männer wählen. Sonst dürfe er sich nicht wundern, wenn ihn Gottes Strafe und Geißel treffe. Auch für ihren eigenen Orden, der einen neuen Ordensgeneral erhalten soll, bittet sie ihn, einen frommen und tugendreichen Mann zu wählen. Schließlich bittet sie demütig um seinen Segen und um Vergebung hinsichtlich der Dinge, die sie ihm zu schreiben gewagt habe.

Dieser Brief ist eine glänzende Stilprobe für die kommenden Briefe an Gregor in den nächsten Jahren. Zu diesem Mann, dessen Eigenliebe von der liebenswürdigsten Art war – weshalb er auch rein erscheint zwischen Prälaten, die sich offen brutalen und entwürdigenden Lastern hingaben –, spricht Katharina von der heiligen Liebe, der Liebe Gottes und Christi zum Menschengeschlecht, und erinnert ihn daran, daß er der Stellvertreter Christi auf Erden ist. Da Gregor endlich seine egoistische Liebe zu seiner Familie, zu seiner schönen Provence und seinen französischen Landsleuten, die so freundlich und so umgänglich seien, ganz im Gegensatz zu den steifen Italienern, überwunden habe, nimmt sie den Kampf gegen seine zweite Lieblingssünde auf, seine Unentschlossenheit, wenn er vor wichtigen Entscheidungen steht. Sie ruft nach Mannestum und Mut. Obschon Gregor weniger weltlich ist als die meisten Machthaber seiner Zeit und viel weniger rachsüchtig als fast alle seine Gegner, mahnt sie ihn doch, für die geistlichen, nicht für die zeitlichen Reichtümer der Kirche zu kämpfen, und rät ihm zu Milde und Freundlichkeit gegenüber seinen Feinden, also zu Tugenden, von denen er zuviel besaß, wenn es sich um seine Freunde handelte.

Um einen Eindruck von Katharinas fast unheimlicher Fähigkeit zu erhalten, in Menschenseelen zu lesen, muß man ihre Briefe an Gregor mit denen vergleichen, die sie später an seinen Nachfolger, den asketischen Urban VI., schrieb, dessen reines Leben von seinem Mangel an Schonung andern gegenüber befleckt wurde, einem Mangel, der später, als der Papst mehr und mehr an Alterserscheinungen litt, sich zu psychopathischer Rachgier steigerte. An ihn schreibt sie in einem anderen Ton: Ihn bittet sie, allen seinen Feinden zu vergeben, selbst den Schismatikern, die sie selber schlechthin inkarnierte Teufel nennt, falls sie bereit sein sollten, zum Gehorsam gegenüber dem rechtmäßigen Oberhaupt der Kirche zurückzukehren.

Katharina schrieb immer in ihrer toskanischen Muttersprache. Es ist in einer fremden Sprache unmöglich, einen Eindruck ihres Stils zu vermitteln. Sie beherrscht vollkommen die Vokalmusik der italienischen Volkssprache, ob sie nun innerlich sanft und besorgt eine Seele anfleht, deren Wohl ihr ebensoviel bedeutet wie das eigene, ihre himmlischen Visionen schildert oder mit Gottes kommendem Zorn droht, oder ob sie mächtigen Herren und kleinen Leuten, Laien oder Mönchen, in Dingen Ratschläge erteilt, die das Los des Landes und Volkes oder auch ganz private Alltagsschwierigkeiten betreffen. Aber weil ihre Seele nichts anderes als die Liebe zu Christus und den Glauben an Ihn birgt, ist ihr Interesse an allem Menschlichen in diesem Glauben »gebadet«.

Um ihr eigenes Bild zu brauchen: Wie der Schwimmer unter Wasser nur das sieht, was im Wasser ist, oder was man durch das Wasser sehen kann, so sieht Katharina alles durch ihren Glauben. Doch in unserer Sprache und in unserer Zeit sind die Ausdrücke für religiöses Gefühl und religiöse Erfahrung bis zur Formlosigkeit verschlissen. Worte, die in Katharinas Sprache wie neugeprägte Goldmünzen glänzen, werden in unserer Wiedergabe wie abgenützte Geldstücke, die kaum noch in Kurs sind. Katharina spricht von »Vertù«; für sie hat das Wort noch volles Gewicht und bedeutet so etwas wie lebendiges und kraftvolles Streben nach hohen Idealen. Mit dem Wort Tugend in unserer Sprache verbindet das Volk kaum noch die Begriffe Tauglichkeit und Tüchtigkeit im guten Sinn. Wir denken dabei eher an etwas, das säuerlich, schlaff, langweilig ist. Katharinas ewiger Herzensseufzer »Gesù dolce, Gesù amore« ist mit Assoziationen geladen, die weit verschieden sind von denen, die uns überkommen, wenn wir »Süßer Jesus, Jesus die Liebe« lesen: Ein süßer Jesus, ein Jesus für die Damenwelt, eine Jesu-Liebe, ein Surrogat oder eine Sublimierung von geschlechtsbestimmter Erotik.

In Katharinas Sprache und zu ihrer Zeit ist Süßigkeit ein Wort für Kraft, für all das Gute, das auch mild und sanft sein kann; denn daß Güte zuweilen hart und stürmisch sein muß, wußte niemand besser als Katharina. Und für sie und ihre Zeitgenossen, selbst für die ungezählten, die es in der Praxis zu vergessen und zu verleugnen suchten, war es eine Tatsache, daß »Amore«, die Liebe, ein fundamentaler Ausdruck für das Verhältnis zwischen Gott und Menschenseele ist. Analog kann man von Liebe der Menschen untereinander sprechen, zwischen Kindern und Eltern, zwischen Eheleuten und Liebenden, zwischen Geschwistern und Freunden; und es kann eine Kraft zum Guten oder Bösen sein, je nachdem die irdische Liebe in Harmonie oder Disharmonie mit dem Willen des »Auctor vitae«, des Ursprungs des Lebens, ist.

Noch schwieriger ist es vielleicht für die heutigen Menschen in einem protestantischen Land, Katharinas Verhältnis zu den beiden Päpsten zu verstehen, die sie in einem und demselben Briefe »Christus auf Erden« nennen kann, den »unsterblichen Petrus«, auf den Christus Seine Kirche baute, denen sie ihre Ratschläge und Befehle schickt, und die sie gleichzeitig für ihre menschlichen Schwächen züchtigt.

Oder sie kann sich an den Papst wie ein betrübtes kleines Mädchen an den Vater wenden, in dem sie ihn »Babbo«

nennt, das »Papa« der italienischen Kindersprache. Für Katharina waren es keine Widersprüche – außer insoweit alle menschlichen Verhältnisse voller Widersprüche sind –, daß Christus Seinen Gläubigen auf Erden einen Stellvertreter gab und fordert, wir sollten diesem Seinem Stellvertreter Ehrfurcht und Gehorsam erweisen, selbst wenn er seinem Amt nicht gewachsen oder seiner nicht würdig ist. Ob der Heilige Vater auch ein heiliger Mensch gewesen sei, könne keiner vor seinem Tode wissen. Seitdem es den Menschen überlassen sei, einen Menschen als Stellvertreter Christi zu wählen, dürfe man nicht mehr erwarten, als daß die Wähler allzu oft, aus unreinen, engstirnigen, kleinlichen Motiven heraus einen Mann wählten, der ein Unglück für die Kirche Gottes auf Erden sei. Gott werde gleichwohl über Seiner Kirche wachen. Er werde aufrichten, was die Menschen zerstört oder beschmutzt hätten. Es sei nötig aus mystischen Gründen, die die Heiligen zuweilen gesehen und begriffen hätten, daß das Ärgernis komme. Aber wehe dem Menschen, von dem das Ärgernis ausgehe.

In Lucca wurde Katharina mit Begeisterung und Ehren empfangen, wie es einer Heiligen geziemt. Aber die Politik eines kleinen Staates, der von allen Seiten durch gefährliche und übermächtige Feinde bedroht ist, wird durch andere Faktoren entschieden. Viele neue ergebene Freunde schlossen sich den alten an. Eine wenigstens, Monna Melina Balbani, schien sich an ihren Gast – Katharina hatte bei ihr gewohnt – in einer allzu irdischen Freundschaft angeschlossen zu haben; denn Katharina schrieb später an Monna Melina und hält ihr vor, sie beklage sich, weil sie die Gesellschaft der Freundin verloren habe: »... ich möchte nicht, daß Ihr in mir oder in einem anderen Menschen glücklich seid, wenn Eure Liebe nicht in Gott wurzelt.« Sie bittet sie, sich die Wahrheit selbst als Vorbild zu nehmen, die den Tod am Kreuz suchte, obschon Er Seine Mutter und Seine Jünger innig liebte, und die Apostel, die sich trennten und hinauszogen in die Welt, obschon sie sich gegenseitig und auch die selige Mutter Maria liebten, nur um für Gottes Ehre und die Erlösung der Seele zu arbeiten. Zwischen allen, die Gott lieben, bestehe das Band wahrer Liebe, selbst wenn sie im Fleische getrennt seien. Sie möge Gott am Kreuz lieben, dann werde ihr natürliches Verlangen nach Liebe und Geliebtwerden gestillt sein.

Wie überall, wo Katharina war, geschahen auch hier Wunder. Als sie einmal krank war, sollte ihr ein Priester den Leib des Herrn bringen. Sie lag kraftlos zu Bett, als der Priester eintrat und mit ihm die Chorknaben, die brennende Kerzen trugen, die Schelle und das sonst Übliche. Aber die Hostie, die der Priester trug, war nicht konsekriert. Er hatte das absichtlich getan, weil er selbst sehen wollte, ob diese Frau wirklich übernatürlichen Einblick hatte. Die anderen im Zimmer knieten nieder und beteten den Herrn im Altarssakrament an. Doch Katharina rührte sich nicht. Und als sie der Priester zurechtweisen wollte, weil sie keinerlei Ehrfurcht bezeuge, wandte sie sich gegen ihn und sagte streng: »Schämt Ihr Euch nicht, hierherzukommen mit einem gewöhnlichen Stück Brot und alle Anwesenden hier zur Götzenanbetung zu verführen?« Voller Reue über seine Blasphemie ging der Priester fort. Er war von Katharinas mystischer Sehergabe überzeugt worden.

Aber trotz aller Ehrfurcht und Liebe, die man Katharina erwies, hatten sich die Einwohner Luccas vermutlich schon entschieden, im geeigneten Augenblick die Sache des Papstes aufzugeben und sich Florenz und den anderen aufrührerischen Republiken anzuschließen.

Im Herbst 1375 war John Hawkwood mit seinen Söldnern wieder im Dienst des Legaten. Die Florentiner ergriffen die Offensive. Das florentinische Heer rückte in den Kirchenstaat ein und sandte eine Proklamation an die Städte, die in einem Vasallenverhältnis zum Papst standen, – Florenz suche keine Vorteile für sich, sondern wünsche nur den Italienern zu helfen, das Joch der grausamen französischen Herrscher

213

abzuschütteln, die, wenn sie die Macht hätten, sich im Namen des Papstes endlose Ungerechtigkeiten und Brutalitäten zuschulden kommen ließen.

In weniger als einem Monat hatte der Aufruhr ganz Umbrien ergriffen. Città di Castello, Viterbo, Gubbio, Forli erklärten sich für Florenz. In Perugia hatte ein Verwandter des Abtes von Marmoutiers versucht, die Frau eines angesehenen Bürgers zu vergewaltigen. Und um ihre Ehre zu retten, war die Dame aus dem Fenster gesprungen und auf der Stelle tot. Perugia erhob sich, rotglühend vor Zorn. In weniger als zehn Tagen gingen achtzig Städte der Sache des Papstes verloren.

Katharina mußte auf der Heimreise von Lucca Aufenthalt in Pisa nehmen. Hier hörte sie, daß ihre Heimatstadt Siena, wo die Ghibellinen immer die Macht gehabt hatten, sich mit Florenz verbündet habe. Als Fra Raimondo und ein anderer Mönch zu ihr kamen und ihr berichteten, auch Viterbo in der Romagna habe sich dem Aufstand angeschlossen, weinte sie. Aber als sie die Mutlosigkeit der Freunde sah, sagte sie ihnen: »Es ist zu früh zum Weinen. Das hier ist nur Milch und Honig gegenüber dem, was noch kommt.«

Was könne es denn wohl Schlimmeres geben, fragte Raimondo voller Angst, weil er fest glaubte, Katharina könne in die Zukunft schauen. »Soll der Glaube an Christus offenkundig geleugnet werden?« Katharina sagte, jetzt sähen sie nur, wie sich die Laien gegen den Heiligen Vater erhöben. Doch es dauere nicht mehr lange, dann werde der Klerus dasselbe tun. »Wenn der Papst ernstlich versucht, die Sitten des Klerus zu reformieren, wird er sich erheben und die Kirche Christi spalten.« Nein, es werde keine neue Ketzerei sein, es werde ein Schisma geben. Und sie sagte Raimondo und seinen Freunden, daß sie noch dieses Unglück erleben würden.

Aber trotz ihrer dunklen Ahnungen, die das große Schisma, das einige Jahre später eintraf, voraussahen, schrieb Katharina dem Gonfaloniere, dem General, und den Ältesten Luccas einen sehr langen Brief, in dem sie ihr Bestes tut, ihren Glauben an die Sache der Kirche zu stärken. Sie beginnt mit ihrem Lieblingsthema: »Ein Mann hat Verstand, um zu verstehen, sein Leben hänge davon ab, daß er seinem Schöpfer die Treue hält und die Tugend liebt. Ihr wißt ja, wer da sagt: »Ich bin der Weg, die Wahrheit und das Leben.« Und dann: »Wer mir nachfolgt, wandert nicht in Finsternis, sondern im Licht.« Und die Kirche »ist Seine Braut; und die treuesten Söhne sind die, die lieber tausendfach den Tod erleiden, anstatt sie zu verlassen. Wenn ihr mir antwortet, es sehe aus, als müsse die Kirche unterliegen, da sie selbst unmöglich sich selbst und ihre Kinder befreien könne, dann sage ich Euch, daß es nicht so ist. Der äußere Schein trügt. Seht nur auf das Innere. Und ihr werdet eine Macht finden, die die Feinde nie haben können ...«

Die Kraft, die von Ihm, von Gott ausgehe, sei die einzig wesenhafte Kraft. Diese Kraft sei nicht von Seiner Braut genommen; und kein anderer besitze diese Kraft. Die Feinde der Kirche, die sie bekämpften, hätten diese Kraft und Hilfe verloren. Sie seien faulende Glieder, die vom lebendigen Leibe abstürben. Und solle man nicht solch faulende Glieder abbinden? Sie bittet die Regierung von Lucca festzustehen, auszuhalten und daran zu denken, daß man nicht allein stehe, daß man die Brüder von Pisa neben sich habe. »Erinnert euch, wenn ein Vater viele Kinder hat, aber nur eines, das ihm treu bleibt, dann wird er sein ganzes Erbe diesem einen Kinde geben.«

Noch waren die Pisaner loyal. Aber die Liga gegen die päpstlichen Legaten bestand jetzt aus der Königin von Neapel, Bernabo Visconti und seinem Bruder, Florenz, Siena und Arezzo, und mit ihnen hielten all die aufrührerischen Städte in Umbrien und in der Romagna ...

Leutnant und Hauptmann

Katharina kam anfangs Juli 1375 heim nach Siena. Am 21. Dezember ernannte Gregor XI. in Avignon neun neue Kardinäle. Als Katharina die Namen hörte, mag sie begriffen haben, daß jetzt ihre schlimmsten Ahnungen in Erfüllung gingen. Von den neun Kardinälen waren sieben Franzosen – drei allein aus dem Geschlecht des Papstes –, einer Italiener und einer Spanier, nämlich Pedro de Luna, der später der Gegenpapst Benedikt XIII. wurde. Diese Ernennungen waren ein entsetzlicher Schlag für alle Italiener, die noch der Kirche treu geblieben waren: Der französische Einfluß hatte alle Versuche, den Papst nach Rom zurückzuführen, niedergeschlagen. Die Hauptursache für die Korruption innerhalb der Kirche und das Elend in Italien war die »babylonische Gefangenschaft« der Päpste in Avignon.

Katharinas Wunsch ging nicht in Erfüllung: Der Papst gab ihrem Orden keinen »weisen und tugendreichen Führer«. Fra Elia von Toulouse blieb auf seinem Posten. Während des großen Schismas schloß er sich dem Gegenpapst an. Längst hatte Katharina gelernt, daß auch im Garten des heiligen Dominikus das Unkraut üppig zwischen gutem Korn wuchs, und auch hier allzu viele Bäume keine guten Früchte trugen. Dringend mußte gejätet und beschnitten werden. Aber erst nach Katharinas Tod wurde der Dominikanerorden durch ihre geistlichen Kinder, den seligen Raimondo von Capua und die selige Clara Gambacorti von Pisa, von Grund auf reformiert.

Wenn es auch Katharina zufiel, aktiv in die entscheidendsten Fragen der Zeit einzugreifen, war sie gleichwohl bereit, wie früher mit all ihren Kräften jeder einzelnen Seele zu helfen, die sie darum bat. Zu Anfang des neuen Jahres 1376 führte ihr einer der geistlichen Söhne seinen Freund Stefano Maconi zu. Weder der junge Adelige noch seine Familie hatten sich bislang für die berühmte Popolana und ihr Tun und Lassen interessiert. Aber jetzt war die Familie Maconi in eine Fehde mit den beiden mächtigeren Geschlechtern Rinaldini und Tolomei verwickelt. Der Freund hatte nun Stefano di Corrado Maconi gesagt, daß er, falls er seine Sache Katharina vortrüge, immerhin einer zufriedenstellenden Regelung gewiß sein könne, da sie schon viele Feindschaften beigelegt habe.

Stefano Maconi erzählt, wie ihn Katharina empfing, »nicht scheu und furchtsam wie ein junges Mädchen, so wie ich es erwartet hatte, sondern wie eine liebenswürdige Schwester, deren Bruder von einer langen Reise heimgekehrt ist«. Dank ihrer Fähigkeit, in die Menschenseelen zu sehen, hatte sie sofort die guten Möglichkeiten bei diesem jungen Mann entdeckt, der trotz seines Leichtsinns und seiner Vergnügungssucht aus angeborenem Takt und aus Lauterkeit der Gesinnung sich von allzu groben Lastern ferngehalten hatte. Aber auch Stefano war von Katharinas lieblichem Wesen tief ergriffen. Er war mit einem Mal bereit, beichten zu gehen; er wollte gern versuchen, ein guter Christ zu werden. Was die Feindschaft zwischen seiner Familie und den Rinaldini und Tolomei betreffe, sagte Katharina, so müsse er auf Gott vertrauen. Sie ihrerseits wolle alles tun, was in ihrer Macht stehe, um den Frieden herbeizuführen.

Am Ende nahm sie Rinaldini und Tolomei das Versprechen ab, sich an einem bestimmten Tage mit Stefano und seinem Vater Corrado Maconi in der Kirche San Cristoforo zu treffen, um einen Vergleich anzubahnen. Aber als die beiden Maconi dorthin kamen, war von der anderen Partei nichts zu sehen. Offenbar wollte man Maconi eine neue Beleidigung zufügen. Katharina ging hinauf zum Hochaltar und kniete nieder: »Wenn ihr nicht auf mich hören wollt,

dann werdet ihr auf den allmächtigen Gott hören müssen.«
Sie lag unbeweglich in Ekstase. Kurze Zeit später schlichen
die Tolomei und Rinaldini durch Seitentüren in die Kirche.
Für sie schien die kniende Frau vor dem Altar mit einem seltsamen Lichtschein umgeben. Dann legten sie die ganze Sache
in ihre Hand, und der Vergleich kam zustande.

Jetzt wurde Stefano der allerliebste Sohn seiner »Mammina«, die ihn »Benjamin« nannte. Er verbrachte soviel Zeit als
nur möglich bei ihr, übernahm einen Teil ihrer Korrespondenz
und sang ihr Lob vor allen, die es nur hören wollten, bis seine
alten Kameraden ihn und seine romantische Liebe zu dieser
kleinen Geisterseherin und Bußschwester verspotteten.

Eines Tages sagte Katharina zu ihm: »Liebster Sohn, ich
habe gute Nachricht für dich. Dein größter Wunsch wird erfüllt ...«

»Aber, Mama«, sagte Stefano erstaunt. »Ich weiß wirklich
nicht, was mein größter Wunsch ist ...«

»Sieh in dein Herz.« sagte Katharina und lächelte. »Wahrlich, liebste Mama, ich wüßte nicht, daß ich einen anderen
Wunsch hätte, als immer bei dir zu sein.«

»Und eben das sollst du auch«, sagte seine Mutter.

In der Zwischenzeit war viel geschehen. Katharina sah voraus, daß sie bald nach Florenz reisen mußte, um zu versuchen, einen Vergleich zwischen der Republik und dem Papst
zustande zu bringen. Ob sie ahnte, daß sie von Florenz nach
dem fernen Avignon weiterreisen mußte, wissen wir nicht.
Aber Stefano Maconi sollte in ihrem Reisegefolge sein.

Am 12. März hatten sich Pisa und Lucca der florentinischen Liga angeschlossen, obschon mit gewissen Vorbehalten:
Sie waren nicht verpflichtet, aktiv am Krieg gegen den Papst
teilzunehmen. Die Florentiner versuchten außerdem, Rom
zum Abfall vom Papst zu bewegen; wenigstens sollten die
Römer versprechen, keine Versuche mehr zu machen, ihn
heimzuholen. Sie weigerten sich. Jetzt schickte Gregor Boten
nach Florenz, die versuchten, den Frieden wiederherzustellen.

Aber so groß war der unglückliche Wankelmut des Mannes und seine Urteilslosigkeit, daß er gleichzeitig eine Bulle gegen die Florentiner erließ und die Forderung stellte, ihm alle Mitglieder der Revolutionsregierung noch vor Ende März nach Avignon auszuliefern. Unter ihnen befand sich auch Niccolo Soderini, der seit dem ersten Besuch Katharinas in Florenz ihr Freund war und der einige Monate in der Regierung gesessen hatte.

Katharina fühlte sich veranlaßt, dem Papst ein neues Schreiben zu schicken. Noch eindringlicher vertritt sie beim Oberhaupt der Christenheit die Sache des Friedens. An ihren allerheiligsten und allerehrwürdigsten Vater in Christo richtet seine unnütze kleine Tochter Katharina, Gottes Dienerin und Sklavin, ihren wohltönenden, leidenschaftlichen Appell, mit seinen Kindern endlich Frieden zu schließen. Vielleicht sei es nötig, zeitliche Güter der Kirche zu bewahren und zu gewinnen; nötiger aber sei es, das zu bewahren, was kostbarer sei. Der Kirche Schatz sei Christi Blut; und dieser Schatz werde nicht mit zeitlichen Gütern, sondern mit der Erlösung der Seelen bezahlt.

Vor allem sei es seine Pflicht, all die Lämmer zurückzuholen, die der Reichtum der Kirche seien. Wahr sei, daß die Kirche nie arm werden könne; denn Christi Blut könne nie vergeudet werden, sondern verliere nur den Ehrenschmuck, der als Gabe für Tugend und Gehorsam der Kinder gedacht sei. Aber wenn er alles tue, was er tun könne, werde er schuldlos vor Gott und den Menschen sein. Er werde die Menschen mit den Waffen der Milde und der Liebe erobern und den Willen zum Frieden beweisen und dadurch all seine Rechte, die geistlichen und die zeitlichen, zurückgewinnen.

»Meine Seele, vereint mit Gott, leidet brennenden Durst nach Eurer Erlösung, der Reform der Kirche und dem Glück der ganzen Welt. Aber mich deucht, daß uns Gott kein anderes Bußmittel zeigt als den Frieden; ich kann bei Ihm nichts anderes sehen. Frieden, Frieden, um der Liebe des gekreuzigten Heilands willen. Laßt Euch nicht durch Unwissenheit, Blindheit und Übermut Eurer Kinder daran hindern.« Sie wiederholte ihre Warnung: Wenn der Papst sich aus Freundschaft zu seinen Verbündeten herablasse, ihnen angenehme Prälaten und Hirten zu geben anstatt die besten und würdigsten, dann würden sich die Kriegsgründe vervielfältigen. »Ach, tut es nicht um der Liebe Jesu und des Heiles Eurer Seele willen.«

Noch einen Brief schickte Katharina nach Avignon. Diesmal war Neri di Landoccio der Bote. Wieder bittet sie um Frieden, um gute Hirten und um Strafe für die Bösen, die als Wölfe Christi Lämmer zerreißen. Er habe Sein Leben für die Erlösung der Seelen hingegeben. »Und Ihr, Sein Stellvertreter, sollt es an Seiner Stelle tun. Ist es nicht Brauch, daß der Leutnant dem Beispiel des Hauptmanns folgt?«

Dann schrieb sie einen Brief, in dem sie die Sache der aufrührerischen Florentiner vertritt: »Ich bitte Euch im Auftrag des gekreuzigten Jesus, mir diese Gunst zu erweisen: Überwindet die Bosheit durch Eure Güte.« Immer häufiger drücken nun Katharinas Briefe die Überzeugung aus, daß sie als Sprachrohr des gekreuzigten Heilands frei schreiben darf: »Ich will, daß Ihr das tut, was ich Euch rate. Ach, Vater, wir sind die Euren. Ich weiß, fast alle glauben, etwas schlecht gemacht zu haben. Laßt uns gestehen, daß es für sie keine Entschuldigung ist, daß sie aber meinen, auf Grund all des erlittenen Unrechts und all der Erpressungen durch schlimme Hirten und Herrscher nicht anders handeln zu können. Sie wurden von den Gelüsten derer angesteckt, von denen Ihr ja wißt, daß sie Teufel in Menschengestalt sind. Und die Florentiner fielen wie Pilatus, als er aus Angst um seine Macht Christum verurteilte in erbärmlicher Feigheit. Um nicht ihre Städte zu verlieren, haben sie Euch verfolgt. Erbarmen, Vater, ich bitte für sie. Schaut nicht auf ihre Unwissenheit und ihren Hochmut, sondern zieht Eure Kinder mit liebevoller Milde und Güte an Euch heran, mit sanften und nützlichen Klagen!

221

Ach, Vater, schenk uns den Frieden! Wir sind Eure unglücklichen Kinder, die gefehlt haben. Ich sage Euch, Christi Stellvertreter auf Erden im Auftrag Christi im Himmel: Tut dies unverzüglich und ohne Zorn! Und sie werden Euch entgegenlaufen voller Reue über ihre Fehler und ihren Kopf in Euren Schoß legen.«

»Zieht nach Rom«, sagt sie dem Papst. »Erhebt das Banner des Kreuzzugs. Ihr sollt dann sehen, wie Wölfe zu Lämmern werden. Frieden. Frieden. Frieden ... Und meint Ihr, die Gerechtigkeit verlange, daß Ihr Rache nehmt? Dann schlagt mich und laßt mich Unselige all die Schmerzen und Qualen erdulden, die Ihr wollt, sogar den Tod! Ich glaube, die Ansteckung durch meine Sünden ist viel schuld an dem Elend und diesem Chaos. Darum straft wie Ihr wollt, Eure kleine Tochter! Ach, Vater, ich sterbe vor Kummer; und ich kann nicht sterben ...«

Auch an Niccolo Soderini schrieb Katharina und betrachtete die Sache von der anderen Seite her. Sie forderte die Regierung von Florenz auf, beim Papst um Vergebung zu bitten und unter allen Umständen einen Vergleich mit ihm zu suchen. Es sei nicht unsere Sache, schlechte Hirten zu richten; Gott werde sie lohnen, wie sie es verdienen. Wenn sie auch noch so verdorben seien, hätten sie doch die Weihe, uns die Sakramente zu spenden. Katharina glaubte an keine Erlösung außerhalb der Kirche.

Am 20. März eroberte das Heer der antipäpstlichen Liga Bologna. Doch eine Woche später nahmen die päpstlichen Truppen unter Sir John Hawkwood Cesena, massakrierten die Männer und überließen die Frauen den Soldaten. Diesem Söldnerheer von Bluthunden und Gewalttätern folgte Kardinal Robert von Genf, der spätere Gegenpapst Clemens.

Zur selben Zeit trafen Boten aus Florenz beim Papst in Avignon ein und erklärten im Namen der Republik, daß die von ihm geforderten politischen Führer nicht kommen könnten, zumal einige von ihnen augenblicklich im Gefängnis säßen. Und Florenz sei nicht bereit, sich dem Papst auf Gnade und Ungnade zu ergeben, da die Republik zu viel Unrecht durch schlechte Vertreter des Papstes erlitten habe. Der Papst beantwortete die Weigerung, indem er Florenz mit dem Interdikt belegte und die »Acht Kriegsherren« exkommunizierte; außerdem noch 21 angesehene Bürger der Stadt, unter ihnen Soderini. Donato Barbadori, einer der Boten, wandte sich, als er das schreckliche Urteil hörte, dem Kruzifix zu, das über dem Thronsessel des Papstes hing: »Schau herab auf mich, Du, mein Gott und Erlöser, und hilf mir. Verlaß Du mich nicht. Mein Vater und meine Mutter haben mich verlassen.«

Wenn im Mittelalter über einem Land das Interdikt verhängt wurde, so hieß dies, daß seine Bürger in allen christlichen Ländern schutzlos waren. Die Konkurrenten konnten die Gelegenheit ausnützen und seinen Handel zerstören; sie konnten die Florentiner ins Gefängnis werfen oder in die Sklaverei verschleppen, wo sie sie fanden. »Überall in der Welt wurden die Florentiner von den Behörden festgesetzt und in den Ländern, wo sie Geschäfte hatten, ihres Eigentums beraubt«, schreibt Raimondo. »Sie mußten einen Vergleich mit dem Papst durch Mittelspersonen suchen, auf die, wie man wußte, der Papst auch hörte.« Er denkt an Katharina.

Katharina war bereit. Um ihre Mission vorzubereiten, schickte sie Raimondo und noch zwei Priester aus ihrer geistlichen Familie nach Avignon mit einem neuen Brief, der im gleichen Ton wie die vorhergehenden gehalten war. Sie verlangt Reformen innerhalb der Kirche: »Reißt das Unkraut mit der Wurzel aus. Vertreibt die schlechten Hirten und Herrscher, deren Verworfenheit den Garten vergiftet und pflanzt statt dessen edle, süßduftende Blumen.« Sie verlangt Rückkehr des Papstes nach Rom, Kreuzzug und Frieden mit den christlichen Aufrührern. Schließlich empfiehlt sie ihm die Boten, ihre Söhne, – »sie sind Boten vom gekreuzigten Christus und von mir.«

In der Nacht zum 2. April hatte Katharina eine Vision, die sie in einem Brief an Raimondo erzählt. Christus zeigte sich ihr und ließ sie an Seinen Geheimnissen teilhaben, so daß sie nicht wußte, ob ihre Seele im Leibe war oder nicht. Sie wurde bei dieser Entdeckung von einer unsagbaren Freude erfüllt.

Sie sah, daß die Kirche Verfolgung erdulden mußte; aber sie sah auch, wie eine neue Jugend und eine neue Erhöhung folgte. Die »süße Wahrheit« erinnerte sie an das Wort des Evangeliums: »Es ist notwendig, daß Ärgernis kommt.« Aber auch an jenes: »Wehe dem, der Ärgernis gibt.«

Um Seine Braut von den Dornen zu befreien, die ins Fleisch stachen und schwärende Wunden zurückließen, hatte Er eine Geißel aus bösen Männern gemacht, wie Er früher einmal eine aus dünnen Schnüren geflochten hatte; und mit dieser wollte Er die unreinen, gierigen, geizigen und hochmütigen Händler austreiben, die die Gabe des Heiligen Geistes verkauften. – Aber wie Katharinas Verlangen, alle Menschen in die Herzwunde Jesus eingehen zu sehen, gleich einem gewaltigen Feuerbrand wuchs, so zeigte ihr Christus auch, daß, angeführt von Seinen Heiligen, große Scharen in Jesu Seitenwunde einströmten. Unter ihnen erkannte sie ihren Vater Dominikus.

Christus legte Sein Kreuz auf ihre Schultern und gab einen Ölzweig in ihre Hand. »Gehe hin und sage ihnen: Seht, ich verkündige euch eine große Freude.« »Und ich jubelte und sprach wie Simon: »Herr, laß Deinen Diener ruhen in Frieden ...« Aber welche Zunge könnte Gottes Geheimnisse aussprechen, – nicht die ihre. So könne sie nichts anderes als Gottes Ehre, die Erlösung der Seelen und der Neugeburt und der Erhöhung der Kirche suchen; und das dank der Gnade und der Kraft des Heiligen Geistes bis zum Tode ... »Freut euch darum, wenn ihr Trübsal leidet. Und liebet, liebet, liebet einander.«

Vor Ostern schrieb sie an die Florentiner und erbot sich, zwischen ihnen und dem Papst zu vermitteln. Auf eine Nachricht von Raimondo hin, die gute Hoffnung verriet, nahm man dort ihr Angebot mit Freuden an. Und anfangs Mai kam Katharina mit einem Gefolge von Freunden zum zweiten Mal nach Florenz.

Die Florentiner litten unter dem Interdikt. Es wurden keine Messen gelesen. Nur wenige Priester hatten die Vollmacht, Sterbenden die Sakramente zu reichen und kleine Kinder zu taufen. Sonst gab es keine gottesdienstlichen Handlungen. Das also heimgesuchte Volk erlebte eine echte religiöse Erweckung. Prozessionen von Büßern durchzogen die Straßen, geißelten sich und sangen das Miserere. Einige junge Adelige schlossen sich zu einer Bruderschaft zusammen, um sich der Caritas zu widmen und gute Werke zu tun. Katharina wurde als der einzige Mensch empfangen, auf den man noch Hoffnung setzte ...

Die Florentiner zeigten sich so fromm, daß ihre Konkurrenten murmelten, es sei wohl nur gestellte Demut, um einen möglichst günstigen Frieden mit dem Papst zu erreichen. Gewiß waren die materiellen Folgen des Interdiktes katastrophal für die Kaufmannsrepublik, und man mußte so schnell wie möglich zu einem geordneten Zustand kommen.

Vor Ende Mai waren Katharina und ihre Freunde zu der langen Reise nach Avignon aufgebrochen. In ihrem Gefolge befanden sich die treuen alten Freundinnen Lisa, Alessia, Cecca und dann ihr »jüngster Sohn« Stefano Maconi und andere Mitglieder ihrer geistlichen Familie. Die Florentiner versprachen, ihr Gesandte nachzusenden, die verpflichtet seien, im Interesse der Stadt so zu handeln, wie es ihnen Katharina Benincasa rate. Die Signoria von Florenz, die Regierung der stolzesten italienischen Republik, hatte die Macht der Entscheidung in allen Fragen von lebenswichtiger Bedeutung für ihre Größe und ihr zukünftiges Wohl einem jungen Mädchen anvertraut.

Heimkehr unter Tränen

Katharina kam am 18. Juni nach Avignon. Den letzten Teil der Reise hatte sie in einem kleinen Schiff zurückgelegt, das sie und ihr Gefolge rhoneaufwärts führte.

Unter den Volksmassen, die sie an der Brücke erwarteten, befanden sich Fra Raimondo, Fra Giovanni Tantucci und ihr geliebter Sohn Neri di Landoccio. Aber weder Raimondo, der sie erwartete, noch Stefano Maconi, der sich in ihrem Gefolge befand, hat uns erzählt, was die Jungfrau aus Siena dachte, als sie zum ersten Mal die Papststadt an dem französischen Fluß sah.

Avignon war hinter seinen Mauern eine der am stärksten befestigten Städte der Zeit. Ihre Türme, Zinnen und Giebel schienen sich gen Himmel bis in die Wolken zu erheben. Heute noch stehen die alten Bauten in ihrer Schönheit und Pracht, eine gewaltige Mahnung an eines der dunkelsten und schicksalschwersten Kapitel in der langen Geschichte der katholischen Kirche.

Aber die Italienerinnen hatten genügend schöne und prachtvolle Bauten in ihrem eigenen Land gesehen. Was für uns heute als romantisches Erbe einer Zeit voll dunkler Grausamkeiten und kriegerischer Leidenschaften, aber auch voll Schöpferkraft und Schönheitsfreude ohne Gegenstück in der Geschichte Europas erscheint, war für Katharina nur der tagtägliche Hintergrund ihres seltsamen Lebens, das mit der unsichtbaren Welt und mit der harten Arbeit in jener Welt der Männer und Frauen in vertrautem Verhältnis stand. Vielleicht ruhten ihre großen und strahlenden Augen tiefbewegt auf den Bauten jenseits der Rhone, während am anderen Ende der berühmten Brücke in Avignon der Wachtturm des Königs von Frankreich stand. Ja, da draußen war Frankreich, das Reich des französischen Königs. Villeneuve-chez-Avignon lag in seinem Lande, im Land des Feindes, seit Frankreichs Herren immer wieder versuchten, den Papst als Gefangenen innerhalb dieses schönen Landes, der Provence, zu halten. Einige der französischen Kardinäle wohnten da draußen.

Die Italiener wurden zu der Herberge geführt, die der Papst zum Empfang Katharinas von Siena hatte instand setzen lassen. Es war ein Palast, der einem kürzlich verstorbenen Kardinal gehört hatte. Aber Katharina fand eine Kammer, die ihrem asketischen Geschmack entsprach. Auch gab es ein Oratorium, wohin sie sich zum Beten zurückziehen konnte. Für die bevorstehende Arbeit brauchte sie die unablässige Unterstützung ihres himmlischen Bräutigams, der Seine Braut den langen Weg vom Färberhause bei Fontebranda bis zum Throne Seines Stellvertreters auf Erden geführt hatte. Und die schwache und demütige Jungfrau sollte zu diesem Stellvertreter im Auftrag Jesu Christi sprechen.

Zwei Tage nach ihrer Ankunft in Avignon wurde Katharina vom Papst empfangen. Raimondo war als Dolmetscher zugegen, da Katharina nur ihre toskanische Muttersprache beherrschte, und der Franzose Latein sprach. Katharina verstand genug von der Sprache, um das Brevier zu lesen, konnte aber keine lateinische Unterhaltung führen. Doch Gregor hatte einen so starken Eindruck von dem klaren Verstand und der tiefen geistlichen Einsicht der Frau, die ihm so grobe Briefe gesandt hatte, daß er noch vor Beendigung der Unterredung die ganze Angelegenheit mit Florenz in ihre Hände legte. Er bat sie, überzeugt zu sein, daß auch er sich nach einem Ende des bitteren Krieges sehne. Aber – »vergiß nicht die Würde der Kirche.«

Doch die Boten aus Florenz, die Katharina unmittelbar folgen sollten, kamen nicht. Am 26. Juni schrieb sie an die »Acht Kriegsherren« und riet ihnen zu beweisen, daß sie ernsthaft Frieden mit dem Papst wünschten. Daß man noch kürzlich den Klerus besteuert hatte, erschien ihr wie ein Rückschritt auf dem Friedenswege. »Ich habe mit dem Heiligen Vater gesprochen; und er hat mich mit großer Liebe angehört. Ich bin überzeugt, daß er den Frieden innigst liebt. Er will als guter Vater die Beleidigungen übersehen, die ihm seine Söhne zufügten. Doch die Söhne müssen sich demütigen, damit ihnen der Vater vollends vergeben kann. Ich kann gar nicht sagen, wie glücklich ich war, als er mir am Schluß der langen Unterhaltung gestand, er sei, seit ich ihm die Dinge erklärt hätte, durchaus bereit, seine Kinder zu empfangen und das zu tun, was mir am besten dünke.« Aber nun sei sie erstaunt, daß die Gesandten noch nicht gekommen seien. Vor deren Ankunft sei nichts zu tun. Darum sollten sie eiligst kommen.

Gregor erzählte ihr während einer Unterhaltung: »Die Florentiner halten dich und mich zum Narren. Entweder schicken sie überhaupt keine Vertreter, oder diese haben, falls sie kommen, nicht die nötigen Vollmachten.« Er hatte recht. Am 7. Juli hatte in Florenz eine neue Regierung die Macht übernommen. Und diese Regierung wünschte gar keinen Frieden. Man schickte drei Boten, nur um die wahren Absichten zu verschleiern.

In der Zwischenzeit hatte sich auch Gregor vor Katharinas Macht über die Menschenseelen gebeugt. Er war überzeugt, daß diese Frau eine Heilige war. Wenn sie offen zu ihm von den Mißbräuchen sprach, die sich Priester und Prälaten zuschulden kommen ließen, und die so großen Schaden innerhalb der Kirche anrichteten, verurteilte sie auch den Luxus des päpstlichen Hofes und die Laster, die hier friedlich unter den Augen des Papstes gediehen.

Hier, wo alle himmlischen Tugenden blühen sollten, spürte sie den Gestank höllischer Fäulnis. Gregor unterbrach sie: »Wie hast du in der kurzen Zeit deines Hierseins solche Kenntnisse von alldem bekommen, was hier passiert?« Katharinas

Haltung gegenüber dem Stellvertreter Christi drückte tiefste Demut aus. Aber jetzt erhob sie sich plötzlich, sah ihn an und sprach wie eine Fürstin zu einem Fürsten: »Zu des allmächtigen Gottes Ehre darf ich sagen, daß ich bereits in meiner Heimat den Gestank der Sünden des römischen Hofes verspürte; und zwar stärker als die, die diese Sünden taten und sie hier noch täglich tun.«

Die Gerüchte über die Heilige von Siena hatten natürlich die Neugier am päpstlichen Hofe geweckt. Und zwar nicht am wenigsten bei den Frauen, die hier in Massen vertreten waren, wo sie eigentlich nichts zu tun hatten: Schwestern, Nichten, entfernte Verwandte und schließlich Mätressen der Kardinäle. Einige glaubten fest an Katharina und ließen sich willig von ihr beraten, um bessere Christen zu werden. Andere machten kein Hehl daraus, daß sie ihren Einfluß fürchteten. Wieder andere hielten das ganze für einen Spaß. Etliche zeigten sich nur neugierig und bevölkerten ihre Kapelle, um zu glotzen, wenn sie in Ekstase fiel. Die Schwester des Papstes, die Herzogin von Valentinois, wurde von dem Anblick so ergriffen, daß sie von nun an ehrlich versuchte, ihre ganze Seele in ihr Gebet zu legen. Aber die junge Alys de Turenne, die mit einem Neffen des Papstes verheiratet war, stach mit einer großen Nadel in Katharinas Fuß, um zu sehen, ob es wirklich wahr war, daß sie nichts fühlte. Als Katharina das Bewußtsein wieder erlangte, schmerzte die Wunde unerträglich, so daß sie sich lange Zeit nicht auf den Fuß stützen konnte.

Katharina besaß, wie schon berichtet, die Gabe, die Ausstrahlung einer in Todsünde lebenden Seele als Gestank von physischer Fäulnis zu empfinden. In Avignon wurde ihr diese Gabe oft zur Plage. Einmal erhielt sie Besuch einer vornehmen Dame, die übertrieben Respekt und Gottesfurcht bezeugte. Aber Katharina wollte sie nicht ansehen und wandte sich ab, sobald sie in die Nähe kam. Raimondo schalt sie ob dieser Unhöflichkeit. Aber Katharina sagte: »Wenn Ihr den

Gestank ihrer Sünden riechen könntet, würdet Ihr das gleiche tun.«

Drei der gelehrtesten Prälaten des Hofes kamen zu Besuch, um Katharina, diese ungelehrte Frau, deren Einfluß auf den Papst für die französischen Interessen so gefährlich werden konnte, zu examinieren und in Verlegenheit zu bringen. Anfangs verhörten sie sie äußerst arrogant über ihre florentinische Mission: Ob sie wirklich von der Regierung geschickt sei, wie sie vorgebe. Ob man wahrhaftig keinen Mann habe, der in so wichtiger Sache verhandle, anstatt sich dafür an eine kleine, unbedeutende Frau wie sie zu wenden?

Geduldig und höflich erklärte Katharina, wie es zu ihrer Mission gekommen war; und wider Willen wurden die Prälaten von der Anmut ihres Wesens beeindruckt. Aber sie fragten sie noch weiter über ihre Lebensweise, ihre Visionen, ihr Fasten, ob sie auch wisse, daß sie nicht das Opfer teuflischen Betruges sei. Die Diskussion kam zu den schwierigsten theologischen Fragen. Fra Giovanni, der dabei war und selbst seinerzeit ein paar Doktorgrade erworben hatte, versuchte sich einzuschalten. Die Gäste winkten ab: »Laßt sie selber antworten. Sie macht es besser als Ihr.« Die Unterredung währte von der Vesper bis in die Nacht hinein. Und als sich die gelehrten Herren verabschiedeten, waren sie überzeugt, daß »das unbedeutende kleine Frauenzimmer« in geistlichen Dingen klarer sah, als mancher Doktor der Theologie. Und da sie rechtschaffene, wirklich gelehrte Leute waren, gingen sie zum Papst und sagten es ihm.

Neue Freunde unter den Mitgliedern der römischen Kurie schlossen sich Katharina an. Einer von ihnen war der Vizekanzler Bartolommeo Prignani, der Erzbischof von Acerenza. Er war in Tugend und Rechtschaffenheit das Muster eines Prälaten und voll brennenden Eifers, den Luxus und die Korruption innerhalb der Kirche auszurotten. Ein ausgezeichneter Mann solange er in untergeordneter Stellung war. Seine Härte und Rachsucht wurden jedoch den ehrlichen Reformbestrebungen gefährlich, als er als Urban VI. der Nachfolger Gregors XI. wurde.

Während die florentinischen Gesandten immer noch durch Abwesenheit glänzten, wurde Katharina des öfteren vom Papst empfangen und hatte reichlich Gelegenheit, mit ihm Dinge zu bereden, die ihr am meisten am Herzen lagen: seine Heimkehr nach Rom und der Aufruf an die ganze Christenheit zu einem neuen Kreuzzug. Jetzt sprach Gregor ab und zu von seiner Sehnsucht, den Heiligen Stuhl wirklich zurück nach der Stadt des heiligen Petrus zu verlegen. Und seine Umgebung sah mit Schrecken, wie er mehr und mehr überzeugt war, Gott spreche zu ihm durch den Mund Katharinas. Der Papst ist auch Bischof von Rom. Und der Hof entsann sich, daß jüngst der Papst einen Bischof wegen langer Abwesenheit von seinem Bistum gemaßregelt, und dieser darauf geantwortet hatte: »Ach, Heiligster Vater, warum reiset nicht auch Ihr zurück zu Eurer Braut, die so reich und so schön ist?« Und der Papst war sehr bewegt gewesen.

Doch Katharina, die in der Menschenseele las, wußte mehr. Als eines Tages der Papst, der nun sehr nervös war, sie fragte, was sie von der Sache hielt – als ob er es nicht aus ihren Briefen gewußt hätte –, antwortete sie demütig, es zieme ihr nicht, dem Stellvertreter Christi Ratschläge zu geben. Ziemlich gereizt, sagte er, er habe sie nicht um ihren Rat, sondern um den Willen Gottes gebeten. Da sagte Katharina: »Wer kennt den Willen Gottes besser als Eure Heiligkeit, da Ihr Euch ja durch ein Gelübde gebunden habt.«

Erschüttert starrte Gregor die Jungfrau an. Er hatte in der Tat gelobt, nach Rom zurückzukehren, falls er zum Papst gewählt würde. Das war zu seiner Kardinalszeit. Und er hatte niemand davon etwas erzählt. Von diesem Augenblick an wußte er, daß er Avignon verlassen mußte. Aber er wußte auch, wie viele Hindernisse es noch zuvor zu überwinden galt. Es war eine Qual für seine ängstliche Natur, die Gefühle seiner Verwandten und Freunde zu verletzen.

Von Villeneuve-chez-Avignon, Katharina hatte sich zu einem kurzen Besuch bei der Gräfin von Anjou in deren Burg überreden lassen, schrieb sie an Gregor und bat ihn, nicht auf die Kardinäle zu hören, die ihn an der Reise nach Rom zu hindern versuchten: »Ich bitte Euch im Auftrag des gekreuzigten Jesus, möge es Eurer Heiligkeit gefallen, schnell zu handeln. Je schneller Ihr es tut, um so weniger Pein und Verlegenheit werdet Ihr erdulden. Wenn Gott mit Euch ist, wird keiner gegen Euch sein.«

Endlich kamen die Gesandten von Florenz an. Aber als ihnen Katharina in Anwesenheit Raimondos erzählte, wie der Papst ihr die Friedensverhandlungen mit ihnen anvertraut habe, gaben sie ihr unverschämt zur Antwort, sie hätten keine Vollmacht, mit ihr zu verhandeln, sondern seien nach Avignon gekommen, um mit dem Papst und nicht mit einer Frau zu reden. Gleichwohl versuchte Katharina, noch für die Florentiner zu bitten. Der Papst benannte zwei französische Kardinäle als Unterhändler. Aber trotz der schicksalsschweren Folgen des Interdiktes für den Handel der Republik waren die Gesandten nicht mit gutem Willen geschickt worden. Die Verhandlungen scheiterten. Und im September wurden die florentinischen Gesandten aufgefordert, Avignon zu verlassen.

Wieder zurück in Florenz, legte Katharina in einem Bericht ihre Einschätzung über die neu entstandenen Lage vor. Die Signoria von Florenz zog daraus den Enschluss, den Krieg fortzuführen, um die weltliche Macht der Kirche zu zerstören. Jetzt versuchte man, die antipäpstliche Liga durch Anschluß an Venedig und Genua zu stärken.

So blieb Katharinas einzige Aufgabe, den Papst zur Rückkehr nach Rom und zur Ausrufung des Kreuzzuges zu bestimmen. Sie hatte den Herzog von Anjou für die Sache gewonnen. Er versprach, als Heerführer mitzuziehen, wenn der Kreuzzug zustande komme. Von seiner Burg aus schrieb sie auch an seinen Bruder, König Karl von Frankreich, um ihn zum Anschluß zu bewegen.

Die französischen Kardinäle machten einen letzten Versuch, den Papst umzustimmen. Sie ließen von einem angeblich heiligmäßgen Mann eine warnende Boschaft schreiben: Falls er nach Rom reise, werde er vergiftet werden und sterben. Gregor schickte den Brief an Katharina, die ihn das Werk eines Teufels in Menschengestalt nannte. Im Hinblick auf die Gefahr, vergiftet zu werden, wenn er nach Rom komme, bemerkte sie spöttisch, man könne überall Gift kaufen; und in Avignon gäbe es bestimmt viel mehr Gift als in Rom. Ein paar Tage nach dem Aufbruch Katharinas zur Rückreise nach Italien verließ auch Gregor Avignon – für immer. Es war der 13. September. Alle Kardinäle bis auf sechs begleiteten den Papst. Er hatte Katharinas Rat befolgt und war plötzlich aufgebrochen. Die französischen Kardinäle in seinem Gefolge weinten, und die zurückgelassenen Verwandten klagten und jammerten. Der alte Vater des Papstes, Graf Guillaume de Beaufort, kniete an der Pforte der Burg, voller Verzweiflung, seinen Sohn fortziehen zu sehen. Papst Gregor ging stumm an ihm vorbei.

Am 2. Oktober ging er an Bord eines Schiffes, das ihn von Marseille nach Genua bringen sollte. Der Papst weinte; sein französisches Gefolge klagte und schluchzte. Aber es gab keinen Weg zurück. Christus hatte vor vielen Jahren zu Katharina, Seiner Braut, gesagt, Er werde schwache Frauen als Seine Sendboten an die mächtigen und stolzen Herren dieser Welt senden. Dieses Wort war auf eine Weise in Erfüllung gegangen, daß sich das Lebensschicksal Katharinas einzigdastehend in der Weltgeschichte vor uns erhebt.

Werkzeug in Gottes Hand

Katharina und ihr Gefolge scheinen den größten Teil der Reise zu Fuß zurückgelegt zu haben. Sooft man in einer Stadt übernachten wollte, strömte das Volk herbei, um die Bußschwester zu sehen, die den Papst zum Aufbruch aus seiner »babylonischen Gefangenschaft« veranlaßt hatte. Raimondo erzählt, wie sie in Toulon einfach überwältigt wurde von Neugierigen, aber auch von Menschen, die Hilfe von ihr erhofften. Eine arme Mutter brach in Katharinas Kammer in der Herberge ein und legte ihr sterbendes Kind in den Schoß der Jungfrau. Es wurde gesund.

Als Katharina ihren Fuß wieder auf italienischen Boden setzte, scheint die heilige Freude, von der ihre Freunde soviel zu berichten hatten, sich mit einem natürlichen Glücksgefühl verbunden zu haben. Sie jubelte laut beim Anblick der blumengeschmückten Erde oder des emsigen Lebens in einem Ameisenhaufen. Alles Geschaffene sei wunderbar. »Diese winzigen Ameisen sind ebenso wie ich Seinem Gedanken entsprungen. Es machte Ihm gleichwenig Mühe, die Engel zu erschaffen oder die Tiere und die Blüten der Bäume.« So brennend sich Katharina nach der Erlösung der Seelen sehnte, so liebte sie doch mit einer gesunden, schlichten Leidenschaft ihre Heimatstadt Siena und all die Lande, in denen Italiener lebten.

Nördlich von Genua kamen sie durch Varazze. Die kleine Stadt war durch die Pest fast ausgestorben. In Varazze war Jacopo a Voragine geboren, der das Lieblingsbuch des Mittelalters, die »Legenda aurea« geschrieben hatte. Katharina riet der kleinen Schar von Männern, die die Seuche überlebt hatte, zu seinen Ehren eine Kapelle zu bauen. Dann würden sie von der Pest befreit bleiben. Man tat es. Und seitdem hat es nie mehr eine Seuche in Varazze gegeben.

In Genua mußte die Reisegesellschaft eine Zeitlang bleiben, weil aus dem Gefolge einer nach dem anderen erkrankte. Madonna Orietta Scotti nahm sie gastlich in ihren Palast auf und ließ für die Kranken die besten Ärzte der Stadt kommen. Aber Neri di Landoccio war so hart angegriffen, hatte so starkes Fieber und solch innere Schmerzen, daß er weder liegen noch sitzen konnte, sondern auf allen vieren von einem Bett zum anderen kroch, »als ob er seinen Leiden entfliehen wollte«.

Stefano Maconi und Neri waren gute Freunde geworden, – wieder ein Beweis, daß egoistische Eifersucht nicht zwischen denen gedeihen konnte, die Katharina ehrlich liebten. Stefano war tief besorgt und flehte die »Mama« an, sie dürfe Neri nicht so weit von daheim sterben und »in fremder Erde begraben sein« lassen. Aber Katharina schien Neri ganz den Ärzten überlassen zu wollen; und die gaben keine Hoffnung für sein Leben. Da ging Stefano wieder zur Mutter. Jetzt versprach Katharina, für Neri am nächsten Morgen bei der heiligen Kommunion zu beten. Und als sie aus der Ekstase erwachte, konnte sie Stefano lächelnd erzählen, Gott habe ihr versprochen, Neri genesen zu lassen. Aber als Stefano selbst am nächsten Morgen mit hohem Fieber liegen blieb und fürchterliche Kopfschmerzen hatte, kam Katharina sofort an sein Bett und befahl dem Fieber zu weichen. Im selben Augenblick war Stefano fieberfrei.

Don Giovanni Tantucci und Fra Bartolommeo de Dominici erkrankten ebenfalls, wie wir aus einem Brief wissen, den Katharina an ihre Mutter schrieb. Monna Lapa sehnte sich verzweifelt nach ihrer Tochter, die jetzt vier Monate von ihr fort war. Und weit fort, in einem fremden und feindlichen Land. Gott mochte wissen, welch seltsame und gräßliche Gefahren sie bedrohten. Natürlich hatte die alte Mutter auch große Angst. So beauftragte sie jemanden, für sie an Katharina zu schreiben. Die Antwort der Tochter ist äußerst rührend, kindlich ergeben, zärtlich. Aber trotzdem wundert man sich, daß die arme Lapa solchen Trost aus dem Brief empfing, der für sie doch nur eine Verpflichtung bedeutete.

Vier Briefe Katharinas an die Mutter sind erhalten. Und das Schlüsselwort für alles heißt: Geduld, die Tugend, die Katharina selbst das Mark der Frömmigkeit nennt, für die aber ihrer jähzornigen Mutter offenbar die natürliche Anlage fehlte. In dem Brief aus Genua grüßt sie ihre geliebte Mutter im Namen des »süßen Jesus« und berichtet, wie herzlich sie sich sehne, in der Mutter eine wahre Mutter wiederzusehen, nicht nur ihre leibliche, sondern auch die der Seele. »Ich glaube, wenn Ihr meine Seele höher als meinen Leib liebtet, würde alle übertriebene Empfindlichkeit in Euch sterben; und Ihr würdet nicht so viel leiden, wenn Ihr meine leibliche Nähe vermissen müßt. Ihr würdet Trost finden und den Kummer ertragen, den ich Euch um der Ehre Gottes willen verursache, wenn Ihr daran dächtet, daß ich die Gnade und die Kraft in meiner Seele durch Arbeit für die Ehre Gottes suche.«

Sie erinnert an Maria, die geliebte Mutter, die für die Ehre Gottes und die Erlösung der Seelen ihren einzigen Sohn dem Kreuzestode übergab, und die später die Apostel verließen, um im Auftrag dieses ihres Sohnes hinauszuziehen. »Ich weiß, Ihr möchtet gerne, daß ich dem Willen Gottes gehorche. Es war Sein Wille, daß ich auf Reisen ging. Und es geschah nicht ohne geheime Pläne der Vorsehung und ohne nützliche Resultate, daß ich abwesend sein mußte.«

Auch die Mutter Stefano Maconis sehnte sich ungeduldig nach ihrem Sohn und bangte ebensoviel um ihn wie Lapa um ihre Tochter. Und Corrado Maconis Frau war wahrscheinlich noch nicht so wie Lapa gewohnt, daß ihre Kinder eigene Wege gingen, weit fort von Hause und von den besorgten Eltern. Katharina antwortete auf einen Brief von Stefanos Mutter, und nennt sie, die gut ihre Mutter hätte sein können,

»ihre Tochter«. Von ihr verlangt sie nicht weniger als die Überwindung der natürlichen Mutterliebe, die nur die Kinder im Interesse eigener Ziele besitzen will. »Kinder und andere Geschöpfe dürft Ihr nur mit der Liebe zu Ihm lieben, der sie schuf, nicht mit der Eigenliebe oder der Liebe zu den Kindern. Ihr dürft nie Gott ihretwegen kränken. Eine Mutter, die ihre Kinder auf die unrechte, die weltliche Art liebt, sagt oft, sie habe nichts dagegen, daß ihre Kinder Gott dienten, wenn sie gleichwohl auch der Welt dienten ... Solche Menschen versuchen, dem Heiligen Geist Gesetze und Regeln zu geben.« Um sie zu trösten, versichert Katharina der Mutter, sie habe gut auf Stefano aufgepaßt; und bis zu ihrer letzten Stunde werde sie alles für ihn tun, was in ihrer Macht stehe. »Ihr, seine Mutter habt ihn einmal geboren. Ich werde ihn Euch und Eurer Familie gebären in unablässigem Gebet, in Tränen und im Eifer für Eure Erlösung.«

Trotz der Krankheit, die unter Katharinas Reisegefährten wütete, scharten sich die Genuesen vor dem Palazzo Scotti zusammen, um bis zu ihr vorzudringen. Jetzt war sie schon zu berühmt, um die Ruhe eines Privatlebens zu genießen. Ihr ausgezehrter Leib und ihre Seele, die nun nur noch ruhen konnte, wenn sie in Ekstase bei dem Geliebten war, waren ständig in Anspruch genommen von zudringlichen Gästen, die von ihren Sorgen und Kümmernissen befreit werden oder auch nur ihre Neugier stillen wollten und den sonderbaren menschlichen Wunsch verspürten, berichten zu können, daß sie diese Berühmtheit getroffen hatten, von der die ganze Welt sprach.

Obschon einer nach dem anderen ihrer Sekretäre, Neri, Stefano, Bartolommeo, durch Krankheit ausfiel, floß ein Strom von Briefen aus Katharinas Herberge, voll von Ratschlägen, Ermunterungen, geistlichen Weisungen oder auch nur als Antwort auf Briefe, die sie empfangen hatte. Die Frau, die früher einmal keinen anderen Wunsch hatte, als ein Einsiedlerleben zu führen, war jetzt von den Problemen ihrer

Gegenwart in Anspruch genommen, als sei sie eine regierende Fürstin. Gehorsam nahm sie all das, das ihr offenbar der Bräutigam auferlegte, auf ihre schmalen Schultern.

Sie hielt sich für Seine unwürdige kleine Dienstmagd, voller Sünde, heimlich beschmutzt von ihrer Eigenliebe, die sie für die Wurzel allen Elends auf Erden hielt. Was sie tat, hatte Gott getan, wenn Er sich auch eines solch erbärmlichen Werkzeugs bediente. Unmöglich konnte Katharina daran zweifeln, daß von ihr als einem Werkzeug in Gottes Hand große Dinge getan wurden.

Eines Abends spät kam ein Mann zum Palazzo Scotti, der gewöhnliche Priesterkleidung trug. Er bat, zu Katharina Benincasa geführt zu werden. Als er eintrat, fiel ihm die Jungfrau zu Füßen. Er war niemand anders als der Stellvertreter Christi auf Erden. Der Papst bat sie aufzustehen. Bis spät in die Nacht hinein saßen die beiden im Gespäch beisammen. Beim Abschied fühlte sich Gregor »gestärkt und erbaut«.

Er war nach einer stürmischen Seereise von Marseille aus in Genua gelandet. Die schwierige Überfahrt hatte sechzehn Tage gedauert. Und in Genua war Gregor mit Unglücksbotschaften empfangen worden. Aus Rom wurde ihm von Erhebungen berichtet; die Heere von Florenz hatten die des Papstes in mehreren Treffen geschlagen; der Doge von Genua hatte zwar die Teilnahme an der Liga abgelehnt, aber wohlwollende Neutralität versprochen. Die französischen Kardinäle versuchten mit allen Mitteln, Gregor zur Rückreise nach Avignon zu überreden. Das Unwetter während der Seereise deuteten sie als eine Warnung Gottes. Und die Gerüchte über die Unglücke übertrieben sie, so gut sie konnten.

Gregor berief ein Konsistorium zusammen und war nahe daran, seinen Kardinälen nachzugeben. Aber er wußte, daß Katharina in der Stadt war. Und sein Gewissen ließ ihn keine Entscheidung treffen, ehe er ihren Rat eingeholt hatte. Um kein Ärgernis zu erregen, zog das Oberhaupt der Kirche einen einfachen Priesterrock an und ging ohne jedes Gefolge zu der

Frau aus Siena, um sein und der Kirche Schicksal für viele Jahre in ihre Hand zu legen.

Am 29. Oktober 1376 ging er an Bord eines Schiffes und fuhr nach Livorno. Am 5. Dezember landete er in Corneto im Kirchenstaat. Er entschloß sich, den Advent über zu bleiben und sein erstes Weihnachtsfest in seinem eigenen Lande in Corneto zu feiern.

... ist alles Bittere süß
und alle Bürde leicht

Auch Katharina nahm ein Schiff von Genua nach Livorno,
der Hafenstadt Pisas. Auch sie hatte unterwegs beinahe
Schiffbruch erlitten, als Sturm und hohe See einsetzten. Ihre
Reisegefährten und selbst der Lotse an Bord hatten Angst.
Aber Katharina war ruhig wie immer: »Warum seid ihr so
ängstlich? Meint ihr, ihr müßtet ängstlich sein?« Und zum
Lotsen sagte sie: »Laß in Gottes Namen das Ruder und fahre
mit dem Winde, den uns der Himmel schickt.« Am nächsten
Morgen kamen sie wohlbehalten im Hafen an. Priester und
Mönche sangen ein Tedeum.

In Pisa mußte Katharina abermals einen mehrwöchentli-
chen Aufenthalt nehmen. Noch in Livorno hatte der Papst
Pier Gambacorti und außerdem Boten von Lucca empfangen
und versucht, über einen Frieden mit Florenz und der Liga
zu verhandeln. Aber die Nachrichten von den Fronten und
die Kriegsführung der Liga hatten Papst Gregor derart verbittert, daß die Friedensverhandlungen keinen glücklichen
Start hatten.

Vermutlich schrieb Katharina noch von Pisa aus an den
Papst in Corneto, um ihm Mut zu machen. In dem Brief
bittet sie ihn, Festigkeit, Stärke und Geduld zu haben. Als
Statthalter Christi, von Christus erwählt, sei er bestimmt,
für Seinen Ruhm, für die Seelen der Menschen und für die
Erneuerung der Kirche zu arbeiten und zu kämpfen. »Ihr
wißt wohl, Allerheiligster Vater, daß Ihr, als Ihr die Kirche
zu Eurem Eheweib nahmt, Euch verpflichtet habt, ihretwegen Widerwärtigkeiten, Mißgeschick und Qualen zu erdulden«.

»Frieden, Frieden, Heiligster Vater. Möge es Eurer Heiligkeit gelingen, die Söhne zu empfangen, die den Vater gekränkt haben. Eure Güte wird dann über ihre Bosheit und ihren Stolz siegen ... Ja, Vater, keinen Krieg mehr! Ich hoffe, Gott wird Euch so sehr unterstützen, daß sich Eure und meine Sehnsucht erfüllt. Könnte ich anderes im Leben wünschen als Gottes Ehre, Euren Frieden, die Erneuerung der heiligen Kirche und ein begnadetes Leben für alle vernunftbegabten Menschen?« Für diese Stadt Pisa, die immer Seiner Heiligkeit liebe Tochter gewesen sei, bitte sie um Frieden und Vergebung. Man wisse, daß man gesündigt habe. Die Macht der Verhältnisse habe zu Taten gezwungen, die man jetzt bereue. Am Schluß bittet sie um den Segen für sich und ihre große Familie.

Erst Anfang 1377 war sie wieder daheim in Siena. Stefano Maconi war vorausgeschickt worden. Unter anderem sollte er ein »Ridotto« einrichten, einen kleinen Raum, der als Kapelle für Katharina dienen sollte. Von Avignon hatte Katharina die Erlaubnis des Papstes mitgebracht, für sich an einem Reisealtar dort die heilige Messe lesen zu lassen, wo sie sich eben aufhielt. Ihre drei Begleiter waren jetzt Fra Raimondo, Fra Bartolommeo de Dominici und Don Giovanni Tantucci.

Der Umstand, daß Siena ein Bündnis mit den Feinden des Papstes geschlossen hatte, trübte ihre Freude beim Wiedersehen mit den alten Freunden in der Heimat.

Am 17. Januar 1377 hielt Papst Gregor XI. auf einem weißen Maultier seinen Einzug in Rom. Die Römer hatten trotz aller Verlockungsversuche derer, die gegen die weltliche Herrschaft des Papstes kämpften, und trotz aller Herausforderungen, die sie von unwürdigen Vertretern erlitten, sich dem Papst gegenüber stets loyal verhalten und waren jetzt geradezu toll vor Begeisterung. Mit Strömen von Blumen und Konfetti grüßten sie den rechtmäßigen Herrn der Stadt bei seiner Heimkehr. Die ganze Nacht hindurch tanzte man auf den Straßen, die im Lichte tausendfacher Fackeln und

Lampen erstrahlten. Selbst die französischen Kardinäle im Gefolge des Papstes waren ergriffen.

Aber der Krieg ging weiter. Nachrichten über Städte, die erobert und unter Orgien von Morden und Grausamkeiten geplündert waren, liefen aus ganz Italien zusammen. Zu Frühlingsanfang zog Katharina nach Santa Maria degli Angeli, dem Kloster, das sie in der alten Burg Belcaro, der Gabe Neris di Ser Vannis, gestiftet hatte. Von Belcaro aus schrieb sie wieder an den Papst, diesmal nach Rom. Sie vergleicht ihn mit einem Kellermeister, dem die Schlüssel der Kirche als Verwalterin des göttlichen Blutes anvertraut sind, und mit einer Mutter, die alle Kinder der Kirche mit der Milch göttlicher Liebe tränken soll. Darum Frieden, Frieden! Das liebenswürdige und milde Wort Gottes lasse sich nicht von unserer Undankbarkeit aufhalten. »Darum folgt um der Liebe Jesu Christi willen Seinen Fußspuren.« Sie meint, der Teufel habe diese Welt in seinen Klauen; nicht etwa aus sich selbst, da er machtlos sei, sondern mit unserer Hilfe, da wir ihm gehorchten. Die Ansteckung durch verworfene Priester und Mönche und durch Kriege, die Christen gegen Christen führten, bedeute Krieg gegen Gott. »Darum reinigt die Kirche, schafft Frieden, denkt an geistlichen, nicht an zeitlichen Gewinn!« – Das sagt sie dem Papst immer wieder. Sie möchte ihn wiedersehen. Doch Dinge, die der Kirche von Nutzen sein können, hinderten sie daran. Frieden, Frieden um der Liebe des gekreuzigten Heilandes willen! Und keinen Krieg! Das ist das einzige Bußmittel.

Von Belcaro aus schrieb sie am Gründonnerstag einen Brief an alle Gefangenen in Siena. Zu ihren herzlich lieben Söhnen im »süßen Jesus Christus« spricht Katharina, Sklavin und Dienstmagd der Diener Gottes, von unseren Sünden gegen Gott, nicht von ihren größeren oder kleineren Verbrechen gegen die Gemeinschaft. Für sie bedeutet das: Was sie brauchen, ist Versöhnung und Friede mit ihrem Schöpfer, also mehr oder weniger, was sie selber brauche ... oder der

Papst oder ein anderer der Großen dieser Welt, an die sie geschrieben habe oder später noch schreiben werde, immer nur, um ihnen das eine ans Herz zu legen: Bekehrt euch! Ihr Brief an die Gefangenen scheint nur von einer noch tieferen Sorge um die Erlösung getragen zu sein; er ist in einem noch eindringlicheren und leidenschaftlicheren Stil gehalten.

»Die Sünde hat Christi Tod verschuldet. Gottes Sohn brauchte nicht den Weg des Kreuzes zu gehen; denn das Gift der Sünde war nicht in Ihm. Er besitzt das ewige Leben, das wir Elenden unserer Sünden wegen verloren haben; und zwischen uns und Gott war ein großer Krieg.« Der Aufruhr gegen seinen Schöpfer hatte den Menschen schwach und krank gemacht, so daß er die bittere, aber heilsame Medizin nicht schlucken konnte. Gott mußte Seinen Sohn schicken, Sein Wort. Und Sein unendliches Erbarmen ließ die göttliche Natur eins werden mit unserer Menschennatur. Christus litt, um uns zu heilen. Sie vergleicht Christus mit der Amme, die die bittere Medizin ihres Ziehkindes schluckt, weil dieses zu klein und zu schwach ist und sie nunmehr mit der Milch der Amme trinkt. In der Milch der göttlichen Liebe, trinken wir, Gottes arme kleine Kinder, die bittere Medizin, die Christi Leiden am Kreuze ist, die einzige Buße gegen die göttliche Krankheit, die Sünde: »Badet in Jesu Blut! Dann ertragt ihr euer Elend mit Geduld. Im Gedenken an dieses Blut ist alles Bittere süß und alle Bürde leicht.«

Selbstredend war die Gesellschaft im Mittelalter entschlossen, sich gegen Verbrecher zu schützen. Die Strafen, zu denen verurteilt wurde, waren oft brutal und grausam. Gefängnis für eine gewisse Zeit kannte man noch nicht als Strafe. Die Leute wurden ins Gefängnis geworfen, um auf ihr Urteil zu warten. Sie konnten zu Buße und Schadenersatz, zu Pfändung und Landesverweisung und zu leiblichen Strafen wie Auspeitschung, Folterung oder selbst zum Tode verurteilt werden. Aber wenn auch das Volk zumeist diese offizielle Grausamkeit als den natürlichen Lohn für die Übeltäter guthieß, so wünschte man doch auch die Bekehrung der Missetäter, durch die sie der ewigen Strafe entgehen konnten.

Es mochte geschehen, daß Opfer brutaler Verbrechen mit Schadenfreude feststellten, wie sich ihr Feind weigerte, die Hilfe der Kirche anzunehmen, und im Trotz gegen Gott und Menschen in den Tod ging. Aber selbst den schlimmsten Übeltätern wurde geistlicher Beistand gewährt. Alle Regierungen sahen es als ihre Pflicht an, Priestern und Mönchen freien Zutritt zu den Zellen der Verurteilten zu gestatten und ihre Begleitung auf der letzten Fahrt zur Richtstätte zu erlauben. Sogar die beiden Räuber, denen Katharinas Geist auf der Fahrt mit den Schandkarren folgte, während sie bewußtlos in Alessias Wohnung lag, wurden von zwei Priestern begleitet; sie ertrugen die Gotteslästerungen, Flüche und Schmerzensschreie während der langsamen Peinigung der Sünder und wurden fürstlich belohnt, als die Verurteilten den Bitten der ekstatischen Jungfrau nachgaben und sich plötzlich an die Priester wandten, bereit, sich mit ihrem Schöpfer zu versöhnen, bevor sie vor Sein Angesicht traten.

Die Regierung der »Reformati« in Siena war ebenso empfindlich in Bezug auf ihre Würde wie die meisten Volksregierungen. So hatte man den jungen Niccolo di Toldi aus Perugia zum Tode verurteilt, weil dieser Sproß eines ausländischen Adelsgeschlechtes sich im Zustand der Trunkenheit lümmelhaft und höhnisch über die Bürger geäußert hatte, die in Siena regierten. Aber Tommaso Caffarini konnte frei zu dem jungen Burschen ins Gefängnis gehen und versuchen, ihn mit seinem bitteren Los zu versöhnen. Niccolo verweigerte diese Versöhnung. Er war fast rasend vor Wut und Verzweiflung über die wahnwitzige Strenge dieser jämmerlichen Regenten, die ihm wegen einer derartigen Bagatelle ans Leben wollten. Nein, er wollte nicht beichten. Er hatte übrigens seit seiner ersten heiligen Kommunion nicht mehr gebeichtet und wollte jetzt nicht die Kommunion empfangen, da er sich nicht Gottes Willen beugen wollte, wenn eben der Wille dieses

Gottes ihn inmitten der schönsten Blüte seiner Jugend sterben ließ.

Da ging Katharina zu ihm. Sie schrieb an Fra Raimondo, der damals in Rom war, von dieser Begebenheit, der vielleicht bekanntesten und leider am meisten mißverstandenen im seltsamen Leben der Bußschwester. Eine junge Frau von ungewöhnlich einnehmendem Wesen zähmt einen verzweifelten und leidenschaftlichen jungen Mann, der sich gegen sein hartes Los und alle Mächte des Himmels und der Erde auflehnt, weil sie ihm Gewalt antun.

Katharina hatte schon so viele wilde und verzweifelte Menschen beruhigt. Und das, was sie für Niccolo tat, würde sie für jede beliebige Seele getan haben, deren ewiges Los auf der Waagschale zwischen Himmel und Hölle gehangen hätte. Bewußt oder unbewußt war vielleicht di Toldi von der Tatsache beeinflußt, daß sein Gast hier die junge Frau war, die durch ihre reine und lautere Geisteskraft den päpstlichen Stuhl von Avignon nach Rom zurückgeführt hatte. Es mag auch die Aura der Heiligkeit gewesen sein, die dieses Mädchen umgab, das allen Bedrängten in der ganzen Welt Mutter und Schwester sein wollte.

Die Geschichte dieser Bekehrung kennen wir ausschließlich aus Katharinas Erzählung; und sie sah darin nur das Mysterium der göttlichen Gnade und die reinigende Kraft des Blutes Christi. Was sie an Raimondo schreibt, ist ein Lobgesang auf das göttliche Herz:

»O Herz, o Gefäß, das überfließt und berauscht und alles Verlangen der Liebe löscht. Du gibst Freude, gibst das Licht der Vernunft, erfüllst unser Denken und machst es zum Gefangenen, so daß es unmöglich ist, anderes zu denken, anderes zu verstehen und etwas anderes zu lieben als diesen milden und süßen Jesus. O Blut, o Feuer, o Liebe ohne Ende, wie freut sich meine Seele, wenn ich Euch, Raimondo, in ihr versunken sehe. Möchtet Ihr mit einer Schale das Wasser schöpfen, um es über andere auszugießen. Ja, gießt das Wasser heiligen Verlangens über die Häupter Eurer Brüder aus, die als Glieder vereint sind mit uns im Leibe der Kirche. Und seid auf der Hut gegen die Vorspiegelungen des Teufels; denn ich weiß, wie sehr er Euch hinderlich sein möchte.«

Bei mehreren Gelegenheiten schon hatte Katharina Raimondo vor einer gewissen Weichheit seiner Natur gewarnt. Sie erzählt ihm von ihrer Begegnung mit Niccolo mitsamt allen noch so schrecklichen Umständen, um seinen Mut und seine Ausdauer zu entfachen, nötigenfalls bis zum Blutvergießen, des eigenen oder des anderer; denn Blut werde von zärtlicher und liebender Sehnsucht vergossen. »Jetzt weiß ich, daß ich nie mehr zurückweichen oder ausruhen werde. Ich habe schon ein Haupt in meinen Händen gehalten. Ich fühle eine Süßigkeit, die das Herz nicht fassen, der Mund nicht aussprechen, das Auge nicht sehen und das Ohr nicht hören kann. Gott hat mir wahrhaftig Geheimnisse gezeigt, die größer sind als alles Vorangegangene. Doch es würde zuviel Zeit kosten, davon zu berichten ...

Ich machte, wie Ihr wißt, bei ihm einen Besuch. Und er empfing so große Stärke und Kraft, daß er in der rechten Gesinnung beichtete. Er verlangte von mir das Versprechen, um der Liebe Gottes willen am Tage des Gerichtes bei ihm zu sein. Ich versprach es. Vor dem ersten Läuten der Morgenglocken ging ich zu ihm, was ihn sehr tröstete. Ich ging mit ihm zur Messe, und er empfing die heilige Kommunion, von der er sich die ganze Zeit über fern gehalten hatte. Sein Wille war eins mit dem heiligen Willen Gottes, dem er sich unterwarf. Er hatte nur vor einem Angst, daß er im letzten Augenblick den Mut verlieren möchte. Aber Gottes unendliche Liebe entzündete in ihm eine solche Liebe und Sehnsucht, daß er unersättlich nach Gottes Gegenwart verlangte. Er sagte mir: Bleib bei mir. Geh nicht fort. Dann bin ich ruhig und sterbe mit Freuden. Und er legte seinen Kopf an meine Brust. Ich war voller Freude; denn ich vermeinte, der Duft seines Blutes mische sich mit dem meinen in der Sehnsucht nach

Jesum, meinem geliebten Bräutigam. Dieses Verlangen steigerte sich in meiner Seele. Und da ich merkte, daß er Angst hatte, sagte ich ihm: Mut, geliebter Bruder, wir gehen bald ein zum ewigen Hochzeitsfest. Du gehst dorthin, gewaschen im Blute des Gottessohnes, mit dem süßen Namen Jesu für ewig in deinem Herzen; und ich werde dich an der Richtstätte erwarten. Ach, mein Vater und mein Sohn, da wurde sein Herz frei von Furcht. Die Schwermut seiner Züge verwandelte sich in Freude. Und in seiner Freude sagte er zu mir: Von wo kommt sie mir, eine solch große Gnade? Ach, die Freude meiner Seele verspricht, an der heiligen Stelle des Gerichtes auf mich zu warten. Seht, was für eine Erleuchtung hat er erhalten, daß er die Richtstätte heilig nannte! Und er fügte noch hinzu: Ja, ich werde gehen, frei und froh. Mir ist, als ob ich tausend Jahre warten müßte, wenn ich daran denke, daß Ihr mich dort erwartet. Und er sagte noch so viel Liebevolles, daß ich Gottes Güte bewunderte.«

Dann erwartete sie ihn, unablässig betend, an der Richtstätte. Innig bat sie die Gottesmutter, ihm in seinem letzten Augenblick das Licht und den Frieden des Herzens zu schenken. Für sich selbst erbat sie die Gnade, sehen zu dürfen, daß er sein letztes Ziel erreichte. Und weil sie wie berauscht vor Freude über das Gelübde der Sanftmut war, sah sie nichts, obschon eine Unmenge Volkes dort war.

Niccolo kam, friedlich wie ein Lamm, und lächelte, als er sie dastehen und auf ihn warten sah. Er bat sie, das Zeichen des Kreuzes über ihn zu machen. Und sie flüsterte ihm zu: »Mein lieber Bruder, laß uns eingehen zum ewigen Hochzeitsfest, um uns eines Lebens zu erfreuen, das nie endet.« Sie entblöste seinen Hals. Und als er den Kopf auf den Block legte, kniete sie neben ihm. Er sagte nur: »Jesus, Katharina«; und indem er das sagte, hielt sie schon sein Haupt in ihren Händen.

»Da richtete ich meinen Blick auf die göttliche Güte und sagte: Ich will. Und sofort sah ich sie so deutlich, wie man das Licht der Sonne sieht, Ihn, der Gott und Mensch ist. Er war da, nahm das Blut entgegen. In diesem Blut war das Feuer heiligen Verlangens, das die Gnade in seine Seele gesät hatte; und dieses Feuer wurde aufgesogen vom Feuer göttlichen Erbarmens.« Sie sah, daß Niccolo gleichsam in die Schatzkammer göttlichen Erbarmens, das durchstochene Herz in der Brust Christi, aufgesogen wurde, sah deutlich die große Wahrheit, daß Christus eine Seele nur aus Erbarmen, nicht um irgendwelcher Verdienste dieser Seele willen aufnimmt. Aber indem Niccolos Seele in das Mysterium der heiligen Dreieinigkeit einging, wandte sie sich um und sah Katharina an; so grüßt wohl die Braut, wenn sie an des Bräutigams Tür kommt mit geneigtem Haupt die, die ihr gefolgt waren, ein letztes Zeichen der Dankbarkeit.

Katharina erhob sich wieder mit tiefem Frieden in ihrer Seele und voller Sehnsucht, dem toten jungen Mann nachzufolgen zu ihrem himmlischen Bräutigam. Darum dürfe er sich nicht wundern, schreibt sie an Raimondo, wenn sie sich nach der Auflösung sehne im Feuer und im Blute der Seitenwunde Christi. »Und jetzt keine Sünden mehr, meine geliebten Söhne; denn in jenem Blut ist unser Leben, Jesus.«

Auf zwei Schwingen
über dem Abgrund

Im Sommer 1371 hielten sich Katharina und ihre »Familie« auf dem Lande südlich von Siena auf. Es sieht aus, als habe sie diesmal kleine Gruppen ihrer Kinder an verschiedenen Orten gelassen, wo sie für ihre Ziele wirken sollten, für den Frieden zwischen den Menschen und für den Frieden zwischen den Menschen und ihrem Schöpfer, durch Buße wie durch Gebet.

Ihre Mutter und die alte Freundin Cecca ließ sie in Montepulciano zurück, wo Monna Lapa eine Enkelin, und Cecca eine Tochter im Kloster der heiligen Agnes hatte. Gegen Ende des Sommers war sie selbst auf der uneinnehmbaren Burg Rocca di Tentenanno der Salimbeni, die auf einem Felsgipfel über dem Flüßchen Orcia liegt. Bei ihr waren Raimondo, Tommaso della Fonte, der Eremit Fra Santo, Lisa und einige ihrer Freundinnen.

Die Burgfrau, die verwitwete Gräfin Bianchina, hatte Katharina Nachricht geschickt und hoffte, sie werde eine Fehde zwischen den adeligen Verwandten Agnolino und Cione, den Häuptern zweier Zweige des Salimbeni-Geschlechtes, beilegen und beenden. Katharina schrieb an die beiden und besuchte Cione in seiner Burg. Sie brachte einen Vergleich zwischen den Herren zustande. Während ihres Aufenthaltes im Orciatal versöhnte sie auch den Abt von Sankt Antimo mit seinem alten Feinde, dem Dompropst von Montalcino.

Kurze Zeit später reiste Raimondo nach Rom und nahm eine Botschaft Katharinas an den Papst mit. Fra Santo erzählte ihm später, wie sie einen Dämon aus einer Dienerin Bianchinas ausgetrieben habe. Katharinas Freunde hatten die

Frau gewarnt, Katharina habe ungern etwas mit Besessenen zu tun, weil sie so demütig sei, wie man meinte. Sie rieten Frau Bianchina, die arme, geplagte Frau Katharina vorzuführen, ohne daß diese im voraus etwas davon wisse; dann werde wohl ihr gütiges Herz gerührt. Aber als die Besessene vor Katharina erschien, die eben einen ihrer Gänge als Schiedsrichterin antreten wollte, wandte sie sich gegen Bianchina: »Gott möge Euch vergeben, Frau. Was habt Ihr getan? Wißt Ihr nicht, wie oft ich von Dämonen gequält werde? Warum bringt Ihr noch andere Leute zu mir, die unter solchen Belästigungen leiden?«

Aber sie trat auf die Besessene zu: »Damit du kein Hindernis wirst für die gute Arbeit, die schon begonnen hat, lege dein Haupt an die Brust dieses Mannes, und warte, bis ich zurückkomme.« Gehorsam ging die Besessene zu Fra Santo und legte ihren Kopf an seine Brust. Durch ihren Mund verfluchte der böse Geist in ihr seinen Gegner, der bewirkte, daß er nicht aus dem Zimmer fliehen konnte, obgleich die Türen weit offenstanden. Der unreine Geist unterhielt jetzt die interessierten Lauscher, indem er jeden Platz nannte, wo Katharina während ihres Hin- und Rückweges weilte. Aber die Frau zu veranlassen, ihren Kopf von der Brust des frommen alten Einsiedlers zu erheben, das vermochte er nicht. Als ihm Katharina nach ihrer Rückkehr befahl, die arme Frau zu verlassen und sich ihr nie wieder zu nähern, mußte er gehorchen. Fra Raimondo hörte später die Geschichte von mehr als dreißig Personen, die sie miterlebt hatten.

Als diese Heilung bekannt wurde, kämpfte Katharina wie ein tapferer Ritter gegen die Dämonen, so lange sie auf Rocca weilte; denn jetzt brachte man ihr eine ganze Anzahl Geisteskranker und Besessener. Einige wurden gefesselt vorgeführt und waren so wild und ungebärdig, daß sechs oder acht Männer sie nicht bändigen konnten. Katharina, die auf einer Terrasse außerhalb der Burg im Grase zu sitzen pflegte, sagte dann zu den Wärtern:

»Warum habt ihr diesen armen Mann in Fesseln gelegt? Im Namen Jesu, befreit ihn!« Selbst die Wütendsten wurden sofort ruhig, und wenn Katharina den Kopf eines armen Schluckers in ihren Schoß legte, für ihn betete und mitleidvoll um ihn weinte, wurde er gesund. Dann ergriffen nicht nur die Dämonen, die den Kranken gepeinigt hatten, sondern auch die Läuse, die seinen Leib bevölkerten, die Flucht, was immer wieder Entsetzen und Abscheu ihrer Familie hervorrief. Katharina aber lachte nur: »Stört euch nicht daran. Diese Läuse werden euch nicht belästigen.« Sie behielt recht.

Die Salimbeni waren immer Friedensstörer gewesen; und immer wieder hatten sie in offenem Krieg mit der Republik Siena gelegen. So mochte Katharinas langer Besuch bei einem Mitglied dieses Geschlechtes das Mißtrauen der Regierung Sienas wachrufen, obschon man natürlich wußte, daß Katharina dessen Politik innerlich mißbilligte. Sie schrieb einen indignierten Antwortbrief an die »Defensoren« Sienas und dem »Capitano del Popolo«. Noch einmal erinnerte sie daran, daß Männer, die andere regieren und leiten sollen, zuerst sich selbst regieren müssen. »Wie kann ein Blinder einen Blinden führen, oder eine Leiche eine Leiche begraben!« »Ja, meine lieben Herren, die Einsicht eines Blinden, die von der Todsünde verdunkelt ist, kann weder sich selbst noch Gott erkennen und ebensowenig die Fehler der Untergebenen sehen oder berichtigen; wenn er sie berichtigt, nur mit dem Dunkel und der Unvollkommenheit, die in ihm sind.«

Sie erzählt ihren lieben Herren, wie sie unablässig Unschuldige bestrafen und solche, die sich ob ihres Tuns tausendfachen Todes schuldig gemacht hätten, ungestraft laufen ließen. Sie jammerten über unwürdige Priester und Mönche, ließen sich aber von ihnen zum Narren halten und verfolgten solche, die gute und gerechte Diener Gottes seien. »Im Hinblick auf meine Heimkehr mit meinen geistlichen Kindern habe ich hören müssen, daß Verdächtigungen und Anklagen aller Art ausgebrütet wurden. Aber ich weiß nicht, ob ich es glauben soll. Wenn Ihr so interessiert an Eurem Wohl wäret, wie wir es sind, würdet Ihr und alle Einwohner Sienas Euch von solch grundlosen Verdächtigungen und Leidenschaften fernhalten und nicht darauf hören. Wir alle suchen geistliches und weltliches Wohl und bieten Gott unsere Wünsche mit Seufzern und Tränen an, um zu verhindern, daß uns die göttliche Gerechtigkeit mit solcher Strafe heimsucht, wie wir sie durch unsere Unvollkommenheit verdient haben. Ich bin so wenig tugendhaft, daß ich alles nur unvollkommen tun kann. Aber wer vollkommen ist und nichts anderes als die Ehre Gottes und das Wohl der Seelen erstrebt, tut gute Taten. Und die Undankbarkeit und Unwissenheit meiner Mitbrüder soll uns nicht daran hindern, lebenslang nach Eurer Erlösung zu streben ... Ich sehe die Wut des Teufels auf Grund der Verluste, die mit Gottes Gnade diese, meine Reise, ihn gekostet hat und noch in Zukunft kosten wird. Ich kam hierher, um Seelen zu betreuen und den Krallen des Teufels zu entreißen. Für dieses Ziel opferte ich tausend Leben, wenn ich sie hätte. So werde ich gehen und tun, was mir der Heilige Geist gebietet.«

Tommaso Caffarini erzählt, wie Katharina während ihres Aufenthaltes auf Rocca di Tentenanno eines Tages plötzlich entdeckte, daß sie schreiben konnte. Zufällig stieß sie auf einen Krug mit roter Farbe, wie sie zum Zeichnen von Initialen verwandt wurde.

Sie hatte schon vor mehreren Jahren lesen gelernt und ihren Sekretären bereits Hunderte von Briefen diktiert, so daß es an sich nicht sonderbar gewesen wäre, wenn sie eines Tages versucht hätte, selber zu schreiben. Aber in einem Brief an Raimondo in Rom teilte sie mit, sie habe während der Ekstase schreiben gelernt, und diese Gabe tröste sie in einer Zeit, in der sie manche Prüfungen zu bestehen habe. Der gelehrte französische Dominikaner Père Hurtaud, der den »Dialog« herausgebracht hat, bezweifelt diese ganze Geschichte, vor allem, weil keine Briefe von Katharinas eigener Hand erhalten sind und er nicht sicher ist, daß der Brief an Raimondo nicht von Kopisten verfälscht wurde. Die Frage bleibt jedenfalls offen. Es ist nicht unwahrscheinlich, daß Katharina eines Tages entdeckte, sie könne das, was sie täglich andere tun ließ, selber tun; und ebensowenig, daß sie das Ganze als besondere Gabe Gottes mit Dank entgegennahm.

Caffarini sagt, daß das, was Katharina zum ersten Mal mit roter Farbe schrieb, ein Vers gewesen sei, ein Gebet an jede einzelne Person der Dreifaltigkeit, heilige Liebe in ihrer Seele zu entzünden, sie vor bösen Gedanken zu bewahren und bei all ihrem Tun zu helfen. Keine Übersetzung kann auch nur annähernd die Anmut dieses kleinen Gedichtes in dem ihr eigenen musikalischen Dialekt Toskanas wiedergeben.

Trost vom Himmel konnte Katharina wahrlich gebrauchen. Papst Gregor war allmählich ganz abhängig von der sienesischen Jungfrau, die so viel mannhafter und mutiger war als er selbst. Jetzt war er verärgert, weil sie all diese Monate im Orcial verlebte, obwohl sie so viel mehr für ihn hätte tun können, wenn sie nach Florenz gereist wäre. Im Oktober 1377 hatten die Florentiner einen großen Sieg über das Söldnerheer des Papstes errungen. Und so beschlossen sie, da ihre Boten wieder einmal außerstande waren, einen günstigen Frieden für die Republik abzuschließen, sich über das Interdikt hinwegzusetzen. Jetzt las man wieder in allen Kirchen von Florenz die Messe. Die Stimmung der Florentiner gegenüber dem Papst war äußerst gereizt.

Die Stellung des Papstes war verzweifelt. Seine weltlichen Besitzungen waren auf Rom und einige Landstreifen in der Umgebung beschränkt. Er hatte unheimliche wirtschaftliche Schwierigkeiten und suchte unter anderem, von der Königin von Neapel eine Anleihe zu erhalten. Aber der Starrsinn, der oft mit Unentschlossenheit und Ängstlichkeit verbunden ist, ließ Gregor alle Versuche abweisen, einen für beide Parteien annehmbaren Friedensschluß mit den Florentinern zu erhalten. Unbegreiflicherweise wollte er außerdem Bernabo als

Schiedsrichter haben, jenen Visconti, dessen Tyrannei und Intrigen der Ursprung allen Elends waren. Katharina schrieb dem Papst und bat demütig um Vergebung für ihre Fehler, die sie wider Willen begangen habe.

Den Brief sandte sie mit Fra Raimondo nach Rom. Dieser war auf seinen alten Posten als Prior des Klosters Santa Maria sopra Minerva berufen worden. Katharina sollte nur noch einmal mit ihrem besten Freund und ergebensten Sohne zusammenkommen und wenige Wochen mit ihm verleben, als sie ein paar Jahre später nach Rom kam. Drei Jahre lang war er ihr Beichtvater, und gegenseitiges Vertrauen hatte großen Reichtum in den Seelen von Bruder und Schwester aufgehäuft, während sie freigiebig einander ihre mystischen Erfahrungen austauschten.

Raimondo war wohl der Mensch, der dem Verständnis der seltsamen Frau am nächsten kam. Er begriff ihr intensives Leben, das sie, wie sie selber sagte, auf zwei Schwingen über dem Abgrund zwischen Zeit und Ewigkeit lebte, indem sie beide Ufer berührte, aber nie das Recht hatte, sich auf einem zur Ruhe niederzulassen. Raimondo hatte alles getan, um den Bedürfnissen ihrer ungewöhnlichen Seele gerecht zu werden. Er stillte ihren Hunger nach der übernatürlichen Nahrung der Sakramente und ließ sein Beichtkind den eigenen Inspirationen folgen, so oft es ihn überzeugte, daß es tiefere Einsichten in die Wege hatte, die der himmlische Bräutigam für seine Braut bestimmte. Zärtlich und herzlich liebte Katharina alle, die sie ihre Söhne und Töchter nannte, ob nun junge Männer oder Frauen oder Leute, viel älter als sie selbst; alle erwarteten Trost und Kraft von ihr, alle waren von ihr abhängig. Raimondo war der einzige, der ihr menschlichen Trost geben konnte.

Katharina war nun dreißig Jahre alt. Die frische Anmut der jungen und gesunden Färberstochter von Fontebranda war geschwunden. Ihr Leib war gebrechlich geworden, ein fast durchsichtiges Gefäß, dessen Inneres von ihrer brennenden Seele zu leuchten schien. Aber trotz der Krankheit Katharinas und trotz ihrer unbändigen Energie, mit der sie die Reisen im Dienst ihres Herrn bewältigte, wurde sie während dieses Besuches auf Rocca di Tentenanno beinahe das Opfer der erotischen Leidenschaft eines jungen Mannes.

Ein Mönch, ihr Schüler, wurde von falscher Liebe zu ihr ergriffen und verlor sein Herz an sie, selbstsüchtig und hemmungslos. Da sein Verlangen sich gegenüber ihrer Liebe zu ihm, die ganz geistlich war und voller Zärtlichkeit für seine Seele, machtlos erwies, verzweifelte er und machte eines Tages in der Kirche den Versuch, sie zu ermorden. Er wurde von den Umstehenden entwaffnet. Aber er floh, warf die Mönchskutte ab und zog sich auf die Burg seiner Väter zurück. Hier gab er sich der Verzweiflung hin. Zwei Briefe, die Neri di Landoccio in Rocca di Tentenanno von jemandem erhalten hatte, der nicht namentlich unterschrieb, – »ich weiß nicht, wie mein Name ist« –, sind vielleicht von diesem Mann. Es ist nicht so, daß er an den Glaubenswahrheiten zweifelt oder darüber spottet. Er hat nur den Geschmack an all den Dingen verloren, die einmal seine Seele beglückten; er kann weder Frieden noch Erleuchtung finden. »Ich bin vom Tisch gejagt, weil ich mich ins Dunkle kleidete ... Gott schenke Dir seine Gnade, Ausdauer und einen baldigen Tod.«

Wir erfahren, daß dieser abgefallene Mönch schließlich in den Wald lief und sich erhängte. Und was fühlte Katharina, die mit aller Kraft für den verlorenen Sohn betete? Sie sagte es nie. Einige Stellen in einem Brief an Neri weisen vielleicht auf den Selbstmörder hin: »Habe keine Angst. Gott will nicht, daß es Dir ergehe, wie es jenem anderen erging.« Neri di Pagliaresi war eine schwermütige Natur. Wenn die Briefe an ihn von dem unglücklichen Mönch sind, der sich erhängte, müssen er und Neri einmal gute Freunde gewesen sein.

Öl des Erbarmens

Ehe Fra Raimondo die Reise nach Rom antrat, empfing er den Besuch Niccolo Soderinis, des alten Freundes und Korrespondenten Katharinas. Messer Niccolo war ziemlich optimistisch: Die Florentiner wollten wirklich Frieden. Die vier oder fünf Männer, die den Krieg fortsetzen wollten, könnten unschädlich gemacht werden, wenn alle Männer guten Willens ohne Rücksicht auf Parteizugehörigkeit zusammenstünden und sie des Landes verwiesen. Das beste sei wohl, wenn sich die Führer der Welfenpartei an die Spitze der Aktion gegen die Kriegshetzer stellten.

Als Raimondo eines Morgens in Rom im Hochamt gepredigt hatte, wurde er zu Papst Gregor gerufen. Der Papst sagte, ihm sei mitgeteilt worden, Florenz sei zum Frieden bereit, falls Katharina dorthin komme. Raimondo wollte unter keinen Umständen seine »Mama« eine so gefährliche Mission übernehmen lassen und erbot sich, selbst zu reisen. »Nur nicht Katharina, nein, wir alle wollen alles tun, was Eure Heiligkeit befiehlt, selbst wenn es zum Martyrertod führt.« Aber der Papst verharrte auf seinem Standpunkt: »Dich will ich nicht schicken; man könnte dich ermorden. Doch ich glaube nicht, daß man Katharina etwas antut. Sie ist eine Frau, die man sehr verehrt.« Und am nächsten Morgen mußte Raimondo wieder zum Papst, um Aufträge für Katharina entgegenzunehmen. Sie sollte als Vertreterin des Papstes nach Florenz reisen.

Dezember 1377 war es, als Katharina wieder in Florenz ankam. Diesmal befanden sich keine Priester in ihrer Begleitung, weil die Stadt unter dem Interdikt stand. Sie hatte nur ein kleines Gefolge, die treue Alessia und zwei andere Mantellatinnen, Stefano Maconi, Neri und Fra Santo, der alte Eremit. Niccolo Soderini beherbergte die Sieneser in seinem Hause. Aber ein anderer Welfenführer namens Pier Canigiani, auch ein alter Freund Katharinas von ihrem ersten Besuch her, veranstaltete eine Sammlung unter den Männern und Frauen seiner Partei, um ihnen ein Haus zu bauen.

Katharina war oft zugegen, wenn die Parteien ihre Versammlungen hatten. Freunde wie Feinde waren sich über eins einig: Diese Frau war ungewöhnlich verständig in allen Dingen, die die Kirche betrafen. Sie war äußerst beschlagen und besaß einen glänzenden Verstand. Doch im übrigen waren sie uneinig: Ihre Anhänger hielten sie für eine Heilige, eine Seherin, die von Gott besondere Offenbarungen hatte; ihre Feinde hingegen nannten sie eine Heuchlerin, ein freches Frauenzimmer, eine Hexe.

Schon seit ihrer frühesten Jugend war Katharina gewohnt, erbittertem Widerstand, Mißverstehen und Klatsch zu begegnen. Zunächst innerhalb ihrer eigenen Familie, als sie sich weigerte, die geplante Heirat einzugehen; dann bei ihren Schwestern unter den Mantellatinnen, weil viele von ihnen ihre Ekstasen und ihre übertriebene Liebe zu den Armen und Kranken mißbilligten, – war all das echt oder war die Tochter Benincasas nur eine kleine Heuchlerin?

Giftige Zungen hatten ihre Freundschaft mit den Brüdern droben in San Dominico kommentiert und durchblicken lassen, es sei vielleicht gar nicht so gewiß, daß die heilige Jungfrau auch wirklich eine Jungfrau sei. Andere ereiferten sich über ihre Reisen innerhalb Italiens, ja noch mehr die ins Ausland, gleich bis zum päpstlichen Hof nach Avignon; und das an der Spitze eines Gefolges von Priestern und Mönchen, von jungen und alten Männern und Frauen und von Gott weiß noch wem ... Eine gottgeweihte Jungfrau solle daheim in ihrer Zelle bleiben, das Brevier beten, in der Stille Gutes tun und im übrigen den Mund halten.

Dieses war die Auffassung ihrer Kritiker, von denen jeder seine Gründe haben mochte, bestürzt und verärgert zu sein, wenn eine junge Frau, die Tochter anständiger, aber gewöhnlicher Leute, sich mit Dingen beschäftigte, die Regierungen oder Prälaten zustanden. Und wenn diese Jungfrau dabei noch in die Arena hinabstieg, wo verwickelte Parteiinteressen und Staatsangelegenheiten meist auf blutige Art entschieden wurden, – ach, was konnte man da anderes sagen, als daß man trotz all ihrer schönen Worte von Demut und Liebe zu Christus, von Bekehrung und über geistliche Themen aller Art begriff, daß hinter all ihren bescheidenen Worten und Entschuldigungen, Männern, die das Schicksal des Landes und Volkes in ihren Händen hielten, zu raten, nur ein unbändiger Wille stand. Hinter all den schönen Worten spürte man einen Unterton von eisenharter Zähigkeit.

Jetzt sollte Katharina die Wut der Männer richtig kennenlernen, die in ihrem politischen Fanatismus und ihren leidenschaftlichen Parteifehden keine Grenzen kannten. Selbst manche Welfen waren innerlich darüber erbittert, daß sich Katharina in der Stadt aufhielt und sogar Parteiversammlungen besuchte. Es schien ihnen unerträglich, daß der Papst einer Frau Vollmacht erteilt hatte, hierher zu kommen und sich in ihre Angelegenheiten zu mischen. Canigiani mußte den Hohn seiner Parteifreunde erdulden, weil er Katharina bewunderte und liebte. Doch das hinderte Ser Piero nicht, seinem jungen Sohn Barduccio die Erlaubnis zu geben, sich der »Familie« Katharinas anzuschließen. Barduccio war noch blutjung, schwächlich an Gesundheit, aber ungemein liebenswürdig und reinen Sinnes. Er wurde Katharinas Sekretär. Als sie Florenz verließ, ging Barduccio mit ihr und blieb bei ihr bis zu ihrem Tode.

Gleichwohl beobachteten die Welfen aufmerksam, wie sie durch ihr Verhältnis zu Katharina an Prestige gewannen. Sie brauchten es, um alten Feinden gegenüber ihren Rachedurst zu stillen. Als sie einmal begonnen hatten, »Kriegshetzer« zu verbannen, wurden viel mehr als die ursprünglichen sechs oder acht Schuldigen aus ihrer Heimatstadt vertrieben.

Trotzdem war Katharina guten Mutes: Die Florentiner beugten sich aufs neue unter das Interdikt. Sie zwangen die Priester nicht mehr länger zu sakrilegischen Messen und Gottesdiensten. Das sah Katharina als das erste Zeichen an, daß die Republik gerne wieder Verbindung mit dem Papst aufnehmen wollte. Sie schrieb an die Klöster, in denen sie Freunde unter den Mönchen und Nonnen hatte, und forderte sie auf, für den Frieden und die Gnade Gottes zu beten.

Zu Anfang des Jahres 1378 wurde die Friedenskonferenz zu Sarzana eröffnet. Der Papst ließ sich durch drei französische Kardinäle vertreten, Florenz durch fünf Gesandte. Venedig, Frankreich und Neapel schickten ebenfalls Vertreter. Bernabo Visconti erschien selbst. Ehe aber die Konferenz Ergebnisse aufzuweisen hatte, kam die Nachricht, Gregor XI sei am 27. März plötzlich gestorben. Die Konferenz wurde abgebrochen. Es sah nicht so aus, als sei man dem Frieden näher gekommen.

Nach einer florentinischen Chronik sollen in der Nacht des 27. März die Wachen an der Porta San Prediano ein Klopfen gehört haben und eine Stimme, die sprach: »Öffnet sogleich dem, der den Frieden bringt.« Aber als man den Riegel zurückschob und hinaussah, war niemand da. Die Neuigkeit lief gleichwohl durch die Stadt: »Der Ölzweig ist gekommen. Es ist Friede.« Einige meinten, der unsichtbare Bote sei ein Engel Gottes gewesen; andere wieder hielten ihn für die Seele des verstorbenen Papstes, der seine Härte gegenüber Florenz bereue. Freilich sollte schon bald die ganze Christenheit erfahren, daß der Tod des Papstes der kriegsmüden Welt keinen Frieden gebracht hatte. Im Gegenteil.

Am 18. April wählten die Kardinäle in Konklave den Erzbischof von Bari, Bartolommeo Prignani, zum Papst. Er nannte sich Urban VI. Katharina hatte ihn in Avignon getroffen, als er noch Erzbischof von Acerenza war. Am Papsthof, wo Laster und Gier, Hochmut, Lust und Lüge üppig gediehen, erschien der alte Neapolitaner wie eine Säule strenger

Tugend. Er war schon alt, 1318 geboren. Als päpstlicher Vize-kanzler erwies er sich als harter Arbeiter und guter Verwaltungsbeamter. Von ihm konnte Katharina erwarten, daß er mit fester Hand die Unsitten ausrottete, die Christi Kirche auf Erden belasteten, und gleichzeitig die nötigen Reformen durchführte. Freilich zweifelte sie, ob er gegebenenfalls die erforderliche Milde walten lassen konnte.

Der Kartäuserprior von Gorgona schrieb ihr: »Vom neuen Heiligen Vater erzählt man, er sei ein furchterweckender Mann und er schrecke das Volk durch Worte und Taten. Er scheint absolutes Vertrauen zu Gott zu haben; deshalb fürchtet er nicht die Menschen. Offenbar will er Simonie und Wollust ausrotten, die in der Kirche Gottes regieren.« Über die Friedensaussichten schreibt der Prior, der Papst sage zwar jedermann, er wünsche Frieden, aber nur einen ehrenvollen Frieden für die Kirche. Geld verlange er nicht; aber wenn die Florentiner Frieden haben wollten, müßten sie ehrlich sein, ohne Lüge. Das heißt, dem neuen Papst gehe es um geistliche, nicht um weltliche Werte; also um das, was Katharina stets von seinem Vorgänger erfleht habe. Urban VI. wollte nie weltlichen Gewinn; doch mit geistlichen Dingen meinte er nicht dasselbe wie Katharina. Er forderte aus eigenem Stolz und eigenem Gedanken über das Wohl der Kirche von den Florentinern Schuldbekenntnis und demütige Unterwerfung.

Katharina blieb die ganze Zeit in Florenz. Sie wollte nicht abreisen, bis der Friede geschlossen war. Aber die Welfenpartei, die an der Macht war, verfolgte nach wie vor ihre öffentlichen und privaten Feinde. Vergeblich bat Salvestro de Medici, selbst Welfenführer und Gonfaliere della Giustitia, ein Fahnenträger der Gerechtigkeit, seine Freunde in der Regierung, die Macht mit Maß zu brauchen und Willkür und Ungerechtigkeit zu meiden. Angesichts all der Gesetzlosigkeiten, deren sich die anderen Mitglieder des Rates schuldig machten, wurde er schließlich ungeduldig. Am 22. Juni rief er seine Landsleute zum Aufstand. Die Zünftler griffen zu den Waffen, entrollten ihre Fahnen und bekamen Zulauf von dem wütenden Mob. Der Bürgerkrieg begann.

Es ging, wie es bei Bürgerkriegen immer geht: Ist erst die Volksleidenschaft erwacht, wirft sich die Masse kritiklos über Schuldige und Unschuldige. Die Paläste bekannter Florentiner wurden gestürmt und geplündert, gleichgültig, ob sie Tyrannen oder Gegnern der Tyrannei gehörten. Die Häuser Pier Canigianis und eines seiner Söhne wurden ausgeraubt und in Brand gesteckt, Gefängnisse geöffnet, Klöster gestürmt. Bürger, die sich zur Friedenspartei bekannten, mußten, um ihr Leben zu retten, aus der Stadt flüchten. Scharen wütender Aufrührer stürmten über den Ponte Vecchio zum Hause Niccolo Soderinis am Westufer des Arno. Sie wollten Soderini gefangennehmen und die Hexe aus Siena, die er beherbergte. »Bekommen wir sie, reißen wir sie in Stücke und verbrennen sie lebendigen Leibes.«

Katharina war hinter dem Haus im Garten, der auf einem Hügel lag, so daß sie die Stadt überblicken konnte. Sie meinte, Teufel hätten unter den Rauchwolken der brennenden Häuser ihre Schwingen entfaltet. Es war eine Nacht voller Blut und Feuer. Sie betete zu Ihm, dessen Blut das einzige Bußmittel gegen den Durst der Menschen nach Menschenblut ist, das einzige Gegenfeuer, den Brand irdischer Eigenliebe zu löschen, wie er jetzt den Himmel von Florenz rötete.

Als die Männer, die sie ermorden wollten, in den Garten stürmten, Schwerter und Keulen schwangen und nach der Hexe Katharina brüllten, ging sie ihnen entgegen und sagte: »Ich bin Katharina. Tut, wozu euch Gott das Recht gibt. Aber rührt meine Gefährten nicht an!« Der Führer der Bande war so verwirrt, daß er sein Schwert wieder halbwegs in die Scheide steckte. Als Katharina vor ihm niederkniete, zitterte er und bat sie fortzugehen. Doch Katharina wiederholte: »Hier bin ich. Wohin soll ich gehen? Ich sehne mich danach, für Gott und Seine Kirche zu leiden. Wenn ihr mich töten wollt, dann tut es ohne Furcht. Nur laßt meine Freunde ungeschoren.«

Der Mann wandte sich ab und lief fort; und bald waren alle Aufrührer verschwunden. Doch die Gefahr war noch nicht vorbei. Man hielt Soderinis Haus für unsicher. Raimondo, der die Geschichte von einem Augenzeugen, Ser Cristofano di Gano Guidini, hörte, meint, die Soderinis hätten Angst bekommen und ihr geraten, die Stadt zu verlassen. Katharina wollte das nicht. Der Schneider Francesco di Pippino und seine Frau Monna Agnese erwiesen sich als die mutigsten ihrer Freunde. Sie hatte das Ehepaar beim ersten Besuch in Florenz kennengelernt und seitdem im Briefwechsel mit ihm gestanden. Nun öffnete es ihr und den Reisegefährten sein Haus. Ob nun Katharina für die Gastgeber bangte oder anderen Gründen folgte: einige Tage später verließ sie Florenz, jedoch nicht florentinischen Boden. Sie fand Zuflucht in einer Waldeinsamkeit, wo einige Eremiten wohnten. Man nimmt an, daß es die Einsiedlerbruderschaft von Allombrosa war, die Stiftung des heiligen Johannes Gualberti, der am Karfreitag das Leben seines Todfeindes schonte und in der nächsten Kirche, wie im Rausch über das neue Erleben, der Vergebung, vor dem Kruzifix niederfiel. Und Christus hatte sich vom Kreuze niedergebeugt und den jungen Mann geküßt.

Aber Flucht widersprach Katharinas Natur. Es dauerte nicht lange, bis sie in die Stadt zurückkam. Bald machte sie nicht einmal den Versuch, ihre Anwesenheit zu verbergen, obgleich die Leidenschaften weitertobten.

Nach dem Überfall in Soderinis Garten schrieb sie einen langen Brief an Raimondo. Sie spricht vom Verlangen ihrer Seele, ihr Leben für Christus und Seine Kirche hinzugeben. »Laßt uns nie rückwärts sehen, was uns auch in der Welt an Hindernissen und Verfolgungen begegnen mag, sondern zuversichtlich hoffen, im Licht unseres heiligen Glaubens das stürmische Meer mit Mut und Ausdauer zu überqueren. Ich lasse dich wissen, daß ich heute ein neues Leben beginne, so daß meine alten Sünden mir kein zweites Mal das Glück rauben sollen, für den gekreuzigten Jesus zu sterben. Ich brannte vor Begier, für Gottes Ehre und die Erlösung der Seelen, für Reform und Wohl der Kirche zu leiden. Mein Herz bricht schier vor Verlangen, mein Leben hinzugeben. Und dies Verlangen ist süß und schmerzlich; süß, weil ich eins wurde mit der Wahrheit, schmerzlich, weil es mir ins Herz schneidet, die Kränkung Gottes zu sehen und das Gewimmel der Dämonen, das den Himmel verdunkelt und den Verstand der Menschen blendet, so daß es fast aussieht, als lasse sie Gott um der Gerechtigkeit und Rache willen gewähren. Ich seufzte, weil ich vor dem Unglück bangte, das geschehen und dann ein Hindernis für den Frieden sein könnte.«

Katharina begreift, daß die Nichterfüllung ihres Verlangens nach dem Martyrium vielleicht das beste war. Trotzdem ist ein Ton der Enttäuschung zu vernehmen, in ihrer Schilderung der Tatsachen, wie sie den Verfolgern entgegenging. Dieses Schreiben an Raimondo ist einer der aufschlußreichsten Briefe Katharinas. Er zeigt, daß ihrer Seele keine Ruhe vergönnt war. Wenn sie ihrem himmlischen Bräutigam in der heiligen Kommunion begegnet, wird sie in ektstasische Visionen und mystische Seligkeiten entführt; aber immer wieder wird sie zurückgeworfen in den Hexenkessel einer Welt, die aus allen Wunden blutet, die menschliche Leidenschaft und menschliches Unglück schlagen können.

Trotz ihres triumphierenden Vertrauens auf Christus, trotz ihrer Uneigennützigkeit und Selbstsicherheit, wenn es Angelegenheiten ihres Bräutigams betrifft, war sich die so kluge junge Frau jedoch im klaren, daß im Mahlstrom der Weltpolitik, in den sie hineingeschleudert wurde, die vitalsten Parteiinteressen, die sie zu versöhnen suchte, in Wahrheit oft unversöhnlich waren oder es wenigstens schienen. Schließlich übermittelt sie Raimondo eine Botschaft an den Papst. »Ich lasse den Christus auf Erden bitten, den Frieden nicht auf Grund der Ereignisse zu verzögern. Im Gegenteil: Sage ihm, daß er noch mehr mit dem Friedensschluß eilen muß, um Freiheit für die großen Pläne zu bekommen, denen er sich zur Ehre Gottes und Wiedergeburt der Kirche geweiht hat. Die Ereignisse haben nichts geändert. Jetzt ist die Stadt ruhig. Bitte ihn im Namen der Barmherzigkeit um Eile. Friede allein kann die Kränkungen Gottes beenden. Sage ihm, er müsse Erbarmen und Mitleid mit den im Dunkel schmachtenden Seelen haben. Sage ihm, er müsse mich aus dem Gefängnis befreien, da ich vor Friedensschluß nicht abreisen könne. Und ich sehne mich nach der Abreise und nach dem Genuß des Blutes der heiligen Martyrer, nach einem Besuch Seiner Heiligkeit und nach einer Begegnung mit dir, um dir von den wunderbaren Dingen zu erzählen, die Gott in diesen Tagen zur Freude unserer Seelen, zum Entzücken unserer Herzen und zur Vermehrung unserer Hoffnung im Lichte unseres heiligen Glaubens getan hat. Ich schließe. Verbleibe in der heiligen und süßen Freude Gottes! Gesù dolce, Gesù amore.«

Von Florenz aus sandte sie ihren ersten Brief an Urban VI. Sie beginnt wie immer, jedoch mit einer Beredsamkeit, die selbst bei ihr ungewohnt ist. Sie lobt die Liebe, die vollkommene Liebe des Guten Hirten, der freudig sein Leben für seine Schafe gibt, ungehemmt von jeder Eigenliebe. Sie vergleicht die Einheit von Gerechtigkeit und Erbarmen mit einer kostbaren Perle. Gerechtigkeit ohne Erbarmen sei weit eher Dunkel, Grausamkeit, Ungerechtigkeit als Gerechtigkeit. Aber Erbarmen ohne Gerechtigkeit sei wie Salbe auf einer Wunde, die man mit glühenden Eisen ausbrennen müßte; werde die Salbe aufgetragen, ehe die Wunde richtig ausgebrannt ist, eitere sie, heile aber nicht.

Ein Herrscher dürfe sich vom Trotz seiner Untertanen nicht ermüden lassen, ihnen abertausendmal bessere Bedingungen zu verschaffen. Die Schuld der Empörer verringere nicht seine Kraft, die diese in reiner und wahrer Liebe auf den rechten Weg zurückzuführen suche. Er solle nicht die Freundschaft des Nächsten um seiner selbst, sondern um Gottes willen suchen. »Ein Herrscher will ihm die Dienste leisten, die er umgekehrt Gott nicht leisten kann; denn er sieht und begreift, daß Er, unser Gott, uns nicht braucht. Darum strebt er eifrig danach, dem Nächsten nützlich zu sein, und besonders seinen Untertanen, die ihm anvertraut sind.«

Offenherzig spricht Katharina von den Mißbräuchen, die innerhalb der Kirche gedeihen, und von den Sünden unwürdiger Gottesdiener, die ihre unehelichen Kinder durch den Verkauf von Christi Blut zu unterhalten suchten, die sich wie Fuhrknechte benähmen und mit ihren geweihten Händen Würfel spielten, die Simonie, Wucher und noch unendlich viel andere Sünden verübten. »Ach Vater, bringt Arzneien und ein klein wenig Trost den Dienern Gottes, die vor Kummer sterben und nicht sterben können.«

Zur Vollendung der solange erhofften Reform rät sie dem Papst, viele furchtlose heilige Männer heranzuziehen und nicht auf adelige oder geringe Herkunft zu sehen, sondern nur darauf, ob sie gute Hirten für die Schafe sind. Er müsse ein Kollegium von edlen Kardinälen schaffen, fest wie Säulen; denn die allein könnten die Arbeit des Papstes zur Reform der Kirche unterstützen. Vermutlich wußte sie schon, daß der Papst mit der dringendsten Reform der Kirche begonnen hatte, mit unbändiger Energie, doch völligem Mangel an Takt.

Sie bittet für die Florentiner: »Ich flehe Euch an und bitte Euch herzlich, habt um des gekreuzigten Heilandes willen Erbarmen mit den Schafen, die außerhalb der Hürde sind wohl meiner Sünden wegen. Aus Liebe zum kostbaren Blut, über das Ihr verfügt, wartet nicht damit, sie mit wahrem Erbarmen und mit Güte zu empfangen. Möge Eure Heiligkeit über ihre Härte triumphieren, ihnen Mut machen und sie also zurück zur Hürde bringen. Wenn sie jetzt nicht in wahrer und vollkommener Demut darum bitten, muß Eure Heiligkeit ihre Verhärtung und alles, was sie auf Grund ihrer Schwäche tun, übersehen und nichts von den Kranken verlangen, was sie nicht geben können. O wehe, wehe, habt Erbarmen mit all den Seelen, die verderben! Seht nicht auf das

Ärgernis, das hier in der Stadt geschehen ist ... Die göttliche Güte sorgte dafür, daß das große Unglück nicht noch schlimmere Übel nach sich zog. Nun sind Eure Kinder ruhig und bitten um das Öl des Erbarmens. Überseht, Heiliger Vater, wenn sie Euch nicht auf die ziemlichste Art bitten, nicht mit der Zerknirschung des Herzens, die sie ob ihrer Verfehlungen fühlen müßten, und die Eure Heiligkeit verlangt. Ach, weist sie nicht zurück! Und diese Kinder werden in Zukunft besser sein als alle anderen.«

Katharina bittet den Papst, nach Friedensschluß das Banner des Kreuzzuges zu entfalten. »Ihr seht selbst, wie Euch diese Ungläubigen herausfordern!« Die Bedrohungen der Türken gegenüber den Mittelmeerländern waren jetzt unerträglich geworden. Während Frankreich und Italien von endlosen Kriegen verwüstet wurden, litten nicht nur ihre Schiffahrt, sondern auch ihre Inseln und Küsten unter den ständigen Überfällen dieser ungläubigen Seeräuber. Ihr erster Brief an Urban VI. schließt mit der wiederholten Bitte um Erbarmen, Erbarmen, Erbarmen. Und dann bittet sie, ihre Liebe und Sorge als Entschuldigung für ihr Wagnis gelten zu lassen, ihm zu schreiben und Ratschläge zu geben.

Einen zweiten kurzen Brief sandte sie wenig später: »Ach, Heiligster Vater, seid geduldig, wenn sie Euch raten. Sie sagen Euch solches nur zur Ehre Gottes und zu Eurem Wohl, wie es einem Sohn geziemt, wenn er über seinen Vater glücklich ist. Er kann nicht sehen, daß etwas getan wird, das dem Vater Schande und Unglück bringt. Er wacht eifrig, da sein Vater nur ein Mensch ist, der einer großen Familie vorsteht und nicht alles sehen kann. Wenn nicht seine rechtmäßigen Söhne über seine Ehre wachen, dann würde er oft betrogen. So ist es mit Eurer Heiligkeit: Ihr seid der Vater und Herr der ganzen Christenheit. Heiliger Vater, wir alle sind unter Eurem Schutz. Ihr habt Macht über alle Dinge; doch Euer Blick ist begrenzt wie der aller Menschen. Eure Kinder müssen Ausschau halten und alles tun, was der Ehre Gottes und Eurer

Ehre dienlich sein kann, zur Sicherheit der Seelen unter Eurem Hirtenstab, aufrichtigen Herzens und ohne sklavische Furcht. Ich weiß, Eure Heiligkeit wünschen innerlich Helfer, die Euch dienen können. Doch dann müßt Ihr sie auch geduldig anhören.«

Ein Fra Bartolommeo hatte sich den Zorn des Papstes zugezogen, weil er allzu offen seine Meinung sagte. Er ist über den Ärger des Papstes sehr niedergeschlagen. Katharina bittet Urban, sie als die Schuldige zu betrachten, wenn der Papst glaube, Buße und Strafe fordern zu müssen. »Meine Sünden sind schuld daran, wenn er gefehlt haben soll. Darum muß ich auch die Strafe für ihn tragen.« Wer von ihren Söhnen sich auch den Zorn des reizbaren Mannes zuzieht, Katharina ist wie eine liebevolle Mutter bereit, ihn zu entschuldigen und das auf sich zu nehmen, das vermutlich ebensosehr ein Fehler des Papstes wie der des Sünders war.

Am Sonntag, dem 18. Juli, ritt ein Bote des Papstes in Florenz ein und hielt einen Ölzweig in der Hand. Als der Ruf »Endlich Friede!« durch die Stadt fliegt, brechen die Florentiner in wilden Jubel aus. Während vom Dom und vom Palazzo Vecchio die Glocken durch die Stadt dröhnen, schreibt Katharina an ihre Kinder und erzählt ihnen die gute Neuigkeit. In den Brief legt sie ein Blatt des gesegneten Ölzweigs.

Doch Katharina war zu optimistisch, als sie dem Papst schrieb, die Florentiner seien sehr friedlich. Nur zwei Tage nach Friedensschluß brach ein neuer Aufstand aus. Diesmal erhob sich der »Popolo Minuti«, die Arbeiterschaft ohne politisches Gefühl und ohne politische Rechte, und ergoß sich mordend und brennend durch die Stadt. Drei Tage lang herrschte Anarchie. Dann wurde der Aufstand blutig niedergeschlagen.

Am 28. Juli wurde der Friede endlich unterzeichnet. Als Geldbuße verlangte Urban ungefähr ein Achtel der Summe, die Gregor gefordert hatte. Aber die Florentiner mußten versprechen, alle kirchenfeindlichen Gesetze zu annullieren und den geplünderten Kirchen und Klöstern den Schaden zu ersetzen. Das Interdikt wurde aufgehoben. Katharina behielt mit ihrer Voraussage recht, daß die Florentiner, wenn sie sich einmal mit dem Papst versöhnt hätten, dessen loyalste Söhne würden. Als kurze Zeit später die Katastrophe über die Kirche hereinbrach, standen die Florentiner treu zu Urban.

Katharina brach ein paar Tage später von Florenz auf, um heim nach Siena zu reisen, ehe die Nachricht von der Friedensunterzeichnung die Stadt erreicht haben konnte. Sie hatte eine ihrer schwierigsten Missionen glücklich beendet. Gleichwohl ist der Abschiedsbrief, den sie den Ratsherrn und dem Gonfaloniere aus Siena schreibt, mit einem traurigen Unterton geschrieben. Sie habe gewünscht, das Fest des heiligen Friedens mit ihnen zu feiern, dieses Friedens, den sie fördern wollte, selbst wenn es ihr Leben gekostet hätte. Aber der Teufel habe so viel ungerechten Haß gegen sie gesät; und sie wünsche nicht, die Ursache für noch mehr Sünden zu werden. Darum habe sie es vorgezogen zu reisen.

Das Florenz, das sie verließ, war eine andere Stadt geworden. Viele Männer, die den größten Einfluß gehabt hatten, waren fort, einige verbannt, andere getötet. Etliche von ihnen waren ihre Freunde gewesen, andere ihre Feinde.

Katharina hatte Grund, Angst vor der Zukunft zu haben. Das Fürchterliche, das sie voraussah, konnte eintreten, »wenn der Papst ernstlich versucht, die Kirche zu reformieren«. Das konnte täglich geschehen. Der Papst war mit den vier italienischen Kardinälen in Tivoli. Die französischen Kardinäle und die von Limousin, die monatelang die wachsende Opposition gegen Urban vertraten, waren nach Anagni gegangen. Es stand nicht zu erwarten, daß etwas Gutes bei ihren Beratungen herauskam.

Das Schisma

Es war eine Tatsache, daß Bartolommeo Prignano unter Umständen zum Papst gewählt worden war, die ebenso verworren wie schandbar waren. Gregor XI. war sich klar darüber gewesen, daß die Zukunft viele Gefahren barg, und hatte in seinem Testament genaue Vorschriften über das Verfahren bei der kommenden Papstwahl erlassen. Einfache Stimmenmehrheit sollte für die Gültigkeit der Wahl des Konklave genügen. Die Engelsburg, die der Schlüssel zur Peterskirche und zum Vatikanbereich war, durfte dem neuen Papst nur auf Order der sechs Kardinäle in Avignon übergeben werden. Aber der entscheidende Faktor war schließlich die Haltung des »Popolo Romano«, des römischen Volkes, der breiten Massen in der Ewigen Stadt.

»Rechtmäßige Nachkommen der Mörder des heiligen Petrus und Paulus« wurden die Römer von den anderen Italienern genannt. Da sie seit Generationen von ihrem Bischof, der auch ihr rechtmäßiges weltliches Oberhaupt war, verlassen waren, fühlten sich die Römer selbst zu Gesetzgebungen berechtigt; und zwar ebenso die Adeligen in ihren befestigten Stadtpalästen und ihren Burgen auf den Hügelrücken außerhalb der Stadt wie die Arbeiter in Trastevere und die Bürger in den engen, krummen Gassen zwischen dem öden Forum und dem Fluß. Die Versuche Cola di Rienzos und des Kardinals Albornoz, der Stadt Gesetz und Ordnung zu geben, blieben ein Intermezzo. Dazwischen regierten die päpstlichen Legaten, von denen die meisten Franzosen waren. Und weil sie Franzosen waren, verdächtigten und haßten sie die Römer; und zuweilen hatten sie auch reichlich Grund für Verdacht und Haß.

Währenddessen wurde die alte Kaiserstadt, die mehrmals im Laufe der Jahrhunderte erobert und geplündert worden war, immer mehr entvölkert und zerstört. Innerhalb des weitausgedehnten Mauerrings lagen große Areale verödet, von Gras und Gebüsch überwuchert. Weiße Büffel weideten zwischen Ruinen, die allmählich halbwegs in die Erde gesunken waren. Einmal hatten diese Bauten eine Geschichte gehabt, die vergessen war, obschon sich daran Sagen von schlimmen Dingen knüpften, die hier in alten Tagen passiert sein sollten, und von Gespenstern, die nachts zwischen den zusammengesunkenen Bögen und in den unterirdischen Gewölben ihr Unwesen trieben.

Kirchen, von altersher Heiligen und Martyrern geweiht, hatten kein Dach mehr und versanken allmählich im Schutt. In den Ruinen wucherte Gras über gefallene Säulenstümpfe. An den Wegen über das öde Land kauerten hinter Bäumen ein paar kleine alte Klöster. Und ein armer Bauer, der sich in einer Ruine aus der Römerzeit niedergelassen, vom nächsten Moorhügel ein Binsendach geholt und über ein paar Räume gelegt hatte, versuchte ein wenig Ackerbau.

Draußen vor der Stadtmauer lag die Campagna, beherrscht von Malaria und Räuberhorden, fast ohne Leben. Nur die kleinen Pilgergruppen, die trotzdem die gefährliche Wallfahrt zu dem einen oder anderen verfallenen Heiligtum machen wollten, begegneten sich auf den Wegen und schauten ängstlich nach dem unbeweglichen Reiter, der eine Schar weißer Büffel oder grauer Schafe hütete und anstatt eines Hirtenstabes einen langen Speer trug.

Papst Urban V. war 1367 nach Rom gekommen, nach weniger als drei Jahren, trotz der Warnungen der heiligen Birgitta, aber wieder zurück nach Avignon gereist. In Avignon starb er wenige Monate später an Gift, wie die Italiener sagten. Ein Gerücht wollte wissen, daß auch Papst Gregor XI. im Begriff stand, Rom im Stich zu lassen, um in sein geliebtes Avignon zurückzukehren. Allerdings hätte der Tod das Vorhaben verhindert. Auch früher hatte das römische Volk sein Bestes getan, um die Papstwahlen zu beeinflussen. Da der Papst sein Bischof und weltlicher Fürst war, meinte es, ein Wort bei der Papstwahl mitreden zu dürfen. Man konnte als sicher annehmen, daß ein französischer oder provençalischer Kardinal Rom und die Apostelgräber so schnell wie möglich verlassen würde. Und man dachte nicht daran, sich noch länger mißhandeln zu lassen.

Von den sechzehn Kardinälen, die am 7. April 1378 im Konklave zusammentraten, waren nur vier Italiener. Es war am Mittwoch in der Passionswoche. Die aufgeregten Massen, die sich auf dem Petersplatz sammelten, brüllten mit voller Lungenkraft: »Romano le volemo« – wir wollen einen Römer! Sie hatten Zulauf erhalten von Banden wild aussehender Männer aus den Sabinerbergen, die Hirten oder Räuber waren oder auch beides.

Ehe die Türen des Saales, in dem das Konklave stattfinden sollte, geschlossen werden konnten, stürzte ein Teil des Mobs hinein und schrie mit aller Kraft, man werde das ganze heilige Kollegium umbringen, wenn es nicht einen römischen Kardinal wähle. Kardinal Orsini, selber römischer Adeliger, ging den wütenden Scharen entgegen und befahl ihnen, sich hinauszuscheren. Nach kurzer Zeit war der Vatikan von allen geräumt, die dort nichts zu suchen hatten. Die Türen wurden versiegelt. Das Konklave konnte mit seinen Verhandlungen beginnen. Aber die ganze Zeit über hörte man draußen vor den Fenstern die drohenden Schreie der Massen: »Romano le volemo« ...

In der Nacht wurde in den Kellern des Vatikans eingebrochen. Am nächsten Morgen war ein großer Teil der Menschenmassen gefährlich betrunken. Als die Kardinäle nach der Messe ihre Plätze einnahmen, läuteten die Sturmglocken. Es sah aus, als habe sich der Aufruhr inzwischen über ganz Rom ausgebreitet. In ihrer Todesangst entschlossen sich die Kardinäle, die Wahl möglichst zu beschleunigen, ehe die Aufrührer eindringen und sie ermorden könnten. Der Kardinal von Limoges stand auf: »Meine Herren, da Gott offenbar nicht will, daß wir uns über ein Mitglied dieses heiligen Kollegiums einigen, müssen wir wohl einen Außenstehenden wählen. Mir deucht, daß der Würdigste der Erzbischof von Bari ist. Er ist ein heiligmäßiger und gelehrter Mann reiferen Alters. Ich nenne ihn frei und freiwillig.« Fast alle Kardinäle stimmten zu, einige vielleicht etwas zögernd. Nur Kardinal Orsini wandte ein, daß möglicherweise Zweifel an der Gültigkeit der Wahl erhoben werden könnten, da sie nicht die volle Handlungsfreiheit hätten. Doch der Einwand wurde überstimmt. Und so wurde Bartolommeo Prignani mit überwältigender Mehrheit zum Papst gewählt.

War es kein Römer, so war es jedenfalls ein Italiener. Man schickte ihm einen Boten. Währenddessen ging das heilige Kollegium nochmals die ganze Wahlzeremonie durch und wählte ihn, diesmal in der Kapelle, so daß es nachher keinen Zweifel geben konnte, daß die Wahl freiwillig und nach Überlegung geschehen war. Kardinal Orsini trat an ein Fenster, um den aufrührerischen Volksmassen das entscheidende Wort zu verkünden: »Habemus papam.« Im selben Augenblick wurden die Türen gesprengt, und mit Stöcken und Steinen bewaffnete Männer stürmten das Gebäude. Mehrere Kardinäle wurden verletzt; und Drohungen wurden gegen sie ausgestoßen: Wenn nicht ein Römer gewählt würde, würden sie in Stücke gerissen ...

Nicht nur die Kardinäle, sondern auch das ganze Gefolge der Priester und Diener fühlte sich am Leben bedroht. Ein Kaplan wandte sich an den alten Kardinal Tebaldeschi, einen römischen Adeligen, und flehte ihn an, ihnen allen das Leben zu retten. Obschon der rechtschaffene alte Mann protestierte, spielte man jetzt eine beschämende Komödie: Man setzte ihm eine weiße Mitra auf den Kopf, warf ihm einen roten Chormantel um die Schultern und hob ihn auf einen Altan.

Es nutzte nichts, daß er rief: »Ich bin nicht der Papst. Der Erzbischof von Bari ist der neue Papst.« Seine Stimme ertrank im Lärm. Aber die Volksmassen, die ihn erkannt hatten, waren jetzt beruhigt.

Als Bartolommeo Prignani zum Vatikan kam, war das Gebäude zum größten Teil von den Eindringlingen geräumt. Ein paar Kardinäle versuchten ihn zu überreden, die Annahme der Tiara zu verweigern. Vergeblich. Er war mit Stimmenmehrheit gewählt, so wie es Gregor XI. in seinem Testament bestimmt hatte. Selbst wenn ihn die Kardinäle in einer Panikstimmung gewählt hatten – unzweifelhaft hätte bei der Wahl eines französischen Papstes augenblickliche Lebensgefahr bestanden, was auf lange Sicht hin das schlimmste Unglück für die Kirche gewesen wäre –, so hat doch niemand zur Zeit der Wahl auch nur eine Spur von Zweifel an ihrer Gültigkeit geäußert.

Im Gegenteil, einige Kardinäle hatten in aller Eile den Vatikan verlassen und Schutz an Orten gesucht, die ihnen sicher dünkten. Sechs flüchteten zur Engelsburg, auf der Pier de Got, der Bruder des Kardinals von Limoges, Kommandant war, und wo die Garnison größtenteils aus Franzosen bestand. Aber jetzt kamen sie alle zusammen zum Vatikan, um dem neuen Papst zu huldigen. Seine eifrigsten Anhänger waren zu dieser Zeit der spanische Kardinal Pedro de Luna und der Kardinal Robert von Genf; oder wenigstens waren sie es, die am lautesten Urban VI. ihre Treue versicherten. Am Tage nach der Wahl wurde das Ergebnis den Kardinälen, die in Avignon waren, schriftlich mitgeteilt. Und zur rechten Zeit sandten jene dem neuen Papst brieflich ihre Huldigung. Am 8. Mai wurde das Wahlergebnis dem deutschen Kaiser und allen katholischen Fürsten übermittelt.

Aber es währte nicht lange, bis sich die ersten Anzeichen der nahenden Katastrophe zeigten. Die Kardinäle in Avignon schrieben an den französischen König und andere katholische Fürsten, sie sollten nicht allzuviel von den Erklärungen halten, die im Namen des Papstes Urban VI. hinausgeschickt würden. Sie erhielten Unterstützung von ihren provençalischen Amtsbrüdern in Italien. Im Verlauf der ersten Sommermonate mehrte sich die Opposition gegen den schroffen Reformator, der Papst geworden war. Aber noch war es nur eine Untergrundbewegung.

Wenn der Papst auch eine Ahnung von dem hatte, was sich vorbereitete, nahm er doch keine Rücksicht darauf. Der Kartäuserprior von Gorgona schrieb an Katharina, Urban vertraue auf Gott und fürchte sich nicht vor Menschen. Er war überzeugt, um eines von Katharinas Lieblingsbildern zu gebrauchen, daß er gewählt war, um Unkraut auszurotten und den Garten der Braut Christi mit lieblichen und süßduftenden Blumen neu zu bepflanzen, und er ging mit unbändiger Energie seinen Weg. Alle Bischöfe, die in Rom umherstreiften, jagte er in ihre Bistümer zurück. Er sandte eine ganze Reihe Bullen hinaus und donnerte gegen Verschwendungssucht und Weltlichkeit der Kardinäle. Eine Predigt über das Wort der Schrift »Ich bin der gute Hirte« war eine einzige brennende Anklage gegen die Weltsucht des hohen Klerus. Gegen arme Leute war er mild und freigebig. Aber die römischen Adeligen, die gewohnt waren, sich als des Heiligen Vaters rechtmäßige, wenn auch nicht immer fügsame Söhne zu betrachten, ärgerten sich, weil der Papst nicht genug Rücksicht auf sie nahm.

Es war gegen Urbans Natur, auf jemanden Rücksicht zu nehmen. An sich gute und weise Bestimmungen führten zu nichts Gutem, weil der Papst zu schroff war, und ihm Takt und Fähigkeit fehlten, sich auf Menschen einzustellen. Für schwache Männer, selbst wenn sie guten Willens waren und zuinnerst wußten, daß der Papst recht hatte und sie mit ihm zusammenarbeiten mußten, war es zuviel, wenn er in groben und harten Worten von ihnen forderte, an einem einzigen Tag ihr ganzes Leben umzukrempeln und all die gewohnten kleinen, keineswegs auffälligen Bequemlichkeiten aufzugeben, nur um in Selbstverleugnung zu leben, wie sie den strengsten Asketen ziemte.

Man war sich einig, daß es an der Zeit war, schon lange an der Zeit war, die Kirche zu reformieren. Aber vor solcher Reform hatten sie Angst. Und was war das für eine Sprache, wenn er wütend aufbrauste! »Halt's Maul!«, sagte er zu den Kardinälen. Er betitelte den Kardinal Orsini als »Pazzo«, als Narren, und den Kardinal Robert von Genf als Banditen. Jetzt bereuten seine Wähler bitter, was sie getan hatten.

Im heißesten Sommer zog der Papst mit seinen vier italienischen Kardinälen hinauf nach Tivoli. Die in Opposition stehenden Kardinäle, dreizehn an der Zahl, reisten gleichfalls aus der Stadt und versammelten sich in Anagni. Als der Papst endlich die Gefahr merkte, schickte er die Kardinäle Orsini, Brossano und Corsini, um mit ihnen zu verhandeln. Nur der treue alte Kardinal Tebaldeschi blieb bei ihm. Die Boten kamen ergebnislos von Anagni zurück.

Im August sandten die französischen und provençalischen Kardinäle einen Brief, gerichtet an den »Bischof von Bari«, mit einer Erklärung, die alles enthielt, was seit dem Wahltag geschehen war. Sie gestanden, Bartolommeo Pargnani nur gewählt zu haben, um dem sicheren Tod zu entgehen. Darum belegten ihn die dreizehn Kardinäle als unrechtmäßigen Papst jetzt mit dem Bann. Sie begaben sich unter den Schutz des Grafen Gaetani von Fondi. Der Graf war päpstlicher Vikar in Anagni und Campanien gewesen, dem an Neapel grenzenden Teil des Kirchenstaates. Doch Urban hatte ihm diese Würde genommen und an seiner Stelle einen anderen ernannt. So glaubte sich der Graf tödlich beleidigt. Eine Zeitlang zogen die Kardinäle nach Fondi, das weiter von Rom als von Neapel lag. In Neapel saß Königin Johanna, die auch einiges mit ihrem ehemaligen Untertan auszustehen hatte. War dieser doch einmal ihr Beichtvater gewesen, vor langer Zeit, als sie eine relativ unschuldige junge Frau von neunzehn Jahren war. Die Verschwörer hofften, sie für ihre Pläne zu gewinnen.

Zur selben Zeit hatte Katharina nach Beendigung ihrer Mission in Florenz mit ihren wenigen treuen Freunden die Heimreise nach Siena angetreten. Die heißen Augusttage verbrachte sie ein paar Meilen vor der Stadt auf einem Bauernhof, der ihrer geliebten Schwägerin Lisa Colombini gehörte. Mit bitterer Sorge hörte sie die Schreckensnachrichten aus Rom. Ihre dortigen Freunde, vor allem Raimondo, unterrichteten sie brieflich über alles Geschehen. Die Nachrichten erfüllten sie mit einem schmerzlichen Schuldgefühl. Sie, die so wunderbare Gnadengaben von Gott empfangen hatte, sollte viel mehr getan, viel inniger gebetet, viel härtere Selbstverleugnung geübt, viel größere Beredsamkeit entfaltet, viel mehr und viel besser geschrieben haben. Sie sank so sehr unter dem Gefühl ihrer Unzulänglichkeit zusammen, daß sie wieder erkrankte. Bis sie eines Morgens in die kleine Dorfkirche schlich, so zerknirscht, daß sie sich nicht dem Altarssakrament zu nahe wagte. Da überfiel sie eine neue Vision, die ihr Mut und Eifer gab. Ihr war, als erlebe sie wieder das reinigende Bad der flammenden Liebe Christi.

Ihre gewaltige Energie schien sich noch zu steigern. Nach ihrer Rückkehr nach Siena beschäftigte sie drei Sekretäre. Diese schrieben für sie Briefe an Nonnen und Mönche, die sie in geistlichen Dingen um Rat zu fragen pflegten, an Freunde in allen Städten, wo sie gewesen war, an Leute von Einfluß in Italien und an ausländische Machthaber. Sie verwandte ihre ganze Kraft darauf, die Adressaten zu überzeugen, daß Urban der rechtmäßige Papst sei, dem alle Christen Treue schuldeten. Das Schisma aber war nicht aufzuhalten. Anfangs September zogen die drei italienischen Kardinäle nach Fondi. Es waren nur noch drei, da der alte Tebaldeschi inzwischen gestorben war. Es ging das Gerücht, Papst Urban wolle eine Reihe neuer Kardinäle ernennen; und es bestand kein Zweifel, daß dies Männer nach seinem eigenen harten Herzen waren. So war keine Zeit zu verlieren, wenn man die fatale Papstwahl vom April revidieren wollte. Vom König von Frankreich kam die Aufforderung zur Wahl eines französischen Papstes. Am 20. September wählten die Kardinäle in Fondi – gegen eine Stimme bei Stimmenthaltung der drei Italiener – schließlich Kardinal Robert von Genf zum Pontifex. Er nannte sich Klemens VII.

Der Gegenpapst war ein Bruder des regierenden Fürsten von Genua, verwandt mit dem französischen Königshaus und anderen Fürstenhäusern. Darauf gründete zum guten Teil seine kirchliche Karriere. Schon als junger Priester wurde er zum Kardinal gewählt. Solange er Prälat in Frankreich war, stand er in einem fleckenlosen Ansehen. Daß er ein großes Haus führte, hielt man für natürlich, da ein Mann in seiner sozialen Stellung repräsentieren mußte, was selbst Leute zugestanden, die sonst den Luxus der Kardinäle verurteilten. Er war ein schöner Mann, von gewinnendem Äußeren und bei seinen Landsleuten beliebt. Aber für die Italiener war er der »Schlächter von Cesena«; hatte er doch nicht gegen die Vergeltungsmaßnahmen protestiert, die die Söldner Gregors XI. gegen die aufrührerischen Städte in der Romagna und in Umbrien verübt hatten.

Ein paar Tage vor der Wahl des Gegenpapstes hatte Katharina an Urban einen Brief mit Ratschlägen geschickt. Zum Trost verweist sie ihn auf die ewige Wahrheit, die uns liebte, ehe wir geschaffen waren. Die Seele, die sich von den Nebeln der Eigenliebe befreit habe, sehe diese Wahrheit und begreife, daß Gott nichts anderes wolle als das, was der Seele nützlich sei. Eine solche Seele nehme voller Ehrfurcht jede Last wie Verleumdung, Hohn, Ungerechtigkeit, Beleidigung und Niederlage auf sich und trage alles mit Geduld, weil sie nur die Ehre Gottes in der Erlösung der Seele suche.

In diesem Brief variiert Katharina ihre gewöhnliche Wendung »Gottes Ehre *und* der Seele Erlösung«, da für den Papst die Ehre Gottes *in* der Erlösung der Seelen bestehen müsse. Eine solche Seele sei geduldig, aber nicht teilnahmslos, wenn ihr Schöpfer gekränkt werde. Durch ihre Geduld scheine die

Seele der Selbstliebe entkleidet und in die göttliche Liebe gekleidet. »Das Licht der ewigen Wahrheit möge uns mit dem zweischneidigen Schwert bewaffnen, dem des Hasses und der Liebe, des Hasses gegen das Laster und der Liebe zur Tugend. Diese Tugend ist das Band, das uns an Gott und die Nächstenliebe knüpft. Ach, Allerheiligster Vater, dies ist das Schwert, das ich Euch zu ergreifen bitte. Nun ist es Zeit, es aus der Scheide zu ziehen und die Laster in Euch selbst, in Euren Kindern und in der heiligen Kirche zu hassen. Ich sage: In Euch selbst! Denn in diesem Leben darf keiner von sich selbst sagen, er sei frei von Sünden. Die Liebe muß in uns selbst beginnen.«

Katharine ermuntert zur Erweiterung der Reformen und teilt unverblümt mit, wie sehr sie auch persönlich unter der gegenwärtigen Lage leide. »Wenn ich nach den Stätten schaue, wo Christus der Atemzug aller Dinge sein soll, sehe ich, daß sich vor Euch, dem Christus auf Erden, eine Hölle von Schandtaten ausbreitet. Alles ist von der Eigenliebe angesteckt. Diese Liebe ruft zum Aufruhr gegen Euch, so daß man Eure Heiligkeit, die inmitten des großen Elends lebt, nicht länger unterstützen will.« Sie rät ihm, sich mit wahren Dienern Gottes zu umgeben, die ihm treu und aufrichtig rieten, ohne Leidenschaft und ohne den giftigen Ratschlägen der Eigenliebe zu lauschen. »Ich will lieber nichts mehr sagen, sondern selbst aufs Schlachtfeld ziehen, um an Eurer Seite bis zum Tod zu leiden und zu streiten für Wahrheit, für Gottes Ehre und Herrlichkeit und für die Reformation der heiligen Kirche.«

Die Nonne hatte das Schisma vorausgesehen. Als die Nachricht kam, daß es eingetreten war, mag sie gewußt haben, daß ihr Verlangen, sich ins Kampfgetümmel zu stürzen, bald erfüllt werde. Sie hat auch wohl gewußt, daß dies zum Ziel ihrer Wünsche führen sollte, zur völligen Vereinigung mit ihrem himmlischen Bräutigam, nach der sich ihre Seele so lange gesehnt hatte. Bald würde sie die ewige Seligkeit genießen, den Anblick Gottes, wie Er ist, ohne daß der Schleier unseres Fleisches und Blutes Ihn umschattet. Bald würde ihr Irren über dem Abgrund zwischen Himmel und Erde enden. Und ihre Adlerseele würde ausruhen dürfen an der Seite ihres Bräutigams. Aber noch hatte sie zuviel auf der Erde zu tun. Wenn die Zeit ihres Abschieds nahte, mußte sie ihren letzten Willen und ihr Testament für ihre geistlichen Kinder niederschreiben.

»Der Dialog«

Katharina zog zu der Einsiedelei Fra Santos, die vor den Toren Sienas lag, um dort einige Tage zu bleiben. Sie bat ihre Sekretäre, gut acht zu geben und alles niederzuschreiben, was sie während der Ekstasen sagte, die sie jetzt häufiger befielen als früher.

Während ihrer Entrückung war ihr Leib stets steif und gefühllos, blind und taub. Aber zuweilen strömten Worte von den Lippen der Seherin. Sie hatte in der Ekstase sogar Briefe diktiert. Nun wußte sie, daß der ganze Fundus ihres geistlichen Wissens, der im Zustand der Entrückung und durch die Unterhaltung mit Gott in ihre Seele geflossen war, ihr aufs neue in gedrängter Form offenbart werde. Dies konnte nur den Sinn haben, daß sie ihn ihren Kindern als Erbe hinterlassen sollte.

Raimondo begriff erst später die Bedeutung, weshalb sie dieses Buch, den »Dialog«, schrieb. Er begann damals eben den dritten Teil seines Buches über Katharina, die Geschichte ihres Todes, mit der Darlegung der Umstände, wie es dazu kam. Als passendes Motto für diesen Teil wählte er ein Bibelwort, ein Zitat aus dem Hohenlied: »Wer ist sie, die aus der Wüste kommt in überströmender Freude, gestützt auf ihren Geliebten?«

In einem langen Brief an Raimondo in Rom erzählt Katharina die Entstehung des Buches und skizziert ihrem vertrauten Beichtvater die Hauptzüge. Am Tage des heiligen Franziskus, also am 4. Oktober, sei sie sehr deprimiert gewesen in Gedanken an das tiefe Elend der Kirche und an das, was ihr Raimondo von seiner eigenen Depression geschrieben habe. »So bat ich eine Dienstmagd Gottes, ihre Tränen und ihren Schweiß vor Gottes Antlitz zu opfern für Christi Braut und die Gebrechlichkeit ihres geistlichen Vaters.« Natürlich ist Katharina selbst die Dienstmagd. Am nächsten Samstag, dem Tag der Jungfrau Maria, habe sie an ihrem gewöhnlichen Platz der Messe beiwohnen wollen. Weil sie die Wahrheit über sich selbst wisse, sei sie vor Gott über ihre Unvollkommenheit errötet; aber sie sei durch ihr glühendes Verlangen sich selbst entrissen worden. Sie habe ihre Augen auf die ewige Wahrheit gerichtet. Und indem sie sich selbst und ihren Vater Raimondo für die Kirche geopfert, habe sie sich an Gott gewandt und um vier Dinge gebetet.

Zunächst habe sie für die Kirche gebetet. Und Gott sei gerührt gewesen über ihre Tränen und ihr Verlangen und habe gesagt: »Meine innigstgeliebte Tochter, sieh, wie ist ihr Gesicht beschmutzt von Laster und Eigenliebe! Wie ist es geschwollen vom Hochmut und Geiz derer, die sich an ihren Brüsten nähren! Aber wirf deine Tränen und deinen Schweiß hinein und schöpfe aus dem Brunnen Meiner göttlichen Liebe und wasche ihr Gesicht! Ich verspreche dir, ihre Schönheit wird ihr nicht zurückgegeben durch das Schwert, die Gewalt oder den Krieg, sondern durch Frieden, durch demütige, unablässige Gebete Meiner Diener und deren heißes und brennendes Verlangen. Also werde Ich deine Sehnsüchte mitten im Leiden erfüllen. Und nie soll Meine Vorsehung dich täuschen.«

Und obschon diese Bitte für die Kirche Christi die ganze Welt einschließe, komme der Mensch noch mit einigen besonderen Bitten. Aber Gott habe ihr gezeigt, mit welch großer Liebe Er den Menschen erschuf, wie keiner Ihm entgehen könne, würden Ihn auch noch so viele verfolgen und Ihn mit allen möglichen widerlichen Sünden kränken: »Öffne die Augen deines Verstandes und sieh auf Meine Hand!« Ja, sie habe gesehen, habe die ganze Welt in Seiner Hand gesehen. Und Gott habe ihr gesagt: »Ich will, du sollst wissen, daß Mir keiner entgeht. Alles gehört Mir kraft der Gerechtigkeit und des Erbarmens. Und weil sie von Mir ausgegangen sind, liebe ich sie mit unsagbarer Liebe. Ich will Mich ihrer erbarmen. Und Meine Diener sollen Meine Werkzeuge sein.«

So habe Juliana von Norwich in ihren Offenbarungen der göttlichen Liebe die Welt in der Hand Christi liegen sehen, ein kleines, dunkles Ding, das einer Nuß glich. Und Er habe der englischen Einsiedlerin gesagt, dieses kleine Ding sei »alles, was geschaffen ist«, und wie Er es liebe. Die beiden jungfräulichen Seherinnen haben dieses Bild vielleicht einigen Zeilen aus einer Hymne des Breviers entlehnt:

Beata Mater munere,
Cujus, Superbus Artifex,
Mundum pugillo continens,
Ventris sub arca clausus est.

Mutter, voll der Gnade,
in deinem Schoß sich barg,
der die Welt in Seiner Hand trägt,
der hohe Schöpfer.

In ihrem Buch indessen bittet Katharina zuerst für sich selbst. Wie könnte sie etwas für die Kirche oder für den Nächsten tun, wenn sie nicht die Gnade dazu von Gott bekäme? Wie im Alten Testament Feuer vom Himmel gefallen und die Opfergaben auf dem Altar verzehrt habe, müsse die ewige Wahrheit das Feuer des Erbarmens senden, den Heiligen Geist, und ihre Opfergaben verzehren, Verlangen und Sehnsucht. Aus uns könnten wir nichts Vollkommenes tun.

Katharina zitiert, etwas frei, das Wort des heiligen Paulus: »Wenn ich mit Engelszungen redete, wenn ich mein Alles den Armen schenkte, meinen Leib den Flammen gäbe und die Zukunft sähe und hätte nicht die Liebe, dann wäre das andere nichts.« Für sie bedeuten diese Worte, daß natürliche Werke als Sühne und Mittel zur Erlangung der Gnade unzureichend sind, wenn sie nicht gleichzeitig das Gewürz der Liebe enthalten, der göttlichen Liebe, die uns Gott umsonst gibt.

Katharina nennt die Schrift nur »Das Buch« oder »Mein Buch«. Raimondo gab ihr erst einen Titel und nannte sie »Der Dialog«. Die erste lateinische Ausgabe hatten die Übersetzer Christofano di Gano Guidini und Stefano Maconi das »Buch der Gotteslehre« genannt. Später haben die Abschriften und ungedruckten Ausgaben in verschiedenen Sprachen verschiedene Namen gefunden. Père Hurtaud traf wohl das Richtige, als er vorschlug, seine französische Übersetzung »Das Buch des Erbarmens« zu nennen. Denn der Glaube an das Erbarmen Gottes geht in diesen Unterhaltungen zwischen dem ewigen Vater und ihr, die Er Seine treue Tochter nennt, wie eine Grundströmung durch die verschiedenen, oft wechselnden Gedanken Katharinas.

Mit einem vor Mitleid schier gebrochenem Herzen fleht Katharina um Erbarmen, für die ganze von der Sünde zerstörte Welt und für alle Christen, Heiden und Ungläubigen. Und am Schluß faßt der ewige Vater in einigen wenigen Sätzen all das zusammen, was Er Seiner Tochter gelehrt hat, und sagt: »Ich habe dir gesagt, daß Ich Mich der Welt erbarmen will, um dir zu zeigen, daß Erbarmen Mein ureigenes Merkmal ist.« In seinem Wesen sei Gott unteilbar. Doch *wir* müßten von ihm reden, wie wir auf verschiedene Art Sein Wirken erleben: So spreche der heilige Thomas von einer Eigenschaft Gottes, die weder Liebe noch Güte noch Gerechtigkeit und Vorsehung ist, sondern Gottes Vollkommenheit vollkommen macht, die die Wurzel all Seines Wirkens gegenüber dem Teil Seiner Schöpfung ist, dem Er die Fähigkeit des Denkens und Urteilens gegeben hat, – das sei Sein Erbarmen.

Im »Dialog« wiederholt der Herr gegenüber Katharina all das, was Er sie früher von der Erkenntnis Gottes, von der Erkenntnis des eigenen Ich und vom Weg zur Vollkommenheit gelehrt hat: »Dein Dienst nutzt Mir nichts. Dadurch, daß du deinem Nächsten dienst, dienst du Mir.« Die Seele, die einmal die Glückseligkeit der Vereinigung mit der Liebe Gottes erlebt habe, die dorthin gekommen sei, wo sie sich selbst nur noch in Gott liebe, werde sich ausweiten und die ganze Welt mit ihrer Liebe umfassen. Habe sie erst die Tugend gewonnen, die dieser Gnade folge, werde sie auch mit äußerstem Eifer für das Wohl des Nächsten arbeiten.

Diese Tugend, die der Gnade der Vereinigung entstammt, sei eine Eigenschaft des Innersten – äußere Handlungen aller Art, körperliche Arbeit, strenge Bußübung, Selbstverleugnung, seien nichts anderes als die Werkzeuge dieser Tugend, um die sich Gott nicht mehr kümmere. Im Gegenteil! Es könne ein Hindernis auf dem Wege zur Vollkommenheit werden, wenn sich die Seele zum Beispiel in die Buße verliebe, nur um Buße zu tun. Man solle aus Liebe Buße tun, in wahrer Demut und vollkommener Geduld. Und es müsse mit Verstand geschehen, das heißt, mit wahrer Erkenntnis Gottes und des eigenen Ich.

Daß die Seele sich selbst erkenne, habe auch den Gewinn, daß sie den großen Wert ermesse, der dem Menschen ohne eigenes Verdienst bei der Erschaffung nach dem Bilde Gottes geschenkt worden sei. Im Spiegel der Güte Gottes sehe die Seele, wie übel sie sich beschmutzt und durch Liebe zu den falschen Dingen verstümmelt habe. Wenn sie sich im Spiegel sehe, meine Katharina, ihre Schuld sei so groß, daß man glauben könnte, sie habe all das Elend der Welt und der Kirche verursacht, über das sie weine. Darum bete sie zu Gott, Seine Rache solle über ihr Haupt kommen, aber Seine Gnade über das Volk Gottes.

»Ich gehe nicht aus Deinen Augen, ehe ich gesehen habe, daß Du Dich ihrer erbarmst. Was hülfe mir zu wissen, ich sei meiner eigenen Seligkeit sicher, aber Dein Volk sei des Todes, wenn Dunkel Deine Braut umgibt, meinetwegen, nicht ob eines anderen Schuld.« So betete sie für die Kirche und für alle Menschen, indem sie die endliche Liebe anruft, die Ihn antrieb, Sein Wort zu geben, Seinen eingeborenen Sohn, damit Er Mittler sei zwischen Ihm und uns. »Oh, Abgrund des Erbarmens, ... wir sind Dein Bild und Du bist unser Bild geworden, als Du Mensch wurdest und Deine ewige Gottheit in die dunkle Wolke verruchten Fleisches Adams hülltest.«

Als Katharina begriff, daß ihr ein neues, tieferes Verstehen der Liebe geschenkt worden war, das in der Liebe des gekreuzigten Christus wirkt, wurde sie von heiliger Freude erfüllt und bat aufs neue für die ganze Welt: Wenn die Kirche ihre äußere Schönheit zurückerhalte, die ihre ewige Schönheit ausdrücken könne, sei die Welt erlöst; denn das werde dazu führen, daß sich alle Menschen bekehrten, Christen wie Heiden, so unwiderstehlich müsse sie alle an sich ziehen. »Aber als sich Adam gegen Gott erhob, wurde der alte Königsweg, der für den unschuldigen Menschen von der Erde zum Himmel führte, unterbrochen. Zwischen den beiden Reichen öffnete sich ein Abgrund. Durch diesen Abgrund rauscht der dunkle, wilde Fluß der unwirklichen, flüchtigen Dinge, nach denen Wahn und Verlangen des Menschen strebt. Wir können jedoch nicht ohne Verlangen leben; das Handeln unserer Seele ist Verlangen, ob heilig oder unheilig.

Als sich der Mensch gegen Gott erhob, erhob er sich auch gegen sich selbst. Da stand das Fleisch wider den Geist auf, und der Mensch ertrank im dunklen, bitteren Fluß der Sünde. Weil dieses Wasser nicht fest ist, kann keiner darin untertauchen, ohne zu ertrinken. Dieses Wasser trägt Freude und Ruhm der Welt; in alle Ewigkeit strömen sie vorbei und werden vom Strom mitgenommen. Der Mensch meint, die geliebten Dinge flüchteten, doch in Wahrheit wird er selber von der Strömung fortgespült bis zum Ende seines Lebens.

Gerne möchte er anhalten, das Leben und die geliebten Dinge festhalten, um zu verhindern, daß sie aus seiner Reichweite gerissen werden. Wie ein Blinder greift er nach allem, was sich zufällig bietet, ohne zwischen Wert und Unwert zu unterscheiden. Dann naht der Tod und führt ihn weg von allem, was er liebt. Oder die Vorsehung greift ein und beraubt einen solchen Menschen noch vor dem Tod der geliebten Schätze. Alle, die nach Unwirklichem jagen, sind auf dem Wege der Lüge und also Kinder des Teufels, des Vaters der Lüge. So werden sie fortgetragen zum Tor der Lüge und ewiger Verdammnis.

Über diesen Abgrund schlug Gott eine Brücke, als Er der Welt Seinen Sohn schenkte. Gott, der uns ohne unser Zutun erschuf, fordert nun von uns, daß wir an unserer Erlösung mitarbeiten. Wir alle müssen im Weinberg des Herrn helfen. Wir alle haben einen eigenen kleinen Weinberg zu eigen, und die Art, wie wir unseren Weinberg pflegen, ist wichtig für das Gedeihen der nachbarlichen Weinberge.

In Wahrheit sind alle unsere Weinberge ein Teil des großen Weinberges Gottes, der Kirche. Und wir alle haben die Pflicht, dort zu arbeiten.«

Aber weil wir erst durch die Gnade Gottes an unserer Erlösung mitarbeiten können, bittet Katharina um Erleuchtung. Und sie erhält sie so, daß sie sieht, wie man die von Gott frei gewährte Gnade empfangen und vermehren muß. Es ist die alte Mystikerlehre von der Via gurgativa, dem Weg der Reinigung der Seele, der Via Illuminativa, dem der Erleuchtung durch die ewigen Wahrheiten, und der Via Unitiva, dem der Vereinigung mit Gott in der Liebe.

Das Brückensymbol entwickelt Katharina auf verschiedene Art. Die Seele steigt auf drei Stufen zur Brücke empor. Zuweilen läßt Katharina diese drei Stufen die drei Grade der Vertraulichkeit mit Christus bedeuten, die auch durch den Kuß Seiner Füße, Seiner Seitenwunde und Seines Mundes ausgedrückt werden. Dann sieht sie in den drei Stufen die drei Stationen zur vollkommenen Vereinigung mit Gott: Sklavische Furcht vor der Strafe Gottes ist das, was die meisten Seelen zur Brücke führt. Die nächste Stufe ist die Treue eines Dieners, der seinem Herrn aus Liebe folgt, selbst wenn diese Liebe noch unvollkommen ist, weil der Diener an Lohn denkt, an die Seligkeit, die Gott Seinem treuen Diener schenkt. Diese führt zur dritten Stufe, wo die Seele Gott mit kindlicher Liebe liebt, um Seiner selbst, nicht um seiner Gaben willen.

Ein anderes Mal läßt sie die drei Stufen Zeichen für die Fähigkeiten der Seele sein: der Erinnerung, der Intelligenz und des Willens. Mit der Deutung eines Bibelwortes, die ganz ihr eigen ist, erklärt Katharina, daß, wenn diese drei Seelenfähigkeiten im Verlangen nach Vereinigung mit Gott zusammenströmen, Christus Sein Versprechen erfülle: »Wo zwei oder drei in Meinem Namen zusammenkommen, bin Ich mitten unter ihnen.« Die Erinnerung vergleicht sie mit einem Wasserkrug, der mit Eindrücken unseres Gefühlslebens gefüllt sein kann, also mit nichts; der leere Krug kann leicht zerbrechen oder klingt hohl, wenn man daran stößt. Oder er ist mit Wirklichkeit gefüllt, mit der Liebe zu Gott; wie ein Krug voller Brunnenwasser verträgt er dann einen Stoß, ohne zu zerbrechen oder einen Laut von sich zu geben.

Keiner hier in der Welt entgeht den Leiden und Stößen; auch die Jagd nach dem Nichts bringt große Schläge und Bitternis für die Seele. Wer dem Teufel nachläuft, muß auch sein Kreuz tragen. Es gibt viele Martyrer des Teufels. Aber für ein von Gott erfülltes Herz sind die Leiden süß; denn es weiß, daß sie uns aus Liebe gesandt sind, weil wir Nutzen aus ihnen ziehen sollen. Eine Seele kann nicht leben ohne Liebe. Sie muß ein Objekt der Liebe haben, weil sie aus Liebe geschaffen wurde.

Kein Stand und keine Stellung in der Welt befreit uns vom Gesetz der Liebe. Niemand darf Mitursache sein, das Erbe, Amt oder Beruf, Ehe oder Kinder ihn daran hindern, diese Vereinigung mit Gott zu erreichen. Alle sichtbaren und unsichtbaren Dinge sind von Ihm geschaffen und gut in sich selbst; nur wenn wir das Geschaffene mehr als den Schöpfer lieben, werden wir zu Werkzeugen der Verdammnis. Unablässig versucht der Teufel, uns zu dieser unrechten Art der Liebe zu verleiten; aber wir verurteilen uns selbst, weil wir uns verführen lassen wollen. Der Teufel hat keine Macht über uns, wenn wir nicht freiwillig seinen Versuchungen nachgeben.

Seitdem der Inhalt des Buches in vielen Visionen von Katharinas Lippen strömt, kehren eine Reihe von Gedanken wieder und tauchen in immer neuen Formen auf. Wie Meeresrauschen braust es in ihrem Geist. Die Wogen überrollen die gleichen Probleme, weichen zurück und überspülen sie abermals. Gleichnisse und Symbole, einige der alten Lieblingsbilder aus früheren Visionen und Briefen, wiederholen sich oder werden neu gedeutet.

Keine Übersetzung kann die Anmut, die Zärtlichkeit und das Pathos auch nur annähernd wiedergeben, das sich in ihrem schönen toskanischen Dialekt ausdrückt und das Katharinas »Dialog« zu einem mächtigen Werk der italienischen Literatur, zu einem Meilenstein katholischen Denkens gemacht hat. Gott spricht zu seiner Tochter über die Vermessenheit, den Nächsten zu verurteilen. Er erklärt ihr, wie man für die Bekehrung der Sünder wirken und alles Böse beim rechten Namen nennen, aber das Urteil Gott überlassen müsse.

Katharina warnt besonders vor der Verurteilung schlechter Priester und Mönche. Krieg gegen die Kirche, weil ihre unwürdigen Diener Sünder sind, sei eine schwere Sünde. Gott, der Seine Priester berufen und sie mit Würde und Macht ausgestattet habe, werde sie selber richten. Wie schlimm sie auch seien, gleichwohl seien sie Verwalter der Sakramente, die unser Gnadenleben erhalten. Christus sagt: »Ich will, daß Meine Priester hochgesinnte Menschen, keine Mietlinge sind. Sie sollen nicht aus Gier nach Gewinn die Gnade des Heiligen Geistes verkaufen, der Ich selber bin.«

Im »Dialog« läßt Katharina Gott von der Verderbnis innerhalb der Kirche und über die schlimmen Priester und Mönche so brutal und deutlich sprechen, daß einige französische Übersetzungen, die während der Zeit des stärksten

Antiklerikalismus in Frankreich herauskamen, dieses Kapitel aus Katharinas Buch einfach wegließen.

Die guten Priester und Mönche vergleicht sie mit Sonnen, die wärmen und das christliche Volk beleben. Aber wehe den Priestern und Mönchen, die Simonie betreiben, stolz sind und intrigieren, um Ehre und Macht unter den Menschen zu gewinnen. Sie verschleudern die Reichtümer der Kirche, die zur Caritas und zum Neubau von Kirchen verwandt werden sollen, für sich, ihre Mätressen und Huren, oder auch für ihre Verwandten, die sie mit übertriebener Liebe lieben. Anstatt den Lämmern des Heilands die Speise zu geben, saugen sie diese aus und verbrauchen ihren ungerechten Gewinn zu Spiel und Trank. Trotzdem sagt uns Gott dasselbe, was uns Seine Wahrheit im Evangelium sagt: »Tut so, wie sie euch sagen. Haltet die Gebote, die sie verkünden. Aber nach ihren Handlungen richtet euch nicht!«

Es brach Katharina fast das Herz, so viele Schändlichkeiten innerhalb der Kirche zu sehen und ein so großes Elend, zu dem diese geführt hatten. Gott sieht mit unsagbarer Zärtlichkeit auf sie nieder und tröstet sie: »Tochter, deine Zuflucht sind Ruhm und Ehre Meines Namens und das Rauchopfer andauernden Gebetes für die Elenden, die ihrer Verbrechen wegen verurteilt werden sollten. Der gekreuzigte Christus, Mein einziger Sohn, ist dein Asyl ... In Seinem durchbohrten Herzen findest du die Liebe zu Mir und deinem Nächsten. Sättige dich am Holz des Kreuzes und hilf deinem Nächsten, mit wahrer Geduld zu tragen um der Nächstenliebe willen, und trage auch Schmerzen und Angst und Mühe, von welcher Seite sie auch kommen mögen! Also wirst du Gnade finden und dem Aussatz der Zeit entgehen.«

Katharinas Gebet ist wie eine Antwort auf diese Worte: »Ach, ewiger Gott, Deine Diener bitten Dich um Erbarmen. Gib ihnen Antwort. Weiß ich doch, daß Erbarmen so göttlich ist, daß Du es denen nicht verweigern kannst, die darum bitten. Sie klopfen an das Tor der Wahrheit Deines eingeborenen Sohnes. In Ihm haben sie Deine unendliche Liebe zum Menschengeschlecht erkannt. Wenn sie mit feuriger Liebe an dieses Tor klopfen, wirst und kannst Du Dich nicht weigern, ihnen aufzuschließen, die so treu im Gebet sind. So schließe auf! Dehne aus, brich auf die verhärteten Herzen Deiner Geschöpfe, nicht derer wegen, die klopfen, sondern Deiner unendlichen Güte und Deiner Diener wegen, die zu Dir für sie beten ... Und was fordern sie von Dir? Das Blut Deiner Wahrheit, das auch das Tor ist. Sie begehren das Blut, mit dem Du die Flecken der Sünde Adams abgewaschen hast. Es gehört uns, dieses Blut. Du hast ein Bad für uns daraus bereitet. Du kannst und willst ihnen nicht verweigern, um das sie Dich bitten ...«

»Ewiger Vater, alles ist bei Dir möglich. Obschon Du uns ohne unser Zutun schufest, willst Du uns nicht ohne unsere Mitarbeit erlösen. Darum bitte ich Dich: Wende ihren Willen und laß sie wollen, was sie nicht wollen. Das fordere ich von Deinem unendlichen Erbarmen. Du schufest uns aus dem Nichts. Und da wir nun leben, habe Erbarmen mit uns. Mache wieder vollkommen das Gefäß, das Du nach Deinem eigenen Bilde und Gleichnis schufest. Bringe ihnen zurück Deine Gnade durch Deines geliebten Sohnes Jesu Christi Gnade und Blut.«

Gerührt von ihren Gebeten läßt sich Gott herab, ihr zu erklären, wie Seine Vorsehung Erbarmen ist, nur Erbarmen. Um die Augen ihres Verstandes so zu öffnen, daß sie diese Wahrheit sehen kann, erklärt Er ihr, wie Er ihr Gebet für eine Seele erhört habe, die aus diesem Leben schied: Um der Liebe willen, die diese Seele immer zu Jesu Mutter hatte, wurde sie schließlich erlöst.

Diese Stelle des Buches ist dunkel. Es wird wohl nie klar werden, für welche Seele Katharina so ausdauernd gebetet hatte. Vielleicht für den Selbstmörder im letzten Sommer im Orciatal? Es ist möglich; es kann aber auch ein anderer sein. Obschon jetzt die Weltpolitik Katharinas Wirkungsfeld war, blieb sie die gleiche Katharina von Fontebranda, die die ganze Energie ihrer Seele und ihre flammende Persönlichkeit für die Erlösung der beiden bösen alten Frauen Cecca und Andrea eingesetzt hatte, die die Seelen zweier Räuber auf dem Weg zur Richtstätte den Klauen des Teufels entriß und die Seele Niccolos di Toldi befreite, als er sich gegen Gottes Gerechtigkeit empörte, weil er ein Opfer der Ungerechtigkeit der Menschen geworden war.

In ihrem schönen Schlußgebet gießt Katharina ihren Dank für die Schätze aus, welche die heilige Dreieinigkeit in ihr Herz legte: »Du ewige Dreieinigkeit, Du bist ein Meer ohne Grund. Je mehr ich mich hinein versenke, desto mehr finde ich Dich. Und je mehr ich Dich finde, um so mehr will ich suchen. Von Dir kann man nie sagen: Es ist genug ... Wie sich der Hirsch nach der Wasserquelle sehnt, so sehnt sich meine Seele aus dem dunklen Gefängnis meines Leibes nach Deiner Wahrheit. Im Lichte, das Du meinem Verstande gegeben hast, sehe und koste ich Deine bodenlose Tiefe, Du ewige Dreifaltigkeit, und die Schönheit der ganzen Schöpfung ... Du ewige Dreieinigkeit, Du bist der Schöpfer, ich Dein Geschöpf. Indem Du mich durch das Blut Deines Sohnes erlöst hast, erkenne ich, daß Du die Schönheit Deiner Geschöpfe liebst. O Abgrund, ewige Gottheit, bodenloses Meer. Du bist das Feuer, das ewig brennt und nie erlischt. Du bist das Feuer, das die Eigenliebe verzehrt. Du bist das Feuer, das allen Frost bannt und alles zum Leuchten bringt. Und in diesem Lichte hast Du mich auch Deine Wahrheit erkennen gelehrt ...«

Mit einem Ausbruch glühender Dankbarkeit schließt sie und schweigt. Stefano Maconi, der die meisten ihrer Offenbarungen niedergeschrieben hat, obschon auch Neri di Landoccio und Barduccio Canigiani einzelne schrieben, gibt den Schluß. Wie es damals Sitte war, fügt er ein paar Worte der Bitte an den Leser hinzu, für ihn, den Schreiber, zu beten. Stefanos »Signatur« ist immer die gleiche: »Bete zu Gott für deinen unnützen Bruder ...«

Das Buch war am 13. Oktober fertig. Es ist in einem Zug im Verlauf von vier oder fünf Tagen niedergeschrieben. Die Einteilung in Abschnitte und Kapitel haben die Abschreiber und Herausgeber besorgt. Zu Lebzeiten Katharinas zirkulierte es allerdings nur unter ihren Freunden und Schülern. Aber nach ihrem Tode wurde es weiteren Kreisen bekannt. Abschriften befanden sich in den Klosterbibliotheken ihres eigenen und manchen anderen Ordens. Man erkannte, daß ihre Lehre vom Heiligen Geist inspiriert war, nicht etwa durch gelehrte Theologen. Im Gegenteil, Katharina wurde als Lehrerin göttlicher Wissenschaft anerkannt, wie die Schüler auch immer ihre Mutter betrachtet hatten.

Ser Christofano di Gano Guidini erzählt, daß er eben eine neue und schöne Abschrift der lateinischen Übersetzung des »Dialog« in der Revision Stefano Maconis erhalten hatte, als er den Besuch eines französischen Kardinals aus dem Dominikanerorden erhielt. Der kam in Begleitung von Fra Raimondo, der jetzt Ordensgeneral war. Der Bischof hatte Katharina in Avignon vor vielen Jahren getroffen und einen starken Eindruck von der seltsamen Persönlichkeit der italienischen Mantellatin erhalten. Jetzt hatte ihm Raimondo so viel von ihr erzählt, daß sein Interesse für Katharina von neuem geweckt war. Als ihm Christofano die Abschrift des »Dialog« zeigte, begann der französische Bischof darin zu blättern und war so entzückt, daß er Ser Christofano bat, ihm das Buch zu schenken. Er wollte Katharinas Lehrsätze seinen eigenen Leuten predigen. Ob Schisma oder nicht, – die Gläubigen in Frankreich sollten sich an der geistlichen Kost nähren, die Katharina für sie bereitet hatte, sie, die die gewaltigsten Anklagen gegen den französischen Gegenpapst in Avignon zu schleudern wagte.

Ser Christofano mußte dem Bischof das Buch überlassen. »Ich hatte es nur eine einzige Nacht in meinem Hause.« Aber er besaß, wie er bemerkte, das Original, so daß er sich leicht eine neue Abschrift zum eigenen Gebrauch anfertigen konnte.

»Das kleine Frauenzimmer«

Nachdem sie ihre Wohnung abgeschlossen hatte, begab sich Katharina auf die Reise nach Rom. Aber diesmal hatte sie im voraus an Raimondo geschrieben und ihn gebeten, ihr eine schriftliche Order von Papst Urban VI. zum Verlassen Sienas und zur Reise nach Rom zu verschaffen.

Nicht nur viele Mitbürger, sondern auch viele Schwestern unter den Mantellatinnen hatten an ihren häufigen Reisen Anstoß genommen. Sie meinten, eine gottgeweihte Jungfrau solle sich in ihrer Zelle halten und in der Stille Gutes tun. Und obschon sie in dieser Hinsicht nicht die geringste Spur von schlechtem Gewissen hatte, da sie nur aus Gehorsam gegen Gott und Seinen Stellvertreter gereist war, wollte sie doch nicht unnötig bei ihren Nächsten Anstoß erregen. Der Papst schickte ihr eine schriftliche Order; Katharina brach auf.

Diesmal reiste sie mit großem Gefolge. Mit ihr zogen die treuen Freundinnen Lisa, Alessia und andere, ihre lieben Söhne Neri di Landoccio und Barduccio Canigiani, der alte Eremit Fra Santo, der seit mehreren Jahren ihr treuer Gefährte war, einige Priester, unter ihnen Fra Bartolommeo de Dominici und der Augustiner Fra Giovani Tantucci von Lecceto, sowie viele andere Reisegenossen. Und als noch mehr Anhänger sie begleiten wollten, habe Katharina dies abgelehnt, erzählte Raimondo. Viele dieser Gefährten kamen aus vornehmen Häusern, hatten aber der Gesellschaft versprochen, in freiwilliger Armut zu reisen und darauf zu vertrauen, daß Gottes Vorsehung sie unterwegs durch Almosen versorge.

Mutter Lapa sollte im Hause in der Via Romana bleiben, wo sie seit der Auflösung des alten Hauses in der Via dei Tintori wohnte. Freilich war verabredet, daß sie nachkommen sollte, sobald die Tochter in Rom über eine Wohnung verfügte. Stefano Macconi blieb auf Einspruch seiner Mutter hin vorerst ebenfalls in Siena; diese widersetzte sich auch später, als er den Wunsch äußerte, zu Katharina nach Rom zu reisen.

Die Gesellschaft erreichte Rom am 28. November, dem ersten Adventssonntag. Katharina kam in eine waffenstarrende Stadt. Die Römer belagerten die Engelsburg, deren französische Garnison zu Klemens hielt. Deshalb konnte der Papst den Vatikan nicht betreten. Urban wohnte vielmehr bei Santa Maria in Trastevere. Auch draußen auf dem Lande vor den Stadtmauern lagerten Heere.

Katharina wurde sofort vom Papst empfangen, der überglücklich über ihren Besuch war. Er wünschte, sie solle vor den versammelten Kardinälen sprechen, vor allem über das Schisma, das nun Tatsache geworden war.

Sie tat es auf eine Art, die alle Anwesenden stark ergriff. In einer langen Rede ermahnte sie zur Festigkeit und führte eine Anzahl Gründe dafür an. Sie erklärte, wie Gottes Vorsehung über jedem wache, und das besonders in diesen für die Kirche so schweren Zeiten. Darum, sagte sie schließlich, dürfe man sich nicht vom Schisma erschrecken lassen, sondern müsse aushalten, für Gott arbeiten und nicht die Menschen fürchten. Als sie schloß, schien der Papst beglückt. Er faßte ihre Rede zusammen und sagte zu den Kardinälen: »Seht, Brüder, wie schuldig müssen wir in den Augen Gottes sein, weil wir mutlos sind. Dieses kleine Frauenzimmer beschämt uns. Wenn ich sie ein kleines Frauenzimmer nenne, geschieht das nicht aus Verachtung, sondern weil ihr Geschlecht von Natur aus furchtsam ist. Doch seht nur: Wir zittern, während sie ruhig und fest bleibt. Seht, wie sie uns mit ihren Worten tröstet! Wie sollte Christi Stellvertreter ängstlich sein, selbst wenn sich die ganze Welt gegen ihn erhebt? Christus ist stärker als die Welt. Er läßt Seine Kirche nie im Stich.«

So ermunterte er sich selbst und seine Brüder, sang das Lob der Heiligen und erteilte Katharina und ihren Gefährten Segen und Ablaß.

Ein paar Tage später schlug Urban vor, Katharina und eine andere Jungfrau namens Katharina sollten als seine Beauftragten zur Königin Johanna nach Neapel reisen, die jetzt die Schismatiker offen stützte. Diese andere Katharina, eine Tochter der heiligen Birgitta, war nach Rom gekommen, um verschiedene Angelegenheiten des Klosters von Vadstena, der Stiftung ihrer Mutter, zu regeln. Aber Karin von Vadstena, wie sie die Schweden nannten, weigerte sich strikte, Königin Johanna zu besuchen. Als die schwedische Jungfrau das letzte Mal die Königin Johanna gesehen hatte, war sie im Gefolge ihrer Mutter und ihrer beiden Brüder auf dem Wege nach Jerusalem. Eine Zeitlang schien die mehrfach verheiratete Johanna auf die Ratschläge Birgittas zu hören und daran zu denken, ein neues Leben zu beginnen. Doch als bei der Abschiedsaudienz Birgitta und die beiden jüngeren Kinder, Karin und der ernste kleine Birger, der Königin den Fuß küßten, wie es Brauch und Sitte erforderten, trat Karl, der älteste Bruder, kühn vor und gab der Königin einen richtigen Kuß auf den Mund.

Der schwedische Ritter war ein bildhübscher Mann, der Stolz und die Sorge seiner Mutter, die wußte, daß sie sich allzu großer Nachsicht gegenüber diesem Lieblingskind schuldig gemacht hatte und auch allzu geduldig seinem Leichtsinn und Hochmut zusah. Auf Karls Brust leuchtete die goldene Ritterkette. Sein Umhang aus himmelblauem Samt war mit Hermelin gefüttert, nicht nur mit Fellen, sondern mit raffiniert ausgestopften kleinen weißen Tieren, so daß es aussah, als tummelten sich diese bei jeder Bewegung spielend um den großen prächtigen Körper.

Die Königin verliebte sich augenblicklich in den schönen Schweden. Obschon sie bereits den vierten Mann hatte, und auch Karl in Schweden verheiratet war, schwor Johanna, Karl

Ulfssons Frau zu werden, – man werde sich schon der uner-
wünschten Ehegenossen zu entledigen wissen. Birgitta geriet
außer sich vor Schrecken. Sollte diesmal ihr eiserner Wille
nichts gegen die Königin ausrichten können? Sie bestürmte
den Himmel mit Gebeten, Gott möge ihren Sohn vor dieser
Todsünde bewahren. Ihr Gebet wurde erhört: Karl wurde
plötzlich von hohem Fieber befallen und starb ein paar Tage
später in den Armen seiner Mutter. Dann folgten die langen
Wochen, in denen alle Bitten Birgittas der Seele ihres Sohnes
galten. Schließlich hatte sie eine Offenbarung, daß Karl aus
dem Fegfeuer befreit war, weil die Gottesmutter für ihn gebetet hatte. Trotz seiner Sünden war Karl ein großer Verehrer
der Jungfrau Maria gewesen.

Jetzt war Karin eine Frau von etwa vierzig Jahren. Sie äußerte offen die Ansicht, daß nicht die schändliche Untat Johannas, sondern andere Gründe die Weigerung verlangten.
Wenn sie und Katharina von Siena nach Neapel zögen, riskier-
ten sie, unterwegs in einen Hinterhalt gelockt, überfallen
und geschändet zu werden. Raimondo war mit Karin einig,
daß Johanna eine grundschlechte Frau blieb, die seine
»Mama« unter keinen Umständen besuchen sollte. Nur Katharina spottete über den Mangel ihrer Freunde an Mut.
»Wenn Katharina von Alexandrien so ängstlich gewesen
wäre, hätte sie nie die Martyrerkrone gewonnen. Besitzen
nicht alle guten Jungfrauen einen Bräutigam, der sie schützt
und rettet? Mir scheinen diese Zweifel eher Mangel an Glauben als Tugend der Überlegung zu sein.« Doch Urban ließ
den Plan fallen.

Noch von Siena aus hatte Katharina an Königin Johanna
geschrieben und war leidenschaftlich für Urban eingetreten,
den rechtmäßigen Papst, dem alle christliche Fürsten Treue
schuldeten. Von Rom aus sandte sie der Königin einen noch
kühneren Brief. Sie richtete ihn an ihre liebe Mutter in Christo. Katharina schreibt an sie wieder über ihr Lieblingsthema,
die Eigenliebe im Gegensatz zur Gottesliebe, zur Liebe zu

Ihm, dem gekreuzigten Christus. »Ach, liebe Mutter, wenn Ihr doch die Wahrheit liebtet, wenn Ihr Euch vor der heiligen Kirche beugtet! Ich werde Euch nie mehr Mutter nennen, mich nie wieder ehrfurchtsvoll an Euch wenden, ehe ich Euch gewandelt sehe. Vom Rang der Königin seid Ihr zu einer Dienstmagd und Sklavin hinabgesunken, und zwar noch unter etwas, das gar nicht ist.«

Weil sie die Brust ihrer Mutter, der Kirche verlassen habe, müsse das Volk sie wie eine Tote beweinen. Sie habe die Lüge anstatt der Wahrheit gewählt und auf den Rat von Männern gehört, die fleischgewordene Teufel seien. Wie wollten diese beweisen, Urban VI. sei nicht der rechte Papst? Das könnten sie nicht ohne grobe Lüge. Und wen haben sie zum Gegenpapst gewählt? Einen verbrecherischen Schurken, einen Teufel, der Teufelswerk tue. Aber wenn sie noch Zweifel an der Gültigkeit der Wahl Urbans hege, solle Johanna, so bittet Katharina, wenigstens neutral bleiben, bis sie die Wahrheit erkannt habe. »Ach, ich sage Euch aus tiefster Sorge, weil ich aus tiefster Seele Eure Erlösung wünsche: wenn Ihr Euch nicht bekehrt und Euch nicht von diesem Irrtum und all den anderen lossagt, wird Euch der höchste Richter derart strafen, daß es alle Empörer gegen die Kirche mit Angst erfüllt. Wartet nicht, bis Er Euch schlägt!«

Johanna schlug die Warnung Katharinas und auch die des Papstes in den Wind. Im April 1380, ein paar Tage vor Katharinas Tod, belegte Urban sie mit dem Kirchenbann. Damit wurden ihre Untertanen, die nie besondere Freude an ihrer selbstherrischen Fürstin gehabt hatten, aller Pflichten gegen sie enthoben. Da das Königreich Neapel päpstliches Lehen war, gab Urban es an Karl von Durazzo, einen Verwandten des ersten Gatten Johannas. Karl glaubte dem Gerücht oder gab wenigstens den Anschein, daran zu glauben, daß Johanna an der Ermordung ihres ersten Mannes beteiligt war. Um seinen Verwandten zu rächen, ließ Karl Johanna auf eine wenig ehrenvolle Weise hinrichten: Sie wurde im Bett erstickt.

Katharina und ihr Gefolge wohnten in einem Hause in der Nähe von Santa Maria sopra Minerva. Da alle freiwillige Armut gelobt hatten, lebten sie von Almosen. Obschon Katharina selten weniger als fünfundzwanzig Hausgenossen hatte, nahm sie freudig alle auf, die für kürzere oder längere Zeit bei ihr bleiben wollten. Die Sieneser zogen gern ihre Vorteile aus dem Einfluß, den die »Popolana« beim Papst hatte, um Ablässe oder Audienzen zu erlangen oder um die Heiligtümer der Apostel und Martyrer in Gesellschaft jemandes zu besuchen, der gewiß in besonders nahem Verhältnis zu allen Heiligen Gottes stand. Katharina vertraute auf Gottes Vorsehung. Man litt nie Not. Immer war das vorhanden, was zu einem bescheidenen Leben notwendig war.

Aber wenn sie noch so genügsam lebten, wollte doch die »kluge Jungfrau«, wie Raimondo Katharina nennt, daß Ordnung in ihrem Haushalt herrsche, und die Hausgenossen sollten für ihre Wallfahrten und Besuche in den Kirchen Roms genügend Zeit finden. So bestimmte sie, daß alle Frauen der Gemeinschaft abwechselnd eine Woche lang für Haushalt und Mahlzeit die Verantwortung übernehmen sollten; wenn Brot oder Wein oder Herdbrand fehle, möge die, die eben Wochendienst hatte, es ihr sagen. Sie wolle dann selbst hinausgehen und betteln oder jemanden damit beauftragen.

Als einmal Giovanna di Capo Wochendienst hatte, vergaß sie, Katharina mitzuteilen, daß fast kein Brot mehr im Hause war. Erst als man sich zu Tisch setzte, fiel Giovanna ein, daß sie es Katharina hätte sagen müssen. Sie fühlte sich beschämt und traurig. Einen Augenblick schien auch Katharina ärgerlich: »Gott vergebe dir, Schwester, wie konnte so etwas geschehen? Haben wir wirklich kein Brot mehr?« Doch, man habe noch etwas, sagte Giovanna. Es sei aber so gut wie nichts. »Dann laß die Familie sich zu Tisch setzen«, sagte Katharina. »Man kann mit dem wenigen, das wir haben, zu essen beginnen.« Die Familie war recht hungrig. Man hatte den ganzen Vormittag gefastet und daher jetzt guten Appetit. Aber das wenige Brot, das vorhanden war – für die Italiener bekanntlich die wichtigste Nahrung – schien zu genügen; man aß Brot vor der Suppe und bei der Suppe. Und als die Männer gegessen hatten, und sich die Frauen an den Tisch setzten, war immer noch reichlich Brot vorhanden. Bei diesem Mittagessen kniete Katharina die ganze Zeit über in ihrer Kammer und betete.

Am 29. November belegte Papst Urban in feierlicher Zeremonie den Kardinal Robert von Genf – den Gegenpapst – und Kardinäle, Prälaten und Fürsten, die dessen Partei ergriffen hatten, mit dem Kirchenbann. Außerdem die Heerführer der Truppen, die der Gegenpapst zusammengezogen hatte, um Rom mit Waffengewalt einzunehmen und Urban zu verjagen. Die drei italienischen Kardinäle Corsini, Orsini und Brossano sowie der spanische Kardinal de Luna hatten sich den Klementisten offenbar bisher nicht angeschlossen. Möglicherweise hat ein Brief Katharinas die drei Italiener veranlaßt, mit dem Schritt noch zu zögern. Sie beginnt damit, ihnen zu erzählen, sie werde sie, falls sie aus dem Dunkel, in dem sie lebten, zurückkehrten, Väter nennen, nicht aber, wenn sie nicht den Zustand des Todes mit dem des Lebens vertauschten.

Die Bußschwester spricht kurz und bündig zu den Kardinälen wie jemand, der Autorität besitzt. Selbst ihr Lieblingsthema von den beiden Arten der Liebe, der lebengebenden und der todbringenden, wird zu einer gewaltigen Anklage gegen diese Männer, die in der Kirche die höchste Verantwortung und die höchste Würde besaßen, aber aus Liebe zu zeitlichen Dingen zu Verrätern wurden. Sie fleht sie mit großer Beredsamkeit an, zur rechten Schafherde zurückzukehren, und verspricht, für sie zu beten. Zum Schluß kommt sie mit einem sehr menschlichen Argument: »In den Augen der Religion sind wir alle gleich. Aber, menschlich betrachtet, ist der Papst Italiener; und auch ihr seid Italiener. Ihr könnt nicht aus Patriotismus irregeleitet sein wie jene anderen jenseits der Alpen.«

»Glaubt nicht, daß ich zornig bin, wenn ich euch mit Worten verletzte. Die Sorge für eure Erlösung läßt mich schreiben. Ich würde lieber mit euch reden, wenn Gott mir die Erlaubnis gegeben hätte. Sein Wille geschehe. Ihr verdient eher Strafe als Worte.« Selbst Katharinas gewöhnliche Entschuldigungen, daß sie so kühn zu denen spreche, die an Weisheit und Würde hoch über ihr stünden – sie bittet um Vergebung, weil sie nur an die Erlösung der Seelen denkt –, sind reichlich kurz und knapp in diesem vernichtenden Brief an die drei italienischen Kardinäle, die Betrüger gegen Gott und die Kirche geworden waren.

Auf das eindringlichste hatte Katharina Papst Urban geraten, eine Leibgarde der würdigsten, rechtschaffensten und lautersten Diener Gottes um sich zu sammeln. Den gleichen Rat hatte sie seinem Vorgänger gegeben. Der Papst hörte auf ihren Rat; oder er hatte den selben Gedanken. Er schrieb an den Kartäuserprior von Gorgona und bat ihn, nach Meinung des Heiligen Vaters in allen Klöstern Toskanas Messen lesen und Andachten verrichten zu lassen. Außerdem befahl er dem Prior, innerhalb eines Monats nach Rom zu kommen. Er wünsche mit ihm und anderen heiligmäßigen, frommen Mönchen über Probleme der Zeit zu sprechen. Gleichzeitig mit dem Schreiben des Papstes sandte Katharina ihre eigenen Briefe. Sie schrieb an die meisten alten Freunde ringsum in den Klöstern und auch an den Prior von Gorgona.

Sie kamen fast alle in Rom zusammen. Doch William Fleete, der englische Einsiedler von Lecceto, weigerte sich, seine Waldklause zu verlassen, obschon Katharina ihn und seinen Freund Fra Antonio di Nizza hinwies, Wälder und Einsamkeit fänden sie auch bei Rom, falls sie diese nicht entbehren könnten. Fra Antonio entschloß sich dann endlich, dem Ruf des Papstes zu folgen. Aber Katharina schrieb sehr verärgert über Fra William: »Aus der Tiefe meines Herzens seufze ich über seine Einfalt; denn er sucht wahrhaftig nicht mit besonderem Eifer die Ehre Gottes und das Wohl seines Nächsten.« Sie habe hören müssen, daß zwei Diener Gottes – es sollen William und Antonio gewesen sein – eine Offenbarung gehabt hätten, derzufolge sie, wenn sie ihre Einsamkeit verließen, die Glut ihres Glaubens verlieren und sich nicht mehr aus vollem Herzen mit ihren Gebeten für die Sache des rechtmäßigen Papstes einsetzen könnten. Katharina bemerkt: »Eure Glaubensglut ist kaum sonderlich stark, wenn ihr sie beim Wohnungswechsel verlieren könnt. Anscheinend legt Gott Wert auf den Ort und ist nur in der Einsamkeit anzutreffen, nicht aber anderswo in den Tagen der Not ...«

Indessen hat der gelehrte Theologe aus Oxford mancherlei Verdienst, weil er Briefe nach England schrieb und bei seinen Landsleuten für Urbans Sache warb. Ihm ist großenteils zu verdanken, daß England treu zu Urban hielt, während Schottland klementistisch wurde.

Urban war Katharina gegenüber stets loyal. Er dachte ernsthaft über ihre Vorschläge nach; und er wandte sich nicht gegen sie oder schmollte, wie es zuweilen Gregor XI. tat, wenn er durch Befolgung ihrer Ratschläge in eine schwierige Lage geraten zu sein schien. Der strenge und störrische alte Mann nahm nie etwas von dem, was sie ihm sagte oder schrieb, übel auf. Er fühlte offenbar eine echte väterliche Liebe zu dem »kleinen Frauenzimmer«, von dem er sich leiten ließ, und ehrte sie als die erkorene Sprecherin seines Herrn und Meisters.

Gregor forderte von Katharina die gefährliche Mission bei seinen Feinden in Florenz; er »glaubte nicht«, daß man ihr etwas antun würde. Urban hingegen gab seinen Plan, sie und Karin als Botschafter zu Johanna von Neapel zu senden, sofort auf, als ihm Karin mit weitaus geringeren Gefahrenmomenten ihre Weigerung begründete. Die wichtigsten Aufgaben der Zeit, die Reform der Kirche und die Neuerweckung des Glaubens innerhalb der ganzen Christenheit, sahen Urban und Katharina durchaus gleich. Sie war seinen Fehlern gegenüber nicht blind, wie ihre Briefe zum Überfluß beweisen. Katharina war schon mehrere Jahre tot, als Urban durch Betrug und Krieg der Klementisten so entkräftet und vermutlich auch so altersschwach geworden war, daß er sich zu jenem unheimlichen Greis entwickelte, der durch wahnsinniges Mißtrauen und teuflische Grausamkeit selbst seine überzeugtesten Anhänger erschütterte.

Aber wenn Urban noch so loyal gegen Katharina war, so verlangte er doch bald von ihr das größte Opfer, das sie, menschlich betrachtet, bringen konnte. Sie hatte sich sehr auf das Zusammensein mit Raimondo gefreut. Vielleicht war sie mit ihm nicht glücklicher als mit anderen geistlichen Söhnen. Sie war unendlich glücklich mit allen, mit jedem auf seine besondere Art: dem schwermütigen Neri und dem frohgelaunten Stefano, dem engelgleichen Barduccio, dem treuen Fra Santo und dem unbeständigen Francesco Malavolti. Aber Raimondo konnte als einziger der Söhne eine geistliche Aussprache mit seiner Mutter halten. Er war der erwachsene Sohn, mit dem sie seelische Kameradschaft pflegen konnte. Und jetzt war sie kaum ein paar Wochen in Rom, als Papst Urban beschloß, Boten an König Karl von Frankreich zu schicken, die ihn zum Bruch mit den Schismatikern überreden sollten, obschon er als einer der ersten ihr Tun unterstützt hatte. Der Papst wollte drei Männer schicken. Raimondo sollte Führer der Delegation sein.

Die Geschichte seines Abschieds von Katharina sei mit seinen eigenen Worten berichtet:

»Als ich den Plan des Papstes erfahren hatte, besprach ich die Sache mit Katharina. Obschon ihr der Verzicht auf meine Nähe wehtat, riet sie mir sofort, dem Befehl und Wunsch des Papstes Folge zu leisten, und sagte zu mir: *Vater, seid überzeugt, daß dieser Papst der rechte Stellvertreter Jesu Christi ist, was die Schismatiker auch immer verleumderisch gegen ihn sagen mögen. Ich möchte, daß Ihr alles zur Verteidigung dieser*

Wahrheit tut, so wie Ihr alles zur Verteidigung des Glaubens tut. Diese Bestätigung einer mir bereits bekannten Wahrheit bestärkte meinen Entschluß, ohne Rücksicht auf die Schismatiker, mit aller Macht dafür zu kämpfen, so daß ich bis heute die Verteidigung des rechten Papstes mit allen mir zur Verfügung stehenden Kräften nie versäumt habe. Die Erinnerung an diese Worte Katharinas waren immer mein Trost, wenn Gefahren und Versuchungen kamen. Also tat ich, was sie mir riet und beugte meinen Nacken unter das Joch des Gehorsams.

Doch weil sie die Zukunft wußte, wollte sie gern mit mir in den wenigen Tagen vor Antritt meiner Reise über die Offenbarungen und den Trost sprechen, den ihr Gott gewährt hatte. Und sie sprach mit mir auf eine Art, daß keiner von den übrigen Anwesenden im Zimmer etwas hören konnte. Nach unserer letzten mehrstündigen Unterhaltung sagte sie mir: *So beginne nun die Arbeit für Gott! Ich glaube nicht, daß wir uns in diesem Leben nochmals begegnen oder miteinander reden, wie wir bis jetzt getan haben.* Diese Prophezeiung ging in Erfüllung. Ich reiste ab und ließ die Heilige in Rom zurück. Als ich wiederkam, war sie bereits von dieser Erde in den Himmel aufgestiegen. Nie zuvor hatte ich die Gnade, so lange ihrer heiligen Rede zu lauschen.

Ich glaube, sie wollte mich verstehen lassen, daß es das letzte Lebewohl war, als sie mit mir zu meiner Einschiffung an den Strand ging. Als das Schiff vom Land abstieß, sank sie betend in die Knie. Dann machte sie mit der Hand das Kreuzzeichen, als wollte sie sagen: *Sohn, gehe getrost von dannen. Dich schützt das Zeichen des heiligen Kreuzes. Doch deine Mutter wirst du hier im Leben nicht mehr wiedersehen.«*

Das Weihnachtsfest stand vor der Tür, das erste, das Katharina in Rom feiern sollte. Als Weihnachtsgabe übersandte sie dem Papst fünf Apfelsinen, die sie überzuckert und mit Blattgold überzogen hatte (Apfelsinen waren damals eine Seltenheit in Italien; laut Überlieferung hatte der heilige Dominikus die ersten Apfelsinen ins Land gebracht und in einem Garten beim Kloster der heiligen Sabina gepflanzt).

Bei der Weihnachtsgabe lag ein Brief, in dem sie schrieb: »... Aus Sehnsucht, Euch von den bitteren Qualen zu befreien, die Eure Seele zerstören. Möge die Ursache dieser Qualen schwinden, so daß Ihr nichts anderes fühlt als den süßen Schmerz, der Eure Seele heiß und stark macht. Er entspringt aus der Liebe Gottes, – ich meine die Trauer und den Schmerz über die eigenen Fehler.«

Die Nonne entwickelt den Unterschied zwischen dem bitteren und dem süßen Schmerz und gibt dem Papst das Rezept, überzuckerte Apfelsinen zuzubereiten. Katharina, die immer eine gute Köchin war, findet dann Gelegenheit, einige ihrer geistlichen Maximen anzubringen: »Manche Frucht schmeckt anfangs bitter, wenn wir mit dem heiligen Begehren in sie hineinbeißen. Doch wenn die Seele bereit ist, aus Liebe zum gekreuzigten Christus und zur Tugend bis zum Tod zu leiden, dann schmeckt sie süß. Dies habe ich oft bei den Apfelsinen gemerkt, die zuerst bitter und scharf scheinen. Wenn man das Innere ausgenommen hat und die Apfelsinen durch kochendheißes Wasser zieht, schwindet die Bitternis; dann soll man sie mit guten und kräftigen Dingen füllen und an der Außenseite mit Gold überziehen. Was ist aus der Bitternis geworden, die für die menschliche Zunge so unbequem ist? Sie wurde durch Wasser und Feuer aufgesaugt. «

Es war für Katharina ein langer Weg von der Zeit an, als sie sich als kleines Mädchen daheim im Vaterhause bei Fontebranda in ihren Spielen an Gott wandte, so ernst und tief, wie nur kleine Kinder vom Spiel in Anspruch genommen sind. Aber die bleiche, abgemagerte Frau, deren Leib von übernatürlichen Eingebungen und übermenschlichen Anstrengung fast aufgezehrt war, muß es zuweilen blitzartig gefühlt haben, daß sie dasselbe kleine Mädchen geblieben war, das vor Gott spielte und vergnügt über seine seltsamen Einfälle lachte.

Briefe an Raimondo

Im Tyrrhenischen Meer wimmelte es von Galeeren und Piratenschiffen der Schismatiker. Doch Raimondo kam wohlbehalten in Pisa an. Dort erreichte ihn Katharinas erster Brief. Freundlich und eindringlich mahnt sie, den ihm anvertrauten Auftrag des rechtmäßigen Papstes auszuführen und nach Klugheit und Erleuchtung zu handeln, die er an der Quelle suchen müsse. Ohne Erleuchtung bestehe die Gefahr, daß ein Mann zu viel rede und zu wenig tue.

Aber schließlich kann sie einen Seufzer nicht unterdrücken: »Ich mag Euch nicht Dinge sagen, die zu sagen oder zu schreiben schwer fällt, lieber Vater. Mein Schweigen soll Euch zeigen, was ich gern gesagt hätte. Ich schließe. Ich verlange danach, daß Ihr zu diesem Garten zurückkommt und mir helft, das Dorngestrüpp auszurotten. Bleibet in Gottes heiliger Freude.«

Raimondo und seine Gefährten fuhren nach Genua und setzten die Reise zu Land fort. Aber in Ventimiglia trafen sie einen Dominikanermönch aus der Nachbarschaft, der Fra Raimondo warnte. Man habe ihnen eine Falle gelegt; und wenn sie in Gefangenschaft gerieten, wäre jedenfalls Raimondo des Todes. Man reise nach Genua zurück und Raimondo bat den Papst um weitere Instruktionen. Der Papst hieß ihn, in Genua bleiben und gegen die Schismatiker predigen. Aber Katharina erschien die Vorsicht ihres lieben Beichtvaters vom Übel.

»Mein innigstgeliebter Vater in Christo. Ich, Katharina, Dienstmagd und Sklavin der Diener Christi, schreibe Euch mit Seinem kostbaren Blut, im Verlangen, Euch der Kindheit entwachsen und zu einem Mann heranreifen zu sehen ... Das kleine Kind, das von Milch lebt, eignet sich nicht zum Kampf auf dem Schlachtfeld. Es will mit anderen Kindern spielen. So wünscht ein ganz in Eigenliebe eingehüllter Mann, nur die Milch als geistlichen und zeitlichen Trost zu kosten; wie ein Kind vergleicht er sich mit seinesgleichen. Aber wird er erwachsen, wirft er die empfindsame Selbstliebe hinter sich... Er ist fest, ernst, vorsichtig. Er eilt mit zum Schlachtfeld. Und seine einzige Lust ist der Kampf für die Wahrheit. Er ist glücklich und rühmt sich wie der feurige Paulus seiner Gegner, wenn er für die Sache der Wahrheit leiden muß... Ach, schlimmes Väterchen, welches Glück wäre es für Eure Seele und die meine gewesen, hättet Ihr mit Eurem Blut einen einzigen Stein in der Kirche Gottes gemauert aus Liebe zum kostbaren Blut. Wir haben wahrlich Grund zur Klage, wenn wir sehen, wie unser Mangel an Tugend solch großartigen Gewinn für uns verspielt hat... Laßt uns nach dem Panzer des Erbarmens greifen, dem Schild des heiligen Glaubens, und tapfer hinausstürmen auf den Kampfplatz. Mit dem Kreuz vor uns und hinter uns können wir nicht fliehen ...«

Raimondo war offenbar tief ergriffen, als er diesen Brief las. Er fürchtete, Katharinas Liebe und Achtung verspielt zu haben. Als Antwort auf einen an sie gerichteten Brief schrieb sie ihm lang und ausführlich. Mit Bitternis und, wie wir meinen, mit Großmut klagt sie sich selber an, ebenfalls so leicht vor dem Martyrium zurückgewichen zu sein: »Wenn ich den festen Glauben hätte, wäre ich überzeugt, daß Gott für mich derselbe ist wie für jene Martyrer, daß Seine Macht sich nicht verringert hat, daß Er mich mit allem, was ich brauche, versorgen kann und wird.« In rührenden Worten bittet sie Raimondo, für sich selbst und für sie zu beten, daß Gott ihr altes Ich zerstöre und sie neuschaffe, damit sie beide die Fähigkeit zu vollkommener Liebe, Stärke und Treue erwerben könnten. »Nach allem, was ich aus Eurem Brief lese, scheint Ihr große innere Kämpfe gehabt zu haben. Die Fallstricke des Teufels und Eure eigene Empfindsamkeit scheinen Euch größere Last zu sein, als Ihr tragen könnt, so daß ich auch Euch in meiner offenherzigen Weise ansprechen mußte. Und darum glaubtet Ihr, meine Liebe zu Euch sei geringer geworden? Ihr irrt. Ihr zeigt, daß in mir die Liebe gewachsen ist, während sie in Euch schwindet. Ich liebe Euch, wie ich mich selbst liebe. Brennend hoffte ich, daß Gottes Güte Euch das hinzulegt, was Euch fehlt. Aber so ging es nicht; denn Ihr warft von Euch die Last, die Euch nützlich war, Ihr fielt zurück in Schwäche und Treulosigkeit. All das habe ich deutlich gesehen; und ich wünschte, ich wäre der einzige, der es gesehen hat. So mögt Ihr ermessen, daß meine Liebe zu Euch größer und nicht geringer geworden ist. ... Wo ist der Glaube, den Ihr immer hattet und haben solltet? Was wurde aus Eurer Überzeugung, daß alles Geschehen der Vorsehung Gottes unterworfen ist, nicht nur in wichtigen Dingen, sondern auch in den winzigen Kleinigkeiten?«

Weiter heißt es in dem Brief: »Hättet Ihr Zuversicht, wäret Ihr nicht so voller Zweifel und Mutlosigkeit gegenüber Gott und mir gewesen. Ihr hättet als gehorsamer Sohn Euer Bestes getan. Wenn Ihr nicht mehr hättet weiter gehen können, wäret Ihr auf Händen und Füßen gekrochen. Wenn Ihr nicht als Mönch reisen konntet, hättet Ihr als Pilger reisen sollen. Wenn Euch das Geld ausgegangen wäre, hättet Ihr betteln können. Mit solch kindlichem Gehorsam hättet Ihr mehr zur Förderung der Sache Gottes in den Herzen der Menschen tun können als mit aller menschlichen Vorsicht und Überlegung.«

Immerhin ist Katharina von Raimondos gutem Willen, Gott und Seinem Stellvertreter, dem rechtmäßigen Papst, zu dienen, überzeugt, – sie selber habe ja auch nicht alle die ihr aufgetragenen Arbeiten zu einem glücklichen Ende führen können. Bis zu einem gewissen Grad vielleicht, weil ihren Mitarbeitern der Eifer fehlte, vor allem aber ihrer eigenen Sünden wegen. »Ach, mit Schmerzen sehen wir, wie unsere Sünden gegen Gott ansteigen und uns zu überschwemmen drohen. Ich lebe in Sorge und bete um Gottes Erbarmen, mich fortzuholen aus diesem dunklen Leben.«

Die Nachrichten aus Genua waren schlimmer denn je, – ein Grund mehr für Katharinas Sorge, Raimondo habe sich seiner Aufgabe entzogen. Sie hatte wenig Hoffnung auf die Begegnung mit dem französischen König gesetzt. Aber, Gottes Wille geschehe. Offenbar war von einer Botschaft an den König von Ungarn die Rede gewesen. Der Papst bestimmte, Raimondo und seine Gefährten sollten nicht dorthin reisen. So kehrt Katharina zu ihrem Kummer über Raimondo und sich selbst zurück, – sie hätten sozusagen tot sein sollen für alles andere, nur nicht für die Sache der Kirche und des Papstes. »Seid stark und tötet Euch selbst mit dem Schwert des Hasses und der Liebe! Und Ihr hört nicht die Beleidigungen und Herausforderungen, die die Feinde der Kirche wider Euch schleudern. Eure Augen sehen dann keine Unmöglichkeit und keine Leiden, die vielleicht kommen können, sondern nur das Licht des Glaubens, in dem alles möglich ist, wie uns Gott auch keine größeren Lasten auferlegt, als wir tragen können.« Um gegen das Elend der Zeit gewappnet zu sein, ermuntert Katharina Raimondo immer wieder, zur Quelle zu gehen, der Vollkommenheit und heilige Kühnheit entspringen, – was seine geistliche Tochter mit der ganzen Kraft ihrer feurigen Natur für ihren geliebten Sohn und Vater begehre ...

Für Katharina schien das Martyrerblut in Rom noch siedend heiß. Sie hatte ihren Haushalt ausdrücklich so geordnet, daß ihre Familie leicht die Stätten der Heiligkeit und Martyrer besuchen konnte, vor allem in der Fastenzeit. Der Brauch, »Station« zu machen, gab zu großen Festlichkeiten Anlaß: Jeden Tag in der Fastenzeit gingen die Priester aller Pfarrkirchen Roms in festlicher Prozession zu einer bestimmten Kirche; einige davon mochten so verfallen sein, daß sie nur zu diesem einen Tag im Jahr geöffnet wurden, um dort gemeinsam mit aller nur denkbaren Pracht das Meßopfer zu feiern.

Katharina war tätig, wie nie zuvor. Sie schrieb Briefe, hielt Aussprache mit den Besuchern und verrichtete alle möglichen Werke leiblichen Erbarmens. In ihren Briefen aus Rom spricht sie auch wieder von der »Zelle der Selbsterkenntnis«, die nicht von Menschenhänden im Grunde der Seele errichtet sei. Sie rät ihren Freunden, deren geistliche Führerin sie ist, sich in diese Zelle zurückzuziehen und sie nicht zu verlassen, soviele Aufgaben nach außen hin auch zu erfüllen seien.

Wenige Heilige hatten ein so tätiges Leben und waren so von den Aufgaben der Zeit erfüllt wie Katharina von Siena. Aber sie wußte auch, daß ihre wichtigste Aufgabe ein unablässiges Beten war, ein freudiges Leiden; und vor allem die liebevolle, demütige Entgegennahme der Gebote und Ratschläge, die ihr himmlischer Bräutigam ihr in der Ekstase erteilte.

Auf einer Welle von Glückseligkeit

Im Januar 1380 zog Katharina in Rom in ein größeres Haus. Es lag in der Nähe von Santa Maria sopra Minerva in der Straße, die heute Via di Santa Chiara heißt. Sie schrieb an Neri, sie hoffe, Ostern wieder daheim zu sein. Aber vielleicht hatte sie eine Ahnung, daß es nicht so kommen sollte.

»In Deiner Natur, ewige Gottheit, habe ich meine eigene Natur kennengelernt«, flüsterte sie in einem ihrer Gebete, die ihre Schüler nach ihren Worten während der Ekstase niederschrieben. »Meine Natur ist Feuer.«

Katharina war ausgebrannt. Die Dreiundreißigjährige war zu einem Skelett abgemagert. Ihre Haut schien an den Knochen zu kleben. Monna Lapa behauptete, Katharina sehe nicht nur wie ein Schatten ihrer selbst aus, sondern sei auch viel kleiner geworden.

Das Herz der Mutter mag beim Anblick dieser Tochter geblutet haben, die einmal anmutig und gesund war. Jetzt war das Altarssakrament ihre einzige Speise. Sie vertrug nichts anderes, nicht einmal etwas Wasser, obgleich ihr Atem heiß schien wie der Gluthauch eines feurigen Ofens. Noch ein letztes Mal sollten die Flammen gewaltig auflodern. Dann würde die Seele die Ausdauer des Leibes überwunden haben und fortfliegen, um eins zu werden mit der »Liebe, die die Sonne und alle Sterne bewegt.«

Der Todeskampf begann, als sich die Römer anfangs Januar gegen den Papst erhoben und sogar sein Leben bedrohten. Voller Sorge über dieses neue Unglück konnte Katharina nichts anderes tun, als beten und ihren Bräutigam anflehen, solch schreckliche Verbrechen nicht zuzulassen. Während des Gebets sah sie vor ihrem inneren Auge, wie die ganze

Stadt von Teufeln überflutet wurde, die das Volk zum Vatermord aufstachelten. Sie schrieen der Jungfrau zu: »Verdammtes Weibsbild! Wenn du wagst, dich gegen uns aufzulehnen, werden wir dafür sorgen, daß du einen schrecklichen Tod stirbst.«

Sie antwortete nicht, sondern betete für das Volk, für den Papst. Nach einigen Tagen hatte sie eine Vision; und mit ihrem inneren Ohr hörte sie den Herrn antworten: »Laß dieses Volk, das täglich Meines Namens spottet, in Sünde fallen. Dann will Ich Mich rächen und es vernichten; denn Meine Gerechtigkeit kann seine Schändlichkeit nicht mehr länger dulden.«

»Ach, mein gnadenreicher Herr, Du weißt, fast die ganze Welt hat sich wütend gegen Deine Braut erhoben, die Du mit Deinem teuren Blut erkauft hast. Du weißt, wie wenige sie stützen und beschützen. Du mußt wissen, wie Usurpatoren und Kirchenfeinde Deinen Stellvertreter stürzen und töten wollen. Geschieht solches Unglück, gerät nicht nur dieses Volk, sondern die ganze Christenheit und Deine Kirche in große Not. Wende Deinen Zorn von uns und verachte nicht Dein Volk, das Du mit so hohem Preis erkauft hast!«

Es vergingen mehrere Tage und Nächte. Katharina betete mit aller Kraft zu Gott, Er möge Erbarmen mit dem Volk haben. Aber der Herr antwortete ihr, um der Gerechtigkeit willen könne Er sie nicht erhören. Und die Teufel drohten und rasten gegen die Heilige. Sie betete so stark, wie sie später sagte, daß ihr Leib vor Anstrengung zerbrochen wäre, wenn ihn nicht der Herr mit Seiner Kraft umgürtet hätte, wie der Böttcher den Reifen um ein Faß legt. Nach den Briefen, die Katharina in diesen Tagen an Raimondo schrieb, zu urteilen, scheinen ihre visuellen und akustischen Eingebungen fast ganz intellektuell gewesen zu sein und fast nie die Form von sinnlich oder lautlich wahrnehmbaren Bildern angenommen zu haben. Schließlich siegte ihr Gebet. Sie hatte ihrem Bräutigam geantwortet: »Da Deiner Gerechtigkeit unmöglich die

Genugtuung verweigert werden kann, so laß meinen Leib die Strafe für dieses Volk erleiden. Herr, erhöre Deine Magd! Ich bin bereit, diesen Kelch des Todes und der Leiden zum Ruhme Deines Namens und Deiner Kirche zu leeren. Ich wünschte dies immer, wie Deine Wahrheit bezeugen kann; und diesem Wunsch entsprang die Liebe, die mein ganzes Herz und meine ganze Seele zu Dir faßte.«

Nach diesem Gebet, das sie in Gedanken, nicht in Worten sprach, schwieg die Stimme des Herrn in ihrer Seele. Doch aus der Stille und dem Frieden, die nun ihr Wesen erfüllten, wußte sie, daß sie erhört war.

Von dieser Stunde an, nahm die Unruhe in der Stadt ab. Und im Verlauf weniger Tage war Rom wieder einigermaßen ruhig. Der Seelenkampf hatte Katharinas Leib schrecklich mitgenommen. Wenn sie auf ihrer Pritsche lag und ruhte, glich sie einer Leiche. Ihre Kinder waren verzweifelt. Sie gaben die Hoffnung für das Leben ihrer geliebten Mutter auf. Aber sie stand jeden Morgen auf und ging den weiten Weg von ihrem Haus bis zur Peterskirche. Rücksicht auf ihren gequälten Leib nahm sie nur dadurch, daß die tägliche Messe an ihrem Hausaltar erst etwa um neun Uhr gefeiert wurde. Bis zur Vesper blieb sie betend am Apostelgrab. Dann ging sie heim und sank bewegungslos auf ihre Pritsche nieder.

In der Vorhalle der alten Petersbasilika fand sich ein Mosaik von Giotto, das man »Navicella« nannte, das Petersschiff. Katharina muß es hundertmal gesehen haben, teils mit Bewußtsein, teils auch ohne es sonderlich zu beachten. Aber als sie die Vision hatte, die ihr die Überzeugung gab, ihr himmlischer Bräutigam habe das Angebot ihres Lebensopfers angenommen, mag der Eindruck dieses Mosaiks zur bildnerischen Formung einer Vision beigetragen haben.

Der Sonntag Sexagesima fiel auf den 29. Januar. Katharina lag in der Peterskirche auf den Knieen, stundenlang und unbeweglich. Aber plötzlich zur Vesperzeit sahen ihre Freunde, daß sie zusammenbrach, als sei eine ungeheuere Last auf ihre

Schultern gewälzt worden und erdrücke den Leib mit ihrem Gewicht. Als ihre Kinder sie auf die Füße zu stellen versuchten, war sie so schwach, daß sie nicht stehen konnte. Gestützt auf die Schultern zweier ihrer Söhne wurde sie mehr heimgetragen als -geführt. Als man sie auf ihr Bett legte, glich sie einer Sterbenden. Tommaso Caffarini erzählt, und William Fleete wiederholt es: »Während Katharina am Sonntag zur Vesperzeit am Grab des heiligen Petrus kniete, indessen über Rom die Winterdämmerung niedersank, fühlte sie, wie Jesus Christus das volle Gewicht Seiner Kirche, die «Navicella», auf die schmalen Schultern Seiner Braut legte.«

Der zermalmende Schmerz war auch süß, unsagbar süß. Das bedeutete, daß Er das Opfer, das sie Ihm in liebenden Verlangen anbot, angenommen hatte. Das bedeutete auch, daß Er bald kommen und sie aus »dieser dunklen Welt« hinausführen wollte in das Land ihrer Sehnsucht und zur ewigen Vereinigung mit Ihm.

Am nächsten Abend diktierte Katharina einen Brief an Papst Urban. In einer kurzen Pause zwischen erschütternden seelischen Erlebnissen, zwischen Visionen von der Herrlichkeit Gottes und der verderblichen Macht des Bösen, fast zerstört von leiblichen und seelischen Schmerzen, sandte Katharina ihre letzte kurze Botschaft an den Mann, dessen Tugenden und Fehler sie genau kannte, und von dem sie unverrückbar fest glaubte, daß ihm Gott das Amt gegeben hatte, das sie für das größte und wichtigste auf Erden hielt.

In seiner Mischung von Zärtlichkeit und banger Ahnung wegen Urbans Charakter, von gesundem Menschenverstand und tiefer geistlicher Einsicht, ist der Brief wunderbar klar und zielbewußt. Diesmal nennt sie sich nicht Dienstmagd und Sklavin der Diener Gottes, sondern schlecht und recht die arme und unwürdige kleine Tochter ihres liebsten und heiligsten Vaters. Sie sagt, wie innerlich sie wünsche, ihn den Fußspuren des heiligen Gregor folgen zu sehen, so daß er, erleuchtet vom süßen Licht der Wahrheit, seine Schafe mit solcher Weisheit leiten könne und nie das Geringste von dem, was er tue oder befehle, noch einmal tun müsse. Sie habe von der kränkenden und beleidigenden Antwort gehört, die der römische Präfekt den Boten des Papstes gegeben habe, und sie rate ihm, eine Versammlung der Präfekten der sieben Stadtdistrikte und einiger Adeliger einzuberufen.

»Ich bitte Euch, Heiligster Vater, begegnet ihnen gleichmütig, so wie Ihr es bisher zu tun pflegtet. Seid klug und bindet sie an Euch mit dem Band der Liebe. Wenn sie Euch besuchen, um Euch von den Beschlüssen ihres Rates zu erzählen, dann empfangt sie mit größtmöglicher Freundlichkeit und erklärt ihnen, was Euer Heiligkeit am wichtigsten erscheint. Vergebt mir, wenn meine Liebe mich das sagen läßt, was besser ungesagt bliebe. Aber ich weiß, Ihr versteht den Charakter Eurer Kinder, der Römer, die Ihr viel leichter durch Güte als durch harte Worte und Macht an Euch bindet. Ihr wißt auch, daß das Wichtigste für Euch und die heilige Kirche ist, dieses Volk in seiner Treue und in seinem Gehorsam Eurer Heiligkeit gegenüber zu bewahren. Ich bitte Euch auch, seid besonders vorsichtig und versprecht nie etwas, von dem Ihr nicht sicher seid, daß Ihr es auch halten könnt, um dem Bösen zu entgehen, der Schande und der Verwirrung, was sonst die Folge sein müßte. Liebster Heiliger Vater, gebt mir das Recht, diese Dinge zu sagen. Ich hoffe, Eure Demut und Güte nehmen meine Worte ohne Zorn oder Verachtung an, obwohl sie von einem armen, elenden Weibe kommen.«

Zum Schluß des Briefes erwähnt sie einen Vorfall, der sich angeblich in Siena während der Anwesenheit des päpstlichen Legaten ereignete und ziemliches Ärgernis bewirkt haben soll. Katharina warnt vor Maßregelungen, die nur Bitterkeit in die Herzen schwacher Menschen hervorrufen könnten. Der Papst brauche jetzt einen friedfertigen Mann, nicht einen Krieger, – selbst wenn dieser aus lobenswertem, aber übertriebenem Eifer für die Gerechtigkeit gewirkt haben sollte.

Aber Urban müsse daran denken, die Menschen seien schwach und brauchten eine bessere Medizin zur Heilung der Krankheit. »Erinnert Euch, welche Zerstörung sich über ganz Italien ausbreitete, nur weil schlechte Regenten in einer Weise regierten, die der Kirche Gottes zum Schaden und nicht zum Gewinn gereichte. Ich weiß, daß Ihr es wißt. Möge Eure Heiligkeit begreifen, was nötig ist. Mut, Mut! Gott verachtet nicht Euer Verlangen und das Gebet Seines Dieners. Ich sage nichts mehr. Demütig bitte ich um Euren Segen.«

Es war Katharinas Absicht gewesen, auch an die drei Kardinäle zu schreiben; aber nun wurden die körperlichen Schmerzen zu stark. Ermattet schwieg sie. Nach einer Weile nahmen die Dämonen ihre Angriffe gegen sie mit rasender Wut auf, – gegen sie, die nichts war als ein Wurm im Staube und es doch gewagt hatte, ihren Klauen alles zu entreißen, was sie längst zu besitzen wähnten selbst innerhalb der Kirche. Zu den körperlichen Schmerzen gesellte sich jetzt eine solch entsetzliche Seelenangst, daß sie aus ihrer Zelle fliehen und in der Hauskapelle Zuflucht suchen wollte. Wie die Teufel damals in ihrer Jugend das Recht erhielten, sie zu verfolgen, so schien ihr jetzt die eigene Zelle der Ort zu sein, wo sie ihnen am meisten ausgeliefert war.

Sie stand auf, konnte aber nicht gehen und stützte sich auf die Schultern ihres Sohnes Barduccio. Doch sofort sank sie wieder, wie vom Schlag getroffen, zusammen. Und während sie am Boden lag, schien es ihr, als habe die Seele den Leib verlassen. Nicht so, wie es früher einmal geschah, als ihre Seele aus dem Käfig von Fleisch und Blut hinausschlüpfte und einen Vorgeschmack erhielt von der Seligkeit heiliger Seelen, die bereits die höchste Güte besaßen. Jetzt glaubte sie, ein eigenartiges Wesen zu sein. Ihr Leib schien nicht mehr ihr, sondern einem anderen zu gehören.

Als sie die Trauer des jungen Mannes sah, der bei ihr war, wunderte sie sich, daß sie ihren Leib nicht zwingen konnte, ihm zuzureden und ihm zu sagen, er solle nicht ängstlich sein. Doch dann merkte sie, daß ihre Zunge sich ebensowenig bewegen konnte wie die anderen Glieder. Ihr Leib schien leblos. Da ließ sie den Leib liegen, wo er lag, und richtete ihr geistiges Auge auf den Abgrund der Dreieinigkeit. Ihr Gedächtnis füllte sich mit Erinnerungen an die Not und Bedrängnis der Kirche und an all das, was die leidende Christenheit der ganzen Welt brauchte. Sie betete zu Gott und flehte vertrauensvoll um Seine Hilfe für alles, was sie als eigene Not und Bedrängnis fühlte. Sie betete auch für jedes einzelne ihrer geistigen Kinder. Die Teufel flohen. Und in ihrer Seele hörte sie die Stimme des Gotteslammes:

»Sei gewiß, daß Ich das Verlangen aller Meiner Diener erfülle. Ich möchte dir zeigen, daß Ich ein guter Herr bin. Ich handle wie der Töpfer, der seine Schalen zerbricht und wieder neu formt. Darum habe ich die Schale deines Leibes zerbrochen und will sie im Garten der heiligen Kirche umformen. Sie wird anders werden, als sie früher gewesen ist.« Und der göttliche Töpfer zerbrach sie in Seiner Gnade und mit Worten, von denen Katharina niemandem, nicht einmal Raimondo, etwas sagen konnte.

Ihr Leib begann wieder zu atmen. Das Leben schien zurückzukehren. Doch als sie in ein Zimmer im ersten Stockwerk hinabgetragen wurde, überfiel sie eine neue, schreckliche Verzweiflung. Das Zimmer schien von Dämonen erfüllt. Und sie mußte den härtesten Kampf kämpfen, zu dem sie je genötigt war: Man wollte sie glauben lassen, nicht sie, sondern ein unreiner Geist bewohne ihren Leib. Sie wich dem Kampf nicht aus. Die ganze Zeit sprach ihre Seele mit innerlicher Zärtlichkeit: »Deus in adjutorium meum intende, Domine, ad adjuvandum me festina ...«, die Worte der Tagzeiten, die sie immer geliebt hatte.

Zwei Tage lang tobte der Sturm. Aber ihr Verlangen und ihr Geist schwankten nie. Ihre Seele war vereint mit ihrem Ziel, ihr Leib wurde gleichsam zerstört. Am Feste Mariä Lichtmeß zeigte ihr Gott die großen Gefahren, die Seine Kirche bedrohten, und gebot ihr, während der Fastenzeit täglich die Messe vor Tagesbeginn zu hören. Es schien unmöglich, daß eine so kranke Frau dies vermochte. Aber für den, der Gott gehorcht, ist alles möglich.

Katharina erzählte ihre Erlebnisse in ihrem letzten Brief, den sie ihrem Freund Raimondo nach Genua schickte. Er ist ungefähr Mitte Februar geschrieben. Sie wußte, daß es der Abschied war: Obschon sie nicht wisse, was Gott mit ihr vorhabe, sie sei vollkommen glücklich; nicht trotz ihrer Leiden, sondern sozusagen in einer anderen Schicht ihrer Seele. Gleichzeitig aber sei sie ernstlich besorgt und bekümmert um all das Elend der Zeit, geängstigt aller derer wegen, mit denen sie glücklich sei, und sie leide schier unerträgliche leibliche Schmerzen. Aber diese leiblichen Schmerzen seien vielleicht eine neue Art, um die Martyrerkrone zu gewinnen. Sie wisse, daß sie an ihnen wie an der Liebe zu Gott und zur Kirche sterben werde, über die hinaus nun ihre Seele fliehe.

Sie spricht zu Raimondo von ihrer Sorge um ihn, ihren Vater und Sohn, den ihr die Jungfrau Maria geschenkt habe. Er möge ein Vorbild für alle Priester sein. Die freiwillige Armut, in der er immer gelebt habe, und seine Freigebigkeit und Güte gegen die Armen müßten in vollkommener Demut immer wieder erneuert und verjüngt werden. »Liebet das Holz des Kreuzes und ernährt Euch von der Speise der Seele in heiliger Wachsamkeit und beständigem Gebet! Lest täglich die heilige Messe, außer, wenn Ihr wirklich verhindert seid! Scheut vergebliche und unnütze Rede! Werft Eure Schwäche und sklavische Furcht weit von Euch, da die Kirche solche Diener nicht brauchen kann!«

Sie hatte ihren Brief an Raimondo schon mit einem innigen Lebewohl geschlossen, worin sie ihre tiefe Liebe zu seiner Seele bekannte und ihre Hoffnung, er möge wie eine Kerze auf einem hohen Leuchter werden, nie den Verfolgungen ausweichen, sondern tapfer, tapfer in Jesu Christo sein, – da fügt sie noch so etwas wie eine Nachschrift an. Sie hätte ihn auch in diesem Brief um Vergebung für die vielen Fehler gebeten, für Ungehorsam, Undankbarkeit und Mangel an Ehrfurcht, wenn er beim Lesen nicht so traurig werden würde. Sie bete, er möge nicht darüber betrübt sein, weil sie sich nicht treffen könnten; sie bete so lange, wie sie füreinander zu beten vermöchten. Er solle alles in die Hand nehmen, was sie an schriftlichen Dingen hinterlasse. Und sie bitte ihn auch, für sie zu beten und andere dazu zu veranlassen. Sie schließt. Dann überfällt es sie, daß sie doch noch etwas mehr sagen müsse. Und am nächsten Tag schreibt sie ein paar Seiten hinzu. Sie betreffen ihre Sorge für Papst Urban, von der sie bei Raimondo frei reden konnte.

Es ist, als sei sie gezwungen worden, noch ein wenig mehr von ihrer Sehnsucht nach dem Dienst für die ewige Dreieinigkeit zu sagen, von ihrer bodenlosen Liebe und Sorge für die Kirche auf Erden, die sie schon bald verlassen soll, und die noch voller Mißbrauch und falscher Diener ist. Christus habe im Innern ihrer Seele von Papst Urban gesagt: »Ich lasse ihn die Kirche mit den Mitteln der Gewalt säubern, die er braucht, und mit der Furcht, die er bei seinen Untertanen weckt. Aber es werden andere kommen, die der Kirche mit Liebe dienen und die sie dann reich machen sollen. Er (Urban) soll das für die Kirche sein, was die Furcht für die Seele ist; denn durch die Furcht wird die Seele gereinigt von den Lastern, und dann erfüllt und geschmückt mit der Liebe.« Und weiter: »Sage Meinem Statthalter, er müsse versuchen, seine Natur zu mildern; und er müsse bereit sein, allen den Frieden zu gönnen, die sich mit ihm versöhnen wollen. Sage auch den Kardinälen, den Säulen der Kirche, daß sie, wenn sie wirklich für die angerichteten Sünden büßen wollten, sich zusammenschließen und fest zusammenstehen und wie mit einem Mantel die Fehler ihres Vaters bedecken müßten.«

Sie versank ganz in das Mysterium der Gottheit in einer Weise, wie sie es früher nie erlebt hatte. Und es überfiel sie so, daß sie aufstehen und ins Oratorium ihres Hauses hinabgehen mußte. Dort empfing sie abermals die Warnung, daß ihre Todesstunde nahe sei. Und sie rief ihrem Bräutigam zu: »Ach, ewiger Gott, nimm mein Leben als Opfer an im mystischen Leibe Deiner Kirche. Ich kann Dir nichts geben, was Du mir nicht selber gegeben hast. Aber nimm mein Herz und presse es aus über dem Angesicht Deiner Braut, der Kirche.« Und der Ewige sah Katharina voller Erbarmen an und nahm ihr Herz.

Hin- und hergewiegt wie auf einer Dünung von Glückseligkeit, von der sie früher nie geträumt hatte, und dem Rasen der Dämonen, rief Katharina: »Dank, Dank sei dem Höchsten, dem Ewigen, der uns auf den Kampfplatz gestellt hat! Wir sind Sieger geblieben durch die Kraft, die den Teufel besiegte, den Herrn des Menschengeschlechtes. Er ist überwunden, nicht durch unsere leiblichen Leiden und durch die Tugenden des Menschengeschlechtes, sondern durch die Macht Gottes. Ja, der Teufel ist besiegt und soll besiegt bleiben, nicht durch unseren Kampf und unsere Taten, sondern durch das Feuer aus dem abgrundtiefen Erbarmen der Gottheit.«

Sie schließt den Brief ganz plötzlich, ohne die üblichen letzten Grüße. Nicht einmal mit den Worten, die gleichsam Katharinas Unterschrift geworden sind: Gesù dolce, Gesù amore.

Im ewigen Licht

Gehorsam der Stimme, die sie in der Vision gehört hatte, stand Katharina allmorgendlich bei Tagesgrauen auf und ging hinab, um an der Messe im Oratorium ihres Hauses teilzunehmen. Nach dem Empfang der Kommunion mußten ihre Freunde sie wieder hinauftragen und auf das Bett legen. Ein paar Stunden später stand sie gleichwohl wieder auf und ging den ganzen Weg bis zur Peterskirche zu Fuß.

Es war, als würde ihr gebrechlicher Leib von einer übernatürlichen Kraft getragen, so leicht und so rasch ging sie. Als sie früher daheim mancherlei Caritasdienste verrichtete, war wohl niemand so schnell und leichtfüßig gewesen wie Katharina. Nun war sie in einem Auftrag unterwegs, von dem sie ihren Söhnen und Töchtern nicht mit Worten berichten konnte, die ihnen verständlich waren. Zitternd, begriffen sie unklar, daß ihre »Mama« zu einer Arbeit erkoren war, die Heiligen anvertraut wurde. Mit ihren leiblichen und seelischen Qualen »ergänzte sie in ihrem Fleische das, was an Christi Leiden fehlte«, wie es der heilige Paulus ausdrückt.

Er hatte einmal an die Korinther geschrieben: »Es ist wahr, daß die Leiden Christi in unser Leben übergehen.« Aber dann fährt er fort: »Es ist auch ein Überfluß an Trost, den uns Christus bringt.« Nur konnten die Mystiker, die solches erlebten, von der dunklen Nacht der Seele und dem Strahlenglanz der Liebesgemeinschaft mit Gott nie anders als in Symbolen erzählen, die unserer eigenen Menschenwelt entlehnt sind. Und traurig bekennen sie ihre Unzulänglichkeit.

Wenn Katharina abends heimkam, sank sie sofort auf ihr hartes Bett und legte sich nieder; und es sah aus, als wolle sie sich nie mehr bewegen. Die Kinder standen voller Staunen um ihr Lager und dachten, zerknirscht von Sorge und Mitleid, an den Tag, an dem sie mutterlos werden sollten. Wie lange mochte dieser Zustand noch dauern? Er währte bis zum dritten Fastensonntag. Von dem Tage an konnte sie ihr Bett nicht mehr verlassen. Sie konnte kaum Kopf und Hände bewegen. Und bald zeigten sich auch in der Mitte und am unteren Teil ihres Leibes Lähmungserscheinungen.

Mit geheimem Grauen hatte ihre Familie beobachtet, wie ihr Leib zuweilen von unsichtbaren Händen geschüttelt zu werden schien. Tommaso Caffarini schreibt von ihren letzten Tagen: »Sie ertrug alles so tapfer und so fröhlich, als sei sie es gar nicht selbst, die diese harten Schmerzen litt. Sie sprach immer so ruhig und freundlich, daß alle, die es hörten, voller Bewunderung waren. Wollte man versuchen, ihre Geduld mit Worten zu umschreiben, würde das eher ein Flecken als ein Ruhm sein. Nie hörte man von ihren gesegneten Lippen das leiseste Wimmern. Sie sagte von ihren Leiden, sie seien nicht so groß. Nie hörte man ein überflüssiges Wort. Sie sprach immer vom Ruhme Gottes, vom Dank für die Erlösung der Seelen und von der Seligkeit des Menschen. Und obschon sie leiblich mehr litt, als Worte ausdrücken können, waren ihre Gesichtszüge immer froh und fromm wie die eines Engels.«

Am Passionssonntag kam Fra Bartolommeo de Dominici, jetzt Prior im Kloster zu Siena, zu Besuch nach Rom. Er hatte einige Dinge für sein Kloster zu erledigen. Aber zuerst eilte er zum Hause Katharinas. Ganz unvorbereitet stand er von Angesicht zu Angesicht seiner Mutter gegenüber, die auf ihrer Pritsche lag. Man hatte einen Holzrahmen darum geschlagen, so daß es aussah, als liege sie schon im Sarg. Sie war so mager, daß sie einer von der Sonne getrockneten Leiche glich. Selbst ihr Gesicht hatte sich verdunkelt und war so runzelig, daß man keine Spur mehr von der einstigen Anmut erkennen konnte.

Er hatte nichts von ihrer Krankheit geahnt; darum erwartete er, was er von ihrer Gesundheit wußte, vom steten

Wechsel zwischen Erschöpfung und sich aufbäumender Lebenskraft und jenem Zurücksinken in totale Erschöpfung, wie es für alle, die sie kannten, ein Mysterium gewesen war. Aber das hier war eine sterbende Frau. Tiefbewegt und weinend, fragte Fra Bartolommeo: »Mutter, wie geht es Euch?« Katharina konnte nicht reden. Aber durch Zeichen ließ sie ihn verstehen, wie froh sie über seinen Besuch war. Als er sein Ohr dicht an ihren Mund neigte, flüsterte sie: Dank der Gnade des Erlösers gehe es ihr gut ...

Es war am Tage vor Katharinas dreiunddreißigstem Geburtstag. Bartolommeo sagte: »Morgen ist Ostern. Ich möchte gern hier das Meßopfer feiern und Euch und Euren geistlichen Kindern die heilige Kommunion reichen.« Katharina flüsterte: »Ach, wenn nur unser Erlöser mir das Recht gäbe, Ihn zu empfangen.«

Am Ostermorgen kam Fra Bartolommeo zurück, um sein Versprechen einzulösen. Katharina beichtete ihm. Als Buße gab er ihr auf, sie möge Gott um die Kraft bitten, Ihn an diesem hohen Festtag zu empfangen zum Trost für sie selbst wie für alle. Katharina lag unbeweglich in ihrem Bett, bis der Priester am Hausaltar selbst kommuniziert hatte. Da erhob sie sich plötzlich, ging ohne jede Hilfe die wenigen Schritte zum Altar und kniete mit geschlossenen Augen nieder. Sie empfing den Leib des Herrn. Darauf blieb sie in tiefer Ekstase unbeweglich auf den Knien liegen. Aber als sie aus der Ohnmacht erwachte, mußten sie ihre Freunde aufheben und ins Bett zurücktragen.

Immerhin konnte Katharina, während Bartolommeo in Rom weilte, einige Male etwas sprechen und ihm erzählen, wie Gott ihr vergönnte, für den Frieden in der Kirche zu leiden. »Für die Befreiung der Kirche leide ich und will ich notfalls gerne sterben.«

Nach Erledigung seiner Geschäfte zögerte Bartolommeo abzureisen. Wie konnte er Katharina verlassen, wenn sie so krank war? Aber sie sagte: »Sohn, du weißt, welch ein Trost es für mich ist, die Kinder bei mir zu haben, die Gott mir ge-schenkt hat. Ich wäre so glücklich, wenn Fra Raimondo auch hier sein könnte. Aber es ist Gottes Wille, daß ich ohne euch beide sein muß. Und Gottes Wille geschehe. Nicht der meine.« Sie sagte ihm, Fra Raimondo werde bald zum Generaloberen des Ordens erwählt werden; und Bartolommeo möge ihm immer hilfreich beistehen und Gehorsam und Treue bezeu-gen. Als er sie anflehte, Gott um ihre Wiedergenesung zu bitten, versprach sie es. Und wirklich schien sie bei seinem Abschiedsbesuch am nächsten Tag etwas munterer. Sie konn-te sogar die Hände aufheben und ihren Sohn umarmen. Es war ein Abschied für immer.

Vielleicht veranlaßte der Bericht Fra Bartolommeos nach seiner Rückkehr in Siena auch endlich Stefano Maconi, zum Sterbelager seiner »Mama« zu eilen. Eine Legende will wissen, daß er auf eine mystische Weise von ihrem Zustand erfuhr, als er in der Spitalkirche von La Scala kniete und betete. So bekam sie anstatt der Söhne, die sie an ihrem Sterbelager ver-missen mußte, Stefano zurück, die frische, jugendliche und ehrliche Seele, die sie immer auf eine besonders innige Art geliebt hatte. Jetzt war er wieder bei ihr. Er nahm ein paar Briefe entgegen, die sie noch diktieren konnte, und hörte auf sie mit dem alten ergebenen Eifer, wenn sie ein paar Worte zu reden vermochte.

Messer Tommaso Petra, päpstlicher Pronotar, hatte Ka-tharina in Avignon kennengelernt. Und als sie nach Rom kam, erneuerte er die Freundschaft mit der sienesischen Jungfrau. Es war freilich schon April, als er zu Besuch kam und sie auf dem harten Bett in dem kleinen Oratorium fand, wo für sie an einem Reisealtar die Messe gelesen wurde. Er sagte: »Mama, mir scheint, als wolle Euch Euer himmlischer Bräutigam nun zu Sich rufen. Wollt ihr nicht Euer Testament machen und Euren letzten Willen sagen?« Katharina war offenbar sehr erstaunt: »Ich? Aber ich bin ein armes Mädchen. Ich besitze nichts, das ich vermachen kann.« Doch Messer Tommaso erklärte, er meine ein geistliches Testament mit Ratschlägen, nach denen ihre Schüler nach ihrem Tode leben sollten. Sie antwortete, wenn Gott ihr die Gnade gebe, werde sie dies gerne tun.

Messer Tommaso, der alte Notar, schrieb dieses geistliche Testament in Anwesenheit ihrer Familie nieder. Es wurde eine Zusammenfassung all dessen, was sie im Laufe der Zeit ihre Schüler zu lehren versucht hatte.

In ihrer frühesten Jugend hatte sie schon erfahren, wie eine Seele, die sich Gott hingegeben und Ihn ganz besitzen möchte, alle sinnliche Liebe zu den Geschöpfen und der Schöpfung aus sich ausrotten muß, um nur Gott zu lieben und alle Dinge in Ihm. Dies müsse ein Leidensweg werden; denn es bedeute, daß man seine Augen ob des überwältigenden Lichtes des Glaubens, das alle zeitlichen und sichtbaren Dinge aufsauge, blenden lassen müsse. Aber sie glaube fest, weder ihr noch einem anderen Menschen könne etwas widerfahren, was nicht von Gott stamme. Der Ursprung von allem sei Seine Liebe zu allen Geschöpfen, nie der Haß. Darum habe sie immer versucht, Gott und all denen, die Er ihr als Vorgesetzte gegeben habe, gehorsam zu sein.

Sie habe immer die Überzeugung gehabt, daß das, was man ihr auftrug, Gottes Wille und zur Erlösung ihrer Seele und Vermehrung ihrer Tugend notwendig sei. Aber Anfang und Ende der Vollkommenheit sei Gebet, Gebet mit den Lippen zu den festgesetzten Zeiten und darüber hinaus unablässig ein inneres Gebet, das uns stets an Gottes Güte mahnen soll.

Eindringlich warnt sie ihre Schüler vor dem Urteil über andere Menschen und vor vergeblichem Gerede über ihre Nächsten. Wenn sie etwas tun sähen, von dem sie wüßten, daß es schwere Sünde sei, müßten sie gleichwohl das Urteil Gott überlassen. Sie müßten für den Nächsten beten, demütig und fromm und mit einem herzlichen, frommen Mitgefühl.

Sie erinnert an das Wort des Herrn, das der heilige Johannes überliefert: »Liebet einander! Das ist das Zeichen, an dem die Menschen meine Schüler erkennen: die Liebe, die sie zu einander haben.« Sie spricht von der Reform der Kirche, für die sie in den letzten sieben Jahren gekämpft und gelitten habe. Sie dankt Gott, weil Er gnädig die Versuchungen des Teufels zugelassen habe, wie einst bei Job. Aber nun wisse sie, ihr Geliebter werde bald ihre Seele aus dem dunklen Gefängnis befreien, so daß sie zu ihrem Schöpfer zurückkehren könne. Das sei für sie nicht mehr zweifelhaft; wenn Gott freilich wünsche, daß sie noch für Ihn hier auf Erden arbeite, dann sei Sein Wille gesegnet.

Sie bitte ihre liebsten Kinder, nicht zu trauern oder mutlos zu werden, sondern sich zu freuen, daß sie bald ausgelitten habe und abberufen werde, um im Meer des Friedens zu ruhen, das der ewige Gott ist, und eins zu werden mit ihrem Bräutigam. »Und ich verspreche euch, daß ich immer mit euch bin und im Jenseits noch viel nützlicher für euch sein kann, als ich es je hier auf Erden sein konnte; denn dann habe ich das Dunkel hinter mir und bin im ewigen Licht.«

Jedem einzelnen von ihnen gab sie besondere Ratschläge für die Zukunft. Schwester Alessia sollte Mutter und Haupt ihrer Töchter sein, soweit ihre Schwestern Mantellatinnen waren. Ihre Söhne sollten Fra Raimondo als Vater und Führer haben. Der Reihe nach rief sie ihre Schüler ans Bett und gab ihnen Ratschläge. Einigen riet sie, ins Kloster zu gehen; etliche sollten Priester werden, wieder andere Eremiten. Stefano Maconi bestimmte sie für den Kartäuserorden, Francesco Malavolti für die Olivetaner, Neri di Landoccio für das Einsiedlerleben. Dem Notar Messer Cristofano di Gano Guidini riet sie, als Krankenpfleger ins Spital Santa Maria della Scala zu gehen. Sie bat alle ihre Kinder um Vergebung, weil sie ihnen kein vollkommeneres Vorbild gewesen sei und nicht unablässig, wie sie es hätte tun sollen, für sie gebetet habe. Sie bat sie auch um Vergebung für alles Böse, alle Bitternis und alle Unbequemlichkeit, die sie ihnen habe antun müssen: »Ich tat es aus Unwissenheit und ich bekenne vor dem Angesicht Gottes, daß ich immer aus ganzem Herzen gewünscht habe, ihr solltet erlöst und vollkommen werden.« Weinend traten ihre Schüler, einer nach dem anderen, vor und empfingen im Namen Gottes ihren Segen.

Katharina lebte noch bis zum 29. April, dem Sonntag vor Christi Himmelfahrt. Einige Stunden vor der Dämmerung schien es den Umstehenden, als habe der Todeskampf begonnen. Ihren übrigen Hausgenossen schickte man Nachricht. Als alle versammelt waren, gab sie durch Zeichen zu verstehen, sie möchte gern die päpstliche Absolution »in articulo mortis« empfangen, die Lossprechung von der Strafe der Schuld. Fra Giovanni Tantucci gab sie ihr. Nun gab sie kein anderes Lebenszeichen mehr von sich als einen schwachen Atemzug. Der Abt von San Antimo, derselbe, dessen Sache Katharina einmal der Regierung in Siena vorgetragen hatte, war anwesend. Jetzt gab er seiner alten Freundin die letzte Ölung.

Aber nach einer Weile begann die bewußtlose Frau, unruhig zu werden. Sie hob den rechten Arm und ließ ihn wieder auf die Decke sinken. Das tat sie immer und immer wieder, während sie wiederholte: »Peccavi, Domine, miserere mei.« Für die, die um ihr Bett standen, schien es, als kämpfe sie mit schrecklichen Dämonen. Ihr Gesicht verdunkelte sich. Sie wandte den Kopf hierhin und dorthin und schaute weg, als wollte sie etwas Furchtbarem entfliehen. Die ganze Zeit murmelte sie: »Deus in adjutorium meum intende ...!« Plötzlich rief sie »in heiliger Tollkühnheit«:

»Mein eigener Ruhm? Nie! Doch der wahre Ruhm des gekreuzigten Jesus!«

Sie hatte den letzten Kampf gekämpft und gewonnen. Die bei ihr wachten, sahen, wie das weiße Antlitz der Sterbenden strahlend glücklich wurde, wie ihre rostfarbenen Augen mit einem Mal gleich zwei Sternen schimmerten. Erschüttert und glücklich, glaubten ihre Kinder im ersten Augenblick,

Gott habe noch einmal ein Wunder getan und wolle ihnen ihre Mutter zurückgeben. Die Jungfrau lächelte: »... gelobt sei unser geliebter Erlöser!«

Alessia stützte ihren Kopf gegen ihre Brust. Aber nun kam die Unruhe, die dem Tod vorauszugehen pflegt, über Katharina. Sie machte ein Zeichen, man möge ihr helfen, aufrecht zu sitzen. Alessia nahm die schmächtige Gestalt und setzte sie auf ihren Schoß, als sei sie ein kleines Kind. Vor sie stellten die Schüler den kleinen Reisealtar hin, den sie, mit Bildern und Reliquien schön geschmückt, einmal von einem Kardinal erhalten hatte. Katharina richtete ihre Augen auf das Kruzifix in der Mitte. Und vor diesem Bild ihres Erlösers tat sie ihr letztes Bekenntnis.

Sie pries die Güte Gottes, aber klagte sich selbst der Lauheit und Undankbarkeit an: »Du erwähltest mich zu Deiner Braut, als ich ein Kind war. Aber ich war Dir nicht treu. Ich suchte nicht so eifrig Deinen Ruhm, wie ich es hätte tun müssen. Ich dachte nicht immer an die Gnade, die Du über mich Unwürdige ausgossest, mit der Du meine Erinnerung fülltest. Oft war mein Herz voll von anderen, unziemlichen Gedanken.«

Sie wiederholte ihre Selbstanklagen, sie habe ihre Pflichten gegenüber den ihr von Gott anvertrauten Seelen versäumt: »Da schicktest Du mir so viele liebe Töchter und Söhne und batest mich, ihnen mit besonderer Liebe zu begegnen und sie auf den Weg des Lebens zu Dir zu führen. Aber ich war nur ein Spiegel menschlicher Schwäche für sie. Ich habe sie nicht in unablässigem Gebet zu Dir geführt. Ich war ihnen nicht genug Vorbild.«

»So klagte sich die reinste Taube selber an«, sagten Barduccio und Tommaso Caffarini. Dann wandte sie sich an den Priester und bat noch einmal um die Absolution für alle Sünden, die sie gebeichtet, und die, die sie in der Beichte vergessen hatte. Zum zweiten Mal erhielt sie die päpstliche Lossprechung.

Sie betete, nach wie vor die Augen zum Kruzifix. Aber nur die, die am nächsten standen, faßten ein paar Worte von dem auf, was sie sagte. Niemand bekam das Recht, länger als einen Augenblick an ihrer Bettkante zu weilen. Barduccio Canigiani, der die Geschichte ihres Todes in einem Brief an eine Nonne in Florenz erzählt, mußte sein Ohr auf ihren Mund legen, um die letzten Worte der Mutterliebe aufzufangen, die sie ihm zuflüsterte.

Die alte Lapa, ihrer aller geliebte »Nonna«, saß an der Seite ihrer Tochter. Demütig und ehrfürchtig bat Katharina um den Segen ihrer Mutter. Die arme Lapa suchte dagegen etwas Trost in ihrer großen Trauer zu finden, indem sie ihre Tochter um den Segen bat. Und Katharina erbat für sie die Gabe von Gott, daß sie nicht durch allzu große Trauer gegen Seinen Willen sündige.

Katharina betete bis zum letzten Augenblick für die Kirche, für Papst Urban, für ihre Kinder. Sie betete mit solch innerer Anteilnahme, daß es ihren Schülern schien, nicht nur ihre Herzen, sondern selbst die Steine müßten erweichen. »Geliebter, Du rufst mich. Ich komme. Nicht durch eigenes Verdienst, sondern durch Dein Erbarmen, durch die Kraft Deines Blutes.« Sie schlug das Zeichen des Kreuzes und rief: »Blut! Blut!« Dann neigte sie ihr Haupt: »Vater, in Deine Hände befehle ich meinen Geist.« Mit diesen Worten starb sie. Ihr Gesicht war so schön wie das eines Engels, strahlend von Innigkeit und Glück.

Es war um die zwölfte Stunde des 29. April 1380.

Die neue Heilige

Um die zwölfte Stunde, am 29. April, traf Raimondo in seinem Kloster zu Genua eben Vorbereitungen für die Reise zum Kapitel in Bologna. Zusammen mit mehreren Mönchen sollte er den Seeweg bis Pisa nehmen. Aber das Wetter war schlecht.

Fra Raimondo war ziemlich unruhig. Er stieg die Treppe zu den Dormitorien empor, um in seine Zelle zu gehen und die wenigen Sachen in den Reisesack zu packen. Vor dem Muttergottesbild draußen auf dem Flur blieb er stehen, verneigte sich und betete leise den Englischen Gruß. Eine Stimme, die er nicht mit leiblichen Ohren hörte, sprach in seinem Inneren deutlich und klar: »Keine Angst! Deinetwegen bin ich hier. Deinetwegen bin ich im Himmel. Ich werde auf dich achtgeben, dich behüten. Ich bin deinetwegen hier.«

Innerlich verwirrt, wunderte sich Raimondo, woher dieses Versprechen der Sicherheit kommen könnte. Einen Augenblick glaubte er, es müsse die Gottesmutter sein. Dann aber dachte er, er sei dafür zu unwürdig. Er hatte Angst, diese Stimme sei eine Warnung, daß er in großer Gefahr schwebe. Kreuzten doch die Piraten der Schismatiker vor der Küste. Und Raimondo wußte, wie sehr sie ihn haßten, da er gegen sie predigte.

Demütig betete er, die Warnung möge ihn vorsichtiger werden lassen und stärken, alles Künftige geduldig zu ertragen. »Dieser Wahn bewirkte, daß ich nicht in die große mystische Gnade Gottes eindringen konnte, als Er mir den Geist Seiner Braut sandte, um mir gegen meine Schwäche und Verzagtheit zu helfen, die diese Heilige so gut kannte. Doch der Herr, ihr Bräutigam, kannte sie noch besser. Da ich denke, dies Geschehnis sei eine Schande und nicht eine Ehre für mich, glaube ich, daß ich es ruhig niederschreiben kann.« Auf dem Kapitel in Bologna, wo Raimondo zum Ordensgeneral der Dominikaner gewählt wurde, hörte er, daß Katharina eben zu der Stunde gestorben war, in der er die unwirkliche, Mut und Trost spendende Stimme gehört hatte.

In Rom hatte Stefano Maconi die Leiche der geliebten Mutter zur Kirche Santa Maria sopra Minerva gebracht. Sobald die Nachricht vom Tode der Heiligen von Siena durch die Stadt eilte, strömten die Römer zu der Kirche. Immer wieder stürmten die aufgeregten Volksmassen vor, um das Leichenhemd der toten Frau oder ihre Füße zu berühren.

Uns scheint heute, als sei die Art, wie die Gläubigen ihre Bewunderung für die Heiligen äußerten, oft sehr abstoßend gewesen, – von der ersten Zeit an, in der sie das Blut der Martyrer trockneten und Fleischfasern und Knochensplitter bargen, bis hinein in unsere Tage. In ihrem Eifer, sich die Reliquie eines volkstümlichen Heiligen zu sichern, begnügte man sich nicht, Stücke von den Kleidern abzureißen, nein, man stahl sogar Stücke von der Leiche. Um solches bei Katharinas Leichnam zu verhindern, bahrten ihn die Klosterschwestern hinter das Gitter der Kapelle des heiligen Dominikus und hielten Wache. »Die Menge, die ihre sterblichen Überreste ehren und gleichzeitig um ihre Fürbitte beten wollte, brachte ihre Kranken herbei. Und Gott wollte nicht, daß ihre Hoffnung enttäuscht wurde.«

Raimondo erzählt ausführlich von acht wunderbaren Heilungen, die sich in den Tagen zwischen Katharinas Tod und ihrem Begräbnis ereigneten. Es waren ihrer viel mehr. Doch acht hatte er selbst untersuchen können durch Verhör der Geheilten oder der Augenzeugen der Heilungen. Bei der Komplet am Donnerstag, in der Dämmerung, wurde Katharina von Siena begraben. Die Tote war schön und völlig unverändert. Kein Leichengeruch ging von ihr aus. Und Hals und Glieder waren so geschmeidig und biegsam wie zu Lebzeiten. Die Wundmale, die auf die Bitten der Heiligen hin im Leben unsichtbar geblieben waren, traten an dem toten Leib deutlich hervor.

Katharina von Siena wurde zunächst auf dem Kirchhof bei Santa Maria sopra Minerva beigesetzt. Das Volk kam dorthin, um ihre Fürbitte zu erflehen, und es wurden der toten Bußschwester viele Wunder zugeschrieben. Einige Jahre später ließ Raimondo den Leichnam in ein Grab im Inneren der Kirche überführen, damit Wind und Wetter der irdischen Hülle nicht mehr schaden konnten. Vielleicht wurde bei dieser ersten Umbettung das Haupt vom Rumpf getrennt, in einen prachtvollen Reliquienschrein aus vergoldeter Bronze gebettet und in ihre Heimat gebracht. Ungeheurer Jubel herrschte in Siena, in Stadt und Land, als der Reliquienschrein in festlicher Prozession hinauf zur Kirche San Domenico getragen wurde. Unmittelbar hinter der Reliquie schritten die Mantellatinnen und unter ihnen eine alte Frau, Lapa, die Mutter der Heiligen.

Es wäre reizvoll, die Gefühle zu kennen, die das Herz dieser Mutter erfüllten, als ihre Tochter, die sie so leidenschaftlich geliebt, um die sie so bitter gelitten und die sie so tapfer zu verstehen und nachzuahmen versucht hatte, im Triumph in ihre Heimatstadt einzog. Das geschah im Frühjahr 1383. In der Rosenkranzkapelle fand der Leichnam sein zweites Grab; schließlich wurde er dort bestattet, wo er heute ruht: unter dem Hochaltar von Santa Maria sopra Minerva. Katharinas letzte freundliche Bitte an die Männer und Frauen, von denen sie Mutter genannt wurde, lautete: »Liebet einander. Das ist das Zeichen, an dem die Menschen erkennen sollen, daß ihr meine Schüler seid: die Liebe, die ihr zueinander hegt!«

Die Schar der Katharinaten erinnerte sich an diese Worte, die Katharina von ihrem himmlischen Bräutigam entlehnt hatte. Man sammelte ihre Briefe und schrieb ihr »Buch« ab. Man verfaßte Erinnerungen an sie und arbeitete für Katharinas Ruhm in der Hoffnung, daß sie eines Tages feierlich kanonisiert werde als Braut Christi, als die sie gelebt und gestorben war. Während der dunklen Jahre des Schismas und des andauernden Eindringens französischer Schismatiker nach Italien, hatte Raimondo von Capua als Ordensgeneral der Dominikaner mehr als genug im Geiste seiner Mutter zu tun. Dennoch fand er Zeit, Material für sein Buch über das Leben der heiligen Katharina zu sammeln. Für alles, was er erzählt, gibt er gewissenhaft den Namen seiner Quelle an, nennt Augenzeugen der Wunder, die durch die Fürbitte der seraphischen Jungfrau geschahen, und teilt mit, ob der betreffende bei Fertigstellung des Buches noch lebt oder bereits tot war.

Fünfzehn Jahre arbeitete er an diesem Werk. Vier Jahre nach seiner Vollendung starb er. Seine Arbeit, die Reformierung des Dominikanerordens, hatte ihn im Herbst 1399 nach Nürnberg geführt. Dort ereilte ihn der Tod. Seine Leiche wurde nach Italien gebracht und in der Dominikanerkirche von Neapel beigesetzt. Er ist formell nie seliggesprochen worden. Aber die Dominikaner haben ihn stets als den seligen Raimondo von Capua verehrt. Zum 500. Jahrestag seines Todes erkannte Leo XIII. offiziell diesen Kultus an.

Monna Lapa und die Schwägerin Katharinas, Lisa Colombini, lebten noch, als Raimondo sein Buch beendete. Aber Alessia Saracini, Francesca di Gori und mehrere andere Schwestern, von denen er seine Aufschlüsse erhielt, waren damals bereits tot.

Von ihren Söhnen starb als erster der »Benjamin«, der junge Barduccio Canigiani. Als Raimondo nach Katharinas Tod zum ersten Male wieder nach Rom kam, zeigte es sich, daß Barduccio an der Schwindsucht litt. Um ihn aus der ungesunden Luft Roms zu entfernen, schickte ihn Raimondo ins Kloster nach Siena zurück, wo er 1382 starb.

Fra Bartolommeo de Dominici wurde nicht lange nach Katharinas Tod aus dem Kloster von Siena abberufen und mit anderen wichtigen Aufgaben innerhalb des Ordens betraut. An seiner Stelle wurde Katharinas Pflegebruder und erster Beichtvater, Fra Tommaso della Fonte, Prior in Siena. Er war der erste, der das Bildnis Katharinas öffentlich in seiner Kirche aufstellte, so daß das Volk ihr seine Huldigung bezeigen konnte; und das, ehe die Kirche ihren Kult anerkannt hatte. Seine Tagebücher wurden sowohl von Raimondo als auch von Tommaso Caffarini weitgehend benutzt.

Neri di Landoccio wurde durch seinen vergeblichen Auftrag in Neapel festgehalten und kam zu spät nach Rom, um am Sterbebett seiner Mutter zu weilen. Er befolgte jedoch ihren Rat und zog sich in eine Einsiedelei außerhalb Sienas zurück. Hier lebte er allein in Gebet und Betrachtung. Aber er behielt bis zu seinem Tod im Jahre 1406 Verbindung mit seinen Kameraden unter den Katharinaten, besonders mit Stefano Maconi und Francesco Malavolti.

Francesco Malavolti trat nach dem Tode seiner Frau und seiner Kinder bei den Karthäusern auf dem Monte Oliveto ein, wechselte aber nach einiger Zeit zu den Benediktinern über.

Nicht ganz ein Jahr nach Katharinas Tod trat Stefano Maconi in ein Karthäuserkloster unweit Sienas ein. Er wurde zum Prior dieses Klosters gewählt, als er eben sein Noviziat beendet hatte. Er übersetzte die Lebensbeschreibung Katharinas aus dem Lateinischen, wie sie Tommaso Caffarini geschrieben hatte, ins Italienische und arbeitete gemeinsam mit Ser Christofano di Gano Guidini, um Katharinas »Dialog« ins Lateinische zu übersetzen. Ser Christofano war jetzt Laienbruder in der Kongregation von Santa Maria della Skala und arbeitete in der Krankenpflege und Armenfürsorge. Stefano wurde später zum Generalprior der Karthäuser erwählt. Es gelang ihm, den ganzen Orden unter den römischen Gehorsam zurückzuführen. Er wurde alt und starb erst 1424 in der berühmten Certosa von Padua.

Tommaso Caffarini, Katharinas Landsmann und einer ihrer ältesten Freunde, wurde nach ihrem Tode ins Dominikanerkloster zu Venedig geschickt. Auch er wirkte eifrig für den Ruhm seiner Mutter. Er mühte sich unter anderem um die Reorganisation der Terziaren, denen beizutreten die junge Katharina so brennend gewünscht und unter denen sie auch ihr seltsames Leben in mystischer und praktischer Aktivität gelebt hatte. Die Regel, die Tommaso Caffarini dem Orden in Venedig gab, ist heute noch weitgehend für die Terziaren gültig.

In Venedig kam es auch zum Prozeß, als gegen die Dominikaner Klage wegen Vergehens gegen das kanonische Recht erhoben wurde, weil sie ein noch nicht kanonisiertes Mitglied öffentlich verehrt hatten. Als Ergebnis erhielt im Januar 1413 der Dominikanerorden feierlich die Erlaubnis, das Fest der seligen Katharina von Siena zu feiern.

Im Jahre 1461 wurde sie durch Papst Pius II., der als Eneo Silvio Piccolomini in Siena geboren war, feierlich in den Kanon der Heiligen aufgenommen. Damit war sie die heilige Katharina von Siena für die gesamte Kirche geworden. Das, was die sienesische Popolana gelebt und gelehrt hatte, wurde als würdiges Vorbild für alle Christen anerkannt, ob nun unser Leben im äußeren Ablauf durch Geschehnisse und Verhältnisse bestimmt wird, die an die ihrigen erinnern, oder nicht. Katharina sagte, was Christus uns von Sich selbst lehrte: ICH BIN DER WEG. Darum werde schon der Weg zum Himmel ein Himmel für jene sein, die Ihn lieben.

Sowohl Raimondo wie Tommaso Caffarini betonen, daß Katharina als Märtyrerin des Glaubens lebte und starb. Heute versteht die Kirche in ihrer offiziellen Sprache unter einem Märtyrer einen Menschen, der einen gewaltsamen Tod gewählt hat, als er den Glauben verleugnen sollte. Aber wir haben uns angewöhnt, das Wort Märtyrer auf eine weniger präzise Weise auch dann zu gebrauchen, wenn jemand für irgendeine Sache freiwillig oder unfreiwillig leidet. Es ist sicher, daß Katharina freiwillig – nur wenige Frauen haben wohl eine solch zähe Willenskraft besessen – ein unablässiges Leiden wählte für all das, was sie glaubte, liebte und ersehnte: Das Einswerden mit Gott, den Ruhm und die Herrlichkeit Seines Namens, Sein Reich auf Erden, das ewige Glück aller Menschen, die Wiedergeburt der Kirche Christi zu der Schönheit, die sie besitzt, wenn der Strahlenglanz befreiter Seelen ihre äußere Form durchleuchtet, die so häufig von verderbten Dienern und ihrer aufrührerischen Kindern beschmutzt wird. Katharina drückt das so aus: Die Kraft und Schönheit des mystischen Leibes kann nicht verringert werden, weil er Gott ist; aber all das Gute, das von den aufrichtigen und treuen Kindern getan wird, ist wie ein Schmuck, der diesen mystischen Leib ziert.

Daß die Heiligen zum Leiden bereit waren, daß sie tatsächlich oft in das Leid verliebt zu sein schienen, es als Erbteil auf Erden wählten, pflegen Nichtkatholiken, auch nichtkatholische Christen, gern als etwas Unbegreifliches und als eine Tatsache hinzunehmen, die vielen äußerst geschmacklos erscheint. Wenn Gott die Güte ist, wenn Christus zu unserer Erlösung von der Sünde am Kreuz starb, warum sollen die Christen dann noch das Leiden nötig haben? Und in einer Form, daß sie nicht nur ein hartes Unglück ertragen, das erzieherischen Wert für den Leidenden haben kann, nein, daß sie sogar unschuldig für die Sünden anderer leiden wollen?

Demgegenüber ist es bemerkenswert, daß alle Heiligen behaupten, für die eigenen Sünden zu leiden, wenn wir auch an ihnen keine erkennen können und feststellen müssen, daß sie für die Sünden anderer Leute leiden. Nur unter den Heiligen finden wir Menschen, die mit Aufrichtigkeit sagen, daß ihnen nichts Menschliches fremd sei. Und außerdem können wir alle an jedem beliebigen Tag in die Lage kommen, für das zu leiden, was ausschließlich die Sünden anderer verschuldet haben. Zwei Weltkriege und die Verhältnisse der Nachkriegszeit dürften den meisten Menschen diese Wahrheit verständlich gemacht haben, und zwar nachdrücklichst, selbst den einfältigsten und selbstgerechtesten Seelen.

Seit Jesus Christus die Menschheit mit seinem kostbaren Blut loskaufte, besitzen wir die Erlösung: Wenn wir bereit sind, uns von ihm erlösen zu lassen. Schon der heilige Paulus mußte seine Korinther darauf hinweisen, daß die Aufgabe Christi zuweilen auf unser Leben übergeht; und es könne so sein, das wir leiblich genötigt würden, »das zu ergänzen, was an Jesu Leiden noch fehlt.« Keine spätere Offenbarung hat das Wort des Apostels widerrufen.

Es gibt auch keine menschliche Erfahrung, die andeutet, daß sich das Rohmaterial der Menschennatur seitdem irgendwie verändert habe. Ewig wird sie beschwert und herabgezogen von der Gier nach Dingen, die sich zumeist unserem Zugriff entziehen. Manchmal geschieht es, daß wir wirklich etwas greifen, aber dann doch unzufrieden sind. Gestillte Begierde erzeugt neue Begierde, bis das Alter der Jagd ein Ende setzt, und der Tod die Vorstellung schließt. Wohl strahlt unablässig ein Schimmer aus unserer Natur, der uns an unseren Ursprung mahnt, an den, nach dessen Bild wir erschaffen sind. Vom Gottesbild in uns haben wir die schöpferische Energie, die Quelle uneigennütziger Liebe – uneigennützig trotz des Schattens von Egoismus, der untrennbar all unseren Impulsen anhängt – die Sehnsucht, unsere Welt musterhaft zu ordnen, unter Gesetzen zu leben, unsere Vorstellungen von Gerechtigkeit verwirklicht zu sehen.

Da der westeuropäische Mensch im Lauf der letzten Jahrhunderte neue und stets verbesserte Werkzeuge entwickelt hatte, mit denen er die stoffliche Welt erforschen konnte, und mehr und mehr von den offenbar stabilen Verhältnissen zwischen Ursache und Wirkung innerhalb der physischen Welt lernte, brauchte er, um das Gefundene zu beschreiben, die von seinen Ideen, die er am höchsten liebte und am intensivsten haßte, der er mit größter Aufopferung diente und die er am schamlosesten verriet ... er sprach von »Naturgesetzen«.

Dieses Gottesbild in uns selbst haben wir Menschen unablässig beschmutzt und entstellt. Wir haben unserer Gier nach

Macht und Schmeicheleien, nach Haß, Rache, Lust und Ruhm nachgegeben. Wir wurden dessen, was wir erreicht und für das wir gekämpft hatten, jedoch müde und rissen in einem Anfall von Laune unser eigenes Werk nieder. Wir haben Angst vor der Veränderung, und wir haben Angst vor der Stagnation. Wir lieben alte Dinge und Einrichtungen und wollen doch etwas Neues, etwas Anderes haben. Im Zusammenprall mit unserer eigenen Menschennatur brechen unsere edelsten Ideale und unsere kühnsten Träume unablässig über einer Utopie zusammen. Bis unsere letzten und kühnsten Träume von Utopia uns die Waffen in die Hand geben, mit denen wir imstande sind, unsere Welt restlos zu vernichten, falls wir es wollen. Und wer kann sagen, vor was der Vernichtungstrieb des Menschen zurückweichen sollte? An dem Tag, den die Kirche von Anfang an prophetisch verkündet hat, an dem der Menschensohn wiederkommen soll, um die Welt mit Feuer zu richten, werden wir vielleicht selbst für das Feuer sorgen.

Katharinas Lehre von der Liebe zum Tod und von der Liebe zum Leben ist heute ebenso aktuell, wie sie es zu ihren Lebzeiten war, nicht mehr, nicht weniger. Ihre seltsame, mit mystischer Vitalität geladene Persönlichkeit ist von zeitloser Bedeutung. Es ist für uns nicht leicht, Katharina zu verstehen; aber das war auch für ihre Zeitgenossen nicht einfach.

Wohl haben wir inzwischen eine Unmenge gelernt. Wir wissen heute viel mehr von dem psychischen Mechanismus, der abnorme, das heißt ungewöhnliche, Symptome und Zustände im menschlichen Körper auslösen kann. Wir wissen von psychischen Energien, die irgendeinen Sinn befähigen, selbst auf Abstand hin auf andere Sinne einzuwirken, sogar gegen deren Widerstand. Indessen stellen wir solche ungewöhnlichen Symptome selten bei anderen als neurotischen Menschen fest. Selten oder nie sehen wir sie verbunden nicht bloß mit einem hohen Grad von Intelligenz, sondern auch mit robustem, gesunden Menschenverstand, mit der unbegrenzten Fähigkeit, Anstrengung und Mühe der verschiedensten Arbeiten auf sich zu nehmen, mit der Sorge für das Wohl und Gedeihen anderer Menschen und keineswegs nur für das eigene Wohl und Wohlbefinden.

Wir haben schreckliche Erfahrungen gemacht mit psychischen Kräften, die Wirkungen hervorbringen können, die der Teufelsbesessenheit ganzer Volksstämme gleichen. Wir machen aber weniger Erfahrung mit psychischen Kräften, die trösten, stärken, die Sinne zur Ruhe kommen lassen, die Verzweifelte ermuntern und den Haß, die Mißgunst und den Willen zum Bösen gegenüber anderen Menschen bekämpfen. Trotzdem haben gottlob wohl die meisten von uns einen Menschen kennengelernt, der diese psychische Kraft zum Guten besaß, selbst wenn sie nach unserer Erfahrung nur ein kleines Wirkungsfeld erfüllte, eine Familie, einen Freundeskreis, bestenfalls ein Volk.

Aber vielleicht greifen wir hier fehl. Vielleicht ist die Kraft, die von guten Männern und Frauen ausgeht, zu zart, als daß wir sie mit unseren begrenzten Fähigkeiten erfassen könnten. Ihre Wellen gleichen vielleicht den Wellen des Lichtes und der Töne, von denen unsere Augen und Ohren nur einen begrenzten Ausschnitt aufzunehmen in der Lage sind.

Die Heiligen haben zu allen Zeiten gewußt, daß wir über die Macht des Guten nicht einfach verfügen können. Wenn sie selbst einem reinen und gesunden Glück hier auf Erden entsagten, um, ungehemmt durch die Sorgen für ihren eigenen oder auch fremden materiellen Bedarf, zu kämpfen, die Einheit mit dem ihnen bekannten Ursprung des Lebens zu erreichen, dann wußten sie, daß Seine überfließenden Gaben, wenn Er sie mit Seiner Gnade und Seinem Erbarmen erfüllte, auch in das Leben anderer Menschen rinnen konnten als eine Macht, die heilte, die Gesundheit und Leben brachte, oft ohne daß die Heiligen selbst davon wußten, und auch außerhalb ihres Gesichts- und Wirkungsfeldes.

Sicher fühlte sich Katharina oft mutlos, wenn sie keine greifbaren Resultate ihrer Anstrengungen sah, weder Resultate ihrer Gebete noch ihrer Überredungsversuche, weder in konkreten Einzelfällen noch gegenüber bestimmten Einzelpersonen, Männern oder Frauen. Aber sie wurde nie unsicher. Sie stürzte sich bis zum völligen Verbrauch ihrer körperlichen Kräfte in einen Kampf, an dessen endgültigem Resultat sie ebensowenig zweifelte wie daran, daß sie selbst kaum zu großen Siegen auf diesem irdischen Kampfplatz kommen werde.

Tatsächlich hat der Herr uns nie den Sieg des Christentums auf Erden verheißen, im Gegenteil. Wenn wir trotzdem den Triumph Seiner Sache auf Erden erwarten würden, müßten Seine eigenen Worte uns vorsichtig machen: »Wenn der Menschensohn wiederkehrt, wird Er dann noch Glauben auf Erden finden?« Die Antwort gibt Er nicht.

Alle aber, die in unseren Tagen vom Bankrott des Christentums reden, sollten dies ein wenig zurückhaltender tun. Wir haben nie ein Versprechen erhalten, daß alle Männer und Frauen in der Welt freiwillig das Christentum als ihre Lebensregel annehmen. Das hat man nicht einmal in jenen Jahrhunderten erwartet, als nur wenige Menschen daran zweifelten, daß Christus der Herr des Himmels und der Erde sei. Immer gab es solche, die versuchten, ohne Ihn zurechtzukommen, oder die sich weigerten, mit Willen auf ihn zu hören. Alle Menschen werden einzeln geboren und müssen auch einzeln erlöst werden.

Wir wissen nicht, wie sich das endgültige Schicksal des Christentums auf Erden gestalten wird. Zwar gilt: Die Pforten der Hölle werden Seine Kirche nicht überwältigen. Wer aber aus der Kirche austreten will, hat dazu die volle Freiheit.

Worauf es aber ankommt, ist etwas anderes: Wenn die bedingte Wirklichkeit, die wir die materielle Welt nennen, dahinwelkt, wer wird dann wirklich Leben im Lande der Lebendigen gewonnen haben?

Die Menschen unserer Zeit haben das unerschütterliche Vertrauen zu den sinnlich sichtbaren, greifbaren und genießbaren Dingen verherrlicht und zu einem Glaubensbekenntnis gemacht, ob sie dieses nun Materialismus, selbstherrlichen Humanismus, Kollektivismus oder wie immer benennen mögen. Alle haben jedoch auch einen blassen Schimmer davon erfahren, wie äußerst unzuverlässig die materiellen Dinge sind.

Im Lichtschein der gesprengten Atome wird der solide Stoff gleichsam durchsichtig, etwas, das verschwindet. Wer aber kann sagen, wie die Menschen auf die neuen Erfahrungen reagieren werden?

Wir brauchen wahrlich die Weisheit der Heiligen.

In der Reihe
BIBLIOTHEK KATHOLISCHER KLASSIK
sind bisher erschienen:

No. 1
Augustinus
Bekenntnisse

No. 2
Graham Green
Franz von Assisi

No. 3
Robert Hugh Benson
Der Herr der Welt

No. 4
Benedikt von Nursia
Die Regel von Monte Cassino

No. 5
Sigrid Undset
Katharina Benincasa

No. 6
François Mauriac
Natterngezücht